V&R

Bärbel Husmann
Thomas Klie

Gestalteter Glaube

Liturgisches Lernen
in Schule und Gemeinde

Mit 2 Abbildungen

Vandenhoeck & Ruprecht

Theologie für Lehrerinnen und Lehrer · Thema

Bibliografische Information der Deutschen Bibliothek

Die Deutsche Bibliothek verzeichnet diese Publikation in der
Deutschen Nationalbibliografie; detaillierte bibliografische Daten sind
im Internet über <http://dnb.ddb.de> abrufbar.

ISBN 3-525-61557-4

Satz: Weckner Fotosatz GmbH | media+print, Göttingen
Druck und Bindung: Hubert & Co., Göttingen

Gedruckt auf alterungsbeständigem Papier.

Inhalt

I | *Wegweisungen*

1. Was Jugendliche mit Gottesdienst verbinden

Mit Gottesdienst ... Man sitzt in der Kirche und, ja, es ist etwas barock, etwas steife Stimmung möchte man meinen. Man weiß immer schon was kommt, es ist echt vorhersehbar. Das Highlight ist meistens die Predigt, wenn man so will. Ja, da ich ja selten hingehe, kann ich da jetzt auch nicht so viel zu sagen.

Was weiß man denn alles, was kommt?

Man weiß, dass es meistens ein Abendmahl gibt und man weiß, dass es die Predigt gibt und man weiß, dass die Leute singen und die Liturgie und das Vaterunser und das Glaubensbekenntnis.

Und wieso ist die Predigt das Highlight?

Ja, weil es ja mehr oder weniger den Mittelpunkt darstellt. Weil es am längsten ist und weil es auch sozusagen den Inhalt hat bzw. sich davon abhebt, sonst ist das ja im Gottesdienst immer das gleiche bis auf die Predigt und das ist auch das, was man dann eigentlich behält so vom Gottesdienst. [...]

Welche Teile findest du denn interessant am Gottesdienst? Wo schlägt dein Herz?

Dass mein Herz schlägt, würde ich nun nicht sagen.

Also, wenn du hingehst, worauf freust du dich?

Ach, die Predigt, die könnte ja vielleicht ganz nett werden. Das ist meine Einstellung.

Also verzichten könntest du auf ... ?

Ja, also ich könnte deshalb nicht darauf verzichten, weil es dazu gehört. Is' ja auch ein bisschen Tradition, am Abendmahl nehme ich jetzt nicht teil, aber muss man ja auch nicht. Die Singerei und das Drumherum, ist eben so, ist so wie beim Fußball irgendwie. Günter Netzer und Gerhard Delling gehören auch dazu, auch wenn die eigentlich nicht so inhaltsvoll – gehört halt eben dazu. [...]

Könntest du die Abfolge im Gottesdienst sagen?

Alle gehen rein, dann kommt eine Eingangsmelodie. Dann kommt das erste Lied, dann kommt das Glaubensbekenntnis, noch'n Lied, das Vaterunser, die Predigt, noch'n Lied, das Abendmahl, Danksagungen, Abdankungen und Kollekte und so was und Ausgangsmusik. Das zieht sich so über eine Stunde hin.

Warst du seit der Konfirmation beim Abendmahl?

Nein ...

Kannst du mir erklären, warum nicht?

Ja, ich denke Abendmahl ist eher für die Leute, die sagen: Ich bin da mit vollem Eifer und voll drin in der Kirche, ich glaube, da gehöre ich noch nicht dazu. Dafür hat die Kirche bei mir zu wenig Überzeugungsarbeit geleistet, als dass ich jetzt sagen könnte, ich bin voll dabei. Das würde bei anderen Leuten etwas anders aussehen. Aber bei einem wirklich schlechten Konfirmandenunterricht ist mir irgendwie der Zugang zu diesen christlichen Themen und Sachen bisher verwehrt geblieben.

Das heißt ja – meinst du, wenn du besseren Konfirmandenunterricht gehabt hättest, dass du dann eher zu den Insidern, die auch zum Abendmahl gehen, gehören würdest?

Hätte man mich von den Inhalten überzeugen können, dann ja. Wenn die Inhalte so vermittelt worden wären, dass man sagen könnte, es ist ansprechend und so, das übernehme ich für mich. Ich weiß nicht, ob das gegangen wäre, wenn man es mir anders verpackt hätte. Vielleicht sind die Inhalte auch einfach nichts für mich. Weiß ich nicht, würd ich nicht sagen, dass ich da groß Mitglied bin, da an irgendwelchen Aktionen teilnehme – nee.

Fällt dir noch irgendwas ein zu Gottesdienst, was ich bis jetzt noch nicht gefragt habe?

Zu Gottesdienst? Auf jeden Fall: spießig. Wobei man dann natürlich sagen muss, Jugendgottesdienst hat dann auch eher so einen peinlichen Touch, finde ich noch schlimmer, da bin ich dann eher für Spießigkeiten wie Leute in Reih und Glied, ja irgendwie ist das schon mehr Gottesdienst, also Jugendgottesdienst mit Kirchenband, boa nee, grenzt meiner Meinung nach eher an Peinlichkeit. Würde ich nicht machen, würde ich mir freiwillig auch nicht mehr angucken.

Diese Interviewausschnitte vom September 2004 mit einem 15-jährigen Jugendlichen lassen sowohl Erwartetes als auch Überraschendes zutage treten:

Gottesdienst ist „barock", Jugendgottesdienste haben einen „peinlichen Touch". Die Metapher „barock" gibt in Verbindung mit der „steifen Stimmung" ganz anschaulich wieder, wie weit die Kultur protestantischer Gottesdienste von der Jugendkultur entfernt ist. Nicht die Ausgeschmücktheit (barocker Formen) ist der Vergleichspunkt, sondern der zeitliche und kulturelle Abstand. Mit „spießig" benennt der Jugendliche die eigene Distanz noch einmal ganz ausdrücklich. Bemerkenswert ist, dass hier Jugendgottesdienste ungefragt ins Spiel kommen. In der kirchlichen Öffentlichkeit gelten sie mit ihrer vermeintlichen Anschlussfähigkeit an die eher spontaneren Umgangsformen und an den anderen Musikgeschmack Jugendlicher als Alternative zu den sonntäglichen Hauptgottesdiensten – jedenfalls haben sie für die heutige Erwachsenengeneration oftmals diese Funktion gehabt. „Peinlich" sind sie, nicht mal „angucken" würde er sie sich, von Beteiligung ganz zu schweigen. Peinlich, dieses Wort beschreibt ein Schamgefühl, das deutlicher nicht zum Ausdruck bringen könnte, wie groß die Distanz ist zur distanzlosen Anbiederung.

Der „normale" Sonntagsgottesdienst mit seinen liturgischen Formen und seiner „steifen Stimmung" ist offenbar der Gottesdienst, der, obwohl er gerade nicht anschlussfähig ist an jugendkulturelle Settings, als fremdes Terrain immerhin frei ist von Peinlichkeiten. Stilistisch hat man es hier also mit Kirche in Reinkultur zu tun. Das macht den Gottesdienst für diesen 15-Jährigen zwar nicht unbedingt akzeptabler, aber liturgisch bekommt man hier wenigstens „reinen Wein eingeschenkt" und kein jugendkulturelles „Mix-Getränk".

Die Predigt ist das „Highlight". Der Jugendliche ist ein seltener Kirchgänger, er kann „nicht so viel dazu sagen". Seine Selbsteinschätzung entspricht allerdings keineswegs dem, was dann folgt. Typisch protestantisch hält er die Predigt für das „Highlight" des Gottesdienstes, sie „könnte ja vielleicht ganz nett werden", sie ist *der* Teil des Gottesdienstes, „was man dann eigentlich behält". Dass sie „am längsten ist", ist offensichtlich eine Zuschreibung und nicht das Ergebnis einer exakten Zeitmessung, denn Eingangsliturgie und Abendmahl beanspruchen für gewöhnlich mehr Zeit. Lieder und Lesungen werden in ihrer sonntäglich wechselnden Gestalt nicht als eigenständige Gestaltungselemente wahrgenommen. Die Lieder sind schlicht „Singerei", ebenso sind alle anderen Teile des Gottesdienstes im Vergleich zur Predigt „immer das Gleiche". Der unverwechselbare und damit eigentliche Inhalt des Gottesdienstes wird in der Predigt wahrgenommen.

Entgegen einer landläufigen Zuschreibung ist im Hinblick auf die Beschreibung dessen, was Jugendliche über kirchliche Religion denken und wie sie die Dinge sehen, offenbar doch eher Vorsicht geboten. Zumindest erweist sich die Standardvermutung, die Predigt sei Jugendlichen mit der ihr eigenen Einweg-Kommunikation nicht zumutbar, einmal mehr als religionspädagogisches Klischee. Hinsichtlich der formalen Gestalt von Gottesdiensten lässt sich offenbar weit weniger mit vermuteten Interessen oder vermuteter Interesselosigkeit argumentieren. Vielmehr gilt es, immer wieder neu und konkret zu fragen, eine Haltung des eigenen Interesses und der eigenen Neugier an dem zu entwickeln, was Jugendliche denken, und sie nicht vorschnell mit Lerngegenständen zu „verschonen", die nicht ihr vermeintliches Interesse finden. Die Interview-Situation ist dabei insofern eine andere, als der Jugendliche im Schutz der Anonymität und in einem *Zweier*gespräch seine Aussagen trifft. Im Klassenverband tritt all das hinzu, was in Gruppen eine Rolle spielt: Profilierung vor der Klasse, Eintreten für oder gegen die Lehrkraft, Cool-Sein usw. Dennoch sei festgehalten, dass mit pauschalen Aussagen zur Anschlussfähigkeit bestimmter Lerngegenstände an das, was Jugendliche denken, religionsdidaktisch nichts gewonnen ist.

Abendmahl ist für Leute, die „voll drin" sind in der Kirche. Das Abendmahl ist der einzige weitere Gottesdienstteil, der von sich aus ausführlich angesprochen wird: Es scheint nach den (spärlichen) Erfahrungen des Jugendlichen integraler Bestandteil des Gottesdienstes zu sein, gleichzeitig gilt es als reserviert für Leute, die mit „vollem Eifer" dabei und „voll drin" sind in der Kirche. Er ist es „noch" nicht. Hier spiegeln sich in den Erfahrungen des Jugendlichen die Bemühungen vieler evangelischer Gemeinden aus den letzten zwanzig Jahren wieder, das Abendmahl aus seinem liturgischen Schattendasein herauszuholen. In Bezug auf die individuelle Aneignung dieses Sakraments wird eine ganz unverkrampfte Haltung sichtbar: „muss man ja auch nicht". Zu denken gibt eher die Kopplung von Abendmahl und Insider-Christsein – auch wenn zugegebenermaßen diese Kopplung de facto existiert. „Schmecket und sehet, wie freundlich der Herr ist" – diese Einladung zu leibhaftiger Teil-Nahme kann nicht angenommen werden in einer Haltung von Distanz zu den Inhalten des christlichen Glaubens. „Das übernehme ich für mich", hat dieser Jugendliche nicht sagen können, und schließt doch eine solche Entwicklung mit dem kleinen Wörtchen „noch" für die Zukunft nicht aus. Was für ihn die Inhalte genau sind, erläutert er nicht, wohl aber unterscheidet er zwischen Inhalt und Verpackung. Auch hier scheint (beinahe allem zum Trotz, was weiter unten zum Verhältnis von Form und Inhalt gesagt werden wird) die „schlechte" Verpackung nicht auch den Inhalt hat gänzlich obsolet werden lassen.

Weder Pfarrerinnen und Pfarrer noch Lehrerinnen und Lehrer haben es anscheinend in der Hand, dass Jugendliche religiöse Inhalte für sich übernehmen. Pädagogisch stellen die Aussagen des 15-Jährigen zunächst einmal eine Entlastung dar. Dies umso mehr, als dieser Jugendliche selbst die Hoffnung nicht aufgegeben hat, dass dies eines Tages geschieht. An der schlechten Verpackung allerdings wäre zu arbeiten.

„Die Singerei und das Drumherum" gehören zum Gottesdienst wie Günter Netzer und Gerhard Delling zum Fußball. Obligates trägt inhaltlich nichts aus, aber es gehört dazu. Tradition ist „unverzichtbar", auch wenn inhaltlich nichts Besonderes damit verbunden wird. Die Frage, worauf denn verzichtet werden könnte, wenn doch die Predigt das Highlight und alles andere „immer das Gleiche" ist, wird nicht beantwortet mit einer Aufzählung des Verzichtbaren, sondern mit einem Widerspruch: Es gehört dazu. Deshalb ist es unverzichtbar. Hier wird abgewehrt, dass nur das etwas gilt, was ein „Highlight" ist. Und es wird mit dem kulturellen Alltagsphänomen Fußball erläutert, dass „das Eigentliche" nicht gleichbedeutend mit „das Einzige" ist, sondern jeweils – beim Gottesdienst wie beim Fußball – das Ganze, die ganze Inszenierung wichtig ist. Liturgie und Lied, Gebete und Glaubensbekenntnis, „die Singerei und das Drumherum" „kommentieren" gleichsam den Gottesdienst – so wie Günter Netzer und Gerhard Delling das Fußballspiel kommentieren.

Auch diese Sequenz warnt im Hinblick auf die Religionsdidaktik vor einer vorschnellen Vernachlässigung traditioneller Formen und mahnt, die Gesamtheit der gottesdienstlichen Inszenierung nicht aus dem Blick zu verlieren. Sie zeigt auch, dass Lehrende mit Alltagsphänomenen vertraut bleiben müssen, um Jugendliche verstehen zu können.

Bei *„einem wirklich schlechten Konfirmandenunterricht"* bleibt der Zugang *„zu diesen christlichen Themen und Sachen"* verwehrt. Der Jugendliche teilt (ungefragt und relativ ausführlich) seine schlechten Erfahrungen mit dem Konfirmandenunterricht mit, dem er potenziell die Chance zuschreibt, dass er ihn mit den Inhalten des christlichen Glaubens hätte vertraut machen können. Vom Religionsunterricht in der Schule erwartet er offenbar in dieser Hinsicht nichts, obgleich die Konfirmation bereits eineinhalb Jahre zurückliegt und der schulische Religionsunterricht eigentlich präsenter sein müsste. Dies lässt zwei mögliche Schlussfolgerungen zu. Entweder waren die Erwartungen an den Konfirmandenunterricht sehr hoch, so dass die enttäuschte Erwartung die aktuellen Erfahrungen im Religionsunterricht überlagert. Oder aber der Religionsunterricht kommt unabhängig von den Erfahrungen mit dem Konfirmandenunterricht im Zusammenhang mit Glauben und Gottesdienst deshalb nicht ins Blickfeld, weil er dafür als nicht relevant wahrgenommen wird.

Was heißt das religionsdidaktisch? In der Tat gehören Liturgie und Gottesdienst nicht zu den üblichen Inhalten schulischen Religionsunterrichts. Dies ist zu bedauern, da die *praxis pietatis* in anderen nicht-christlichen Religionen durchaus selbstverständlicher Lerngegenstand ist. Zumindest zeigen sich die weitaus meisten Unterrichtswerke bei der Behandlung religiöser Vollzüge in den so genannten „Weltreligionen" weit weniger zurückhaltend: die „fünf Säulen des Islam" zum Beispiel sind für die *gelebte Religion* der Muslime schlechthin von entscheidender Bedeutung, und das Sabbatgebot im Judentum kann anders als religions*praktisch* überhaupt nicht angemessen dargestellt werden. Religionsdidaktisch ist es also kaum plausibel zu machen, dass beim Thema „Tod und Sterben" Bestatter in den Unterricht eingeladen werden, nicht aber die beerdigende Pastorin, dass beim Thema „Liebe und Partnerschaft" Gefühlsqualitäten und Vertrauenshaltungen zu Unterrichtsgegenständen werden, nicht aber deren liturgische Darstellung in der christliche Trauung, dass beim Thema „Islam" sämtliche Gebetshaltungen unterrichtet werden, christliche Gebetshaltungen jedoch weitgehend unerwähnt, wenn nicht peinlich verschwiegen bleiben. Die schlichte Nicht-Wahrnehmung gottesdienstlichen Handelns im schulischen Religionsunterricht und das Nicht-Nutzen der Möglichkeit, etwas über christliche „Themen und Sachen" zu lernen, bildet die Problemanzeige, die dieses Buch motiviert hat.

2. Warum neu über Liturgie nachgedacht wird

Das Nachdenken über Liturgie und religiöses Lernen steht in einem Kontext, der in den letzten zwanzig Jahren durch die Entwicklungen in der Allgemeinpädagogik, Religionspädagogik und Liturgik geprägt ist. In allen drei Bereichen sind neue Erkenntnisse, zum Teil auch methodische Verfahren aus der Lernpsychologie und aus der Tiefenpsychologie eingeflossen. Gleiches gilt für die Rezeption von Schauspiel- und Spieltheorien. Zudem hat ein neues Gefühl für Gestaltungsfragen und Ästhetik das Nachdenken über Formen und Rituale angeregt. Ein Ausdruck dessen ist nicht zuletzt auch Vokabular, das zunehmend fachübergreifend benutzt wird.

Anhand von fünf zentralen Stichworten soll im Folgenden aufgezeigt werden, worin der Gewinn dieses „Blicks über den Zaun" für die Religionspädagogik liegt.

Probehandeln. Unterrichtswirklichkeit ist anders als die Wirklichkeit, in der die Gegenstände des Lernens normalerweise vorkommen. Im Unterricht werden lebensweltliche Dinge und Sachverhalte zu „Themen". D.h. man setzt sich mit ihnen auseinander, um sich deren Wirkweisen und Funktionen im Rahmen von Lernprozessen aneignen zu können. Unterrichtliches Handeln ist so gesehen ein probeweises, experimentelles Handeln. Lehrende und Lernende handeln miteinander in einer „Proberealität", in einem experimentellen Raum, der zeit- und ortsgebunden ist. Dieser Raum ist jenseits des „normalen" Alltags platziert. In ihm hat das Handeln keine direkten Konsequenzen außer der, dass das Ausprobierte im Hinblick darauf reflektiert wird, ob es „geschmeckt" hat.

Der prototypische Ort solchen Probehandelns ist das naturwissenschaftliche Experiment oder auch das Setting der Psychotherapie. Die Beziehung zwischen Therapeutin und Patient ist eine künstliche und professionelle. Beide haben Rollen, die sich dadurch unterscheiden, dass einer über Wissen verfügt, das bestimmte Krankheiten und Therapien betrifft, der andere dieses Wissen gegen Bezahlung in Anspruch nimmt. Der Patient kann den Raum der Therapie nutzen, um in ihm (noch) nicht mögliche Handlungsweisen auszuprobieren oder – für den Ernstfall – zu proben. Er erweitert dadurch die ihm zur Verfügung stehenden Möglichkeiten in den Bereichen, die (krankheitsbedingt) verengt sind. Sein Motiv, den Proberaum zu nutzen, ist sein Leiden an der Verengung seiner Möglichkeiten.

In die Religionspädagogik ist der Begriff des Probehandelns im Rückgriff auf Thomas Ziehe vor allem durch Bernhard Dressler eingetragen worden. Auch im Schulunterricht geht es um eine künstliche und professionelle Beziehung zwischen Lehrer/in und Schüler/in, bei der beide in Rollen agieren, die sich u.a. durch ein unterschiedliches Wissen beschreiben lassen. Auch hier wird das professionelle Wissen des einen gegen Bezahlung vom anderen in Anspruch genommen (nur dass die Bezahlung nicht direkt erfolgt). Das Wissen erstreckt sich auch hier auf Sachwissen *und* auf Wissen über die Vermittlung dieses Wissens. Ebenso ist der (Klassen-)Raum ein künstlicher; die Zeiten sind in 45-Minuten-Abständen getaktet. Schließlich: Auch bei Lernprozessen geht es um die Erweiterung von Handlungsrepertoires und Denkmöglichkeiten. Ebenso wie in der therapeutischen Situation (die sich ja vor allem durch ihren absoluten Freiwilligkeitscharakter von der Schulpflicht unterscheidet) sind Lernerfolge nur *mit* dem oder der Lernenden zu erreichen, niemals gegen sie.

Religion ist – ebenso wie Musik oder Sport – kein affektneutraler Stoff wie etwa das Orbital-Modell in der Chemie, das die Aufenthaltswahrscheinlichkeiten von Elektronen beschreibt. Letzteres hat zwar eine ästhetische Dimension, nicht aber eine affektive. Schon gar nicht geht es um die Frage, was „dein einziger Trost im Leben und im Sterben" ist (so Frage 1 des Heidelberger Katechismus). Religion ist eine besondere Form der Weltanschauung. Aber anders als etwa Philosophie ist sie immer eingelagert in bestimmte Gebrauchszusammenhänge, die nach außen hin kenntlich sind. Religion hat gestaltbare Außenseiten. Religionsfreiheit, wie sie durch das Grundgesetz garantiert wird, beinhaltet deshalb konsequenterweise die Möglichkeit, Religion aktiv in Gebrauch zu nehmen (oder auch nicht). Darum kann Religionsunterricht sich nicht auf systematisch-theologisches Wissen *über* Religion beschränken. Er muss vielmehr *auch* Räume bereitstellen, in denen ohne jede Konsequenz für das „wirkliche Leben" experimentiert und probiert werden kann (Auch im Theater sind die Probenräume für das Publikum tabu!). Die Schule als Lernort ist in besonderem Maße verpflichtet, ihr Probehandeln dann auch zu reflektieren. Gerade diese Reflexion unterscheidet das Probehandeln von regressiven Unterrichtsarrangements, bei denen unter der Fahne der „Ganzheitlichkeit" oder „Unmittelbarkeit" einer Rückkehr des „therapeutischen Religionsunterrichts" aus den 1970er Jahren (und einer hoffnungslosen Überforderung der Lehrkräfte) der Weg bereitet wird.

Inszenierung. Eine der besten Möglichkeiten, das Probehandeln für alle Beteiligten kenntlich zu machen, besteht darin, die Lerngegenstände in besonderer Weise „in Szene" zu setzen. Das ist prinzipiell nichts Neues. Denn dramaturgisch betrachtet bringen Lehrerinnen und Lehrer ihre Unterrichtsmethoden genau aus diesem Grunde ins Spiel: Sie „inszenieren" ihre Gegenstände. Eine Inszenierung ist die ganz bestimmte Darstellung eines Stücks. Das Stück, das Drama, die Tragödie, die Komödie, bleibt „ohne Fleisch", solange die Worte des Stückes nicht Gestalt angenommen haben in einem Raum, in Kostümen, in Gesten, in Haltungen, in Bewegungsrichtungen, in Sprechakten, kurz: in sinnlich Wahrnehmbarem. Je besser das Stück ist, so Michael Meyer-Blanck, desto problematischer, wenn die Inszenierung schlecht ist. Großartige Stoffe vertragen keine miserable Aufführung. Bei einer schlechten Inszenierung bleibt das Publikum weg. Die Inszenierung muss in einem angemessenen Verhältnis zum Stoff stehen. Erst dann trifft die Bewertung „werkgetreu", und erst dann gibt es (im Theater) ein volles Haus.

Der Begriff der „Inszenierung" ist daher besonders geeignet, die gottesdienstliche Liturgie neu in den Blick zu nehmen. Vikarinnen und Vikare lernen, den Gottesdienstraum, in dem sie als sichtbare Hauptdarsteller einer unsichtbaren Wirklichkeit agieren, und ihr eigenes liturgisches Handeln in diesem Raum, ihr Sprechen, ihr Singen, ihre Gestik und ihr Gehen dem aufzuführenden Stück Evangelium anzupassen. Das ist richtig, weil eine scheppernde Mikrofonanlage, ein zerknitterter Talar mit ungebügeltem Beffchen, eine zu leise oder undeutlich gesprochene Lesung, ein nachlässig gesungenes Kyrie, Gebrüll von der Kanzel die Aufmerksamkeit vom guten Stück weg und auf die schlechte Inszenierung hinlenken. Religiöses Lernen muss sich also nicht nur deshalb der Religionsästhetik zuwenden, weil gut inszenierte Religion ansehnlicher ist, sondern vor allem deshalb, weil die Formgebung konstitutiv zum Evangelium dazu gehört. Es gibt die Botschaft nicht jenseits der Formen, in denen sie sich vernehmbar macht. Liturgisches Lernen ist – aus theologischen Gründen – zuerst *ästhetisches* Lernen. Dazu gehört, dass Schülerinnen und Schüler Sprechen, Gehen und Handlungen im gottesdienstlichen Raum in den Blick nehmen.

Gleiches gilt formal auch für die Inszenierung einer Schulstunde. Hier befindet sich die Religionspädagogik noch ganz am Anfang ihres Nachdenkens darüber, was ein „gut inszenierter" Religionsunterricht für die Rolle der Lehrperson bedeutet. Nur in einem kleinen Teil, der Inszenierung von Spielsituationen (szenischem Spiel) als Teil der Gesamtinszenierung Unterricht, ist vor allem von dem Pädagogen Ingo Scheller die Rolle des Spielleiters/der Spielleiterin präzise beschrieben worden.

Aneignung. In der Allgemeinpädagogik rücken Lernende als Individuen und Subjekte des Lernens immer stärker in den Mittelpunkt. Im Zentrum der Überlegungen steht die Beobachtung, dass ein „Lernen im Gleichschritt" in der Regel nicht zum gewünschten Erfolg führt.

Auf methodischem Gebiet bedeutet dies eine besondere Berücksichtigung individualisierter und handlungsorientierter Lernformen. Die Rolle der Lehrerin, des Lehrers wird entsprechend zurückgenommen und mit dem Wort Moderator/in beschrieben. Dies widerspricht nicht dem oben Gesagten, da die Lehrperson auch dann die Rolle des Regisseurs inne hat, wenn sie ihre eigene Rolle nicht als „Hauptrolle" besetzt. Liturgie als besonderes Lernfeld für religiöses Lernen ist insofern ein Paradebeispiel für eine verstärkte Fokussierung auf die Aneignungsdimension des Lernens, als Beten, Singen, Abendmahl Feiern sich in genau diesem Spannungsfeld von individueller Aneignung und gemeinschaftlicher Handlung vollzieht.

Learning by Doing. Viele der ernst zu nehmenden Entwürfe, die sich für ein „ganzheitliches Lernen" einsetzen, beziehen sich implizit oder explizit auf John Dewey (1859–1952), einen amerikanischen Philosophen, Pädagogen und Psychologen. Ihm wird u.a. die Formel „learning by doing" zugeschrieben. Allerdings werden in der Regel weder Deweys philosophische Begründungen noch sein Ziel einer Erziehung zur Demokratie rezipiert. Pädagogisch übernommen wird lediglich sein zentrales Anliegen, „Erfahrungen" unterrichtlich zu arrangieren: „Bloße Betätigung stellt noch keine Erfahrung dar. Sie wirkt zerstreuend, zentrifugal. Erfahrung als Probieren umfasst zugleich Veränderung – Veränderung aber ist bedeutungsloser Übergang, wenn sie nicht bewusst in Beziehung gebracht wird mit der Welle der Rückwirkungen, die von ihr ausgehen. Wenn eine Betätigung hineinverfolgt wird in ihre Folgen, wenn die durch unser Handeln hervorgebrachte Veränderung zurückwirkt auf uns selbst und in *uns* eine Veränderung bewirkt, dann gewinnt die bloße Abänderung Sinn und Bedeutung; dann lernen wir etwas." (S. 186f.)

Dieses Zitat macht deutlich, dass es nicht um Aktivität an sich geht, sondern um die bewusste Beziehung zur eigenen (durch die Aktivität ausgelöste) Veränderung. Religiöses Lernen findet nicht zuletzt auch darum seinen Gegenstand in den liturgischen Elementen der gelebten Religion, weil sich hier ein probeweises „learning by doing" inszenieren lässt.

Lernen von außen nach innen. Vor allem Fulbert Steffensky hat diesen Terminus für religionspädagogische Kontexte in Anspruch genommen. Es stellt insofern das theoretische Korrektiv zur Subjektivität des Lernens dar als damit einer Vorstellung von Subjektivität als reiner Innerlichkeit, die sich selbst genügt, gewehrt wird. Konstruktivistisch gesprochen: Das selbst organisierende Subjekt bedarf der „Störung" von außen, um etwas zu lernen. Diese Störung kann z.B. auch durch fremde Lerngegenstände erfolgen. Im Kontakt zu einem zunächst einmal noch fremden Gegenstand, werden Lernende angeregt, sich zu entwickeln, um etwas zu lernen. Und theologisch gewendet: Die „Kärglichkeit des Subjekts", das Fragmentarische unseres Lebens ist es, das unser Menschsein vor Gott ausmacht, nicht weil die Theologie die Kärglichkeit des Menschen braucht, um die Göttlichkeit Gottes in einem helleren Licht erscheinen zu lassen, sondern weil genau diese Kärglichkeit des Subjekts den Menschen vor jedem (unchristlichen) Größenwahn bewahrt.

In religionspädagogischen Kontexten könnte das bedeuten, die Furcht vor den „Äußerlichkeiten" der Liturgie zu verlieren, um sie nutzbar zu machen für ein Lernen „von außen nach innen". Gerade die liturgischen Formen bieten über ihren formalen Charakter (anders als freikirchlich-pietistischer Freiheit von der Form/Formlosigkeit) die Chance, sich der Form auch dann zu bedienen, wenn sie mit eigener Frömmigkeit *gerade nicht* gefüllt werden kann. Viele Interventionen im therapeutischen Bereich fußen auf genau dieser Idee: dass etwas rein äußerlich und gegen das eigene Gefühl probiert wird. Erst wenn es gelingt, eine Spannung zwischen der Vorerfahrung und dem nicht gekannten Gegenstand aufzubauen, wird eine den Horizont erweiternde Erfahrung ermöglicht. Ein Lernprozess nimmt seinen Anfang.

Literatur

John Dewey: Demokratie und Erziehung. Eine Einleitung in die philosophische Pädagogik, hg. von Jürgen Oelkers, Weinheim/Basel 2000 (Democracy and Education 1916).

Bernhard Dressler: Leben! Handeln! Der Religionsunterricht im „Haus des Lernens", in: Michael Wermke (Hg.): Rituale und Inszenierungen in Schule und Unterricht, Münster 1997, 75-98.

Michael Meyer-Blank: Inszenierung des Evangeliums. Ein kurzer Gang durch den Sonntagsgottesdienst nach der Erneuerten Agende, Göttingen 1997.

Horst Siebert: Pädagogischer Konstruktivismus. Eine Bilanz der Konstruktivismusdiskussion für die Bildungspraxis, Neuwied 1999.

Bärbel Husmann: Religionspädagogik und Konstruktivismus, in: Religionsunterricht an höheren Schulen 47 (2/2004), 72-78.

3. Wie Religion unterrichtlich in Form kommt

Die Pastorin hat gerade ihre Predigt über den Philipper 2,5–11 mit dem Amen beendet und verlässt die Kanzel. Einige Gottesdienstbesucher räuspern sich, die Konfirmandinnen hören auf zu tuscheln, von der Orgelempore hört man das Gebläse und das geschäftige Ziehen der Register. Das Predigtlied wird intoniert und nach dem Ende des Vorspiels beginnt die Gemeinde zu singen. Während des letzten Verses tritt ein Lektor schnellen Schritts an das Lesepult. Er verliest die Abkündigungen. Taufen, Todesfälle, die Altkleidersammlung, der nächste Gottesdienst. Er schließt mit „Und der Friede Gottes, welche höher ist als alle Vernunft ..." und begibt sich wieder an seinen Platz. Unmittelbar darauf wird die Kollekte von zwei Kirchenvorstehern eingesammelt. Die Geräusche, die bei einer Kollekte zu hören sind, überdecken das nächste Lied: klingende Münzen, das Glöckchen am Klingelbeutel, das Zücken und Einstecken der Geldbörsen. Die Pastorin nutzt das Ende des Gemeindegesangs für ihren Gang in den Chorraum. Sie tritt hinter den Altar, blättert in ihrem Buch, faltet die Hände und leitet die Fürbitte ein: „Lasset uns beten ..."

Liturgie besteht aus der Abfolge verschiedener Texte. Reden, Gebete, Abkündigungen, Gesänge – jedem Stück Gottesdienst liegt immer ein bestimmter Text zugrunde. Bei der Predigt werden in Form freier Rede Abschnitte aus der Heiligen Schrift ausgelegt, mit den Gebeten werden religiöse Anliegen zur Sprache gebracht (in frei gestalteten oder vorformulierten Sätzen), Abkündigungen vermitteln „Daten-Sätze" (Termine, Namen, Ereignisse), und in den Gesängen erklingen Werke religiöser Dichtung.

Die einzelnen Texte können entweder lang sein (Predigt) oder wie beim „Amen" auch nur aus einem einzigen Wort bestehen. Alte, geprägte Sprache (z.B. ein biblisches Votum) hat ebenso ihren Ort im Gottesdienst wie die alltagsweltliche Ansprache aus aktuellem Anlass (z.B. in den Abkündigungen). Gedruckte Sätze treffen in der Liturgie auf auswendig gewusste (Lieder bzw. Vaterunser), biblische auf nicht-biblische Stücke (Kanzelsegen bzw. Gebetseinleitung). Prosa wechselt mit Lyrik (Fürbitten bzw. Philipper-Hymnus als Predigttext). Ein Unterricht, der sich mit liturgischen Fragen beschäftigt, hat es also zunächst einmal in einer ganz elementaren Weise mit Texten zu tun.

Der Liturgie besteht aber nicht nur aus verschiedenen Texten – sie selbst *ist* zugleich immer auch Text. In der Abfolge der einzelnen Elemente entsteht ein zusammenhängender und in sich stimmiger „Groß-Text". Dieser gottesdienstliche Groß-Text ist dadurch gekennzeichnet, dass er seinen Einzelteilen einen bestimmten Ort und eine bestimmte Sprechsituation zuweist. Dadurch bringt sie dramaturgisch zur Geltung. In der Art und Weise, wie die Einzelteile im Gesamtgefüge zur Darstellung gelangen, kommt die Liturgie gewissermaßen „in Form": als eine Schaustellung und Verlautbarung sprachlich verfasster Einheiten. Der Groß-Text Gottesdienst als Komposition aus *Prosa* oder *Lyrik* äußert sich in erster Linie als *Drama*.

Wie bei einem Theaterstück kommen die Texte innerhalb des liturgischen Dramas räumlich und leiblich zur Darstellung. Texte werden gesungen und gesprochen, gelesen und gehört. Man äußert sich einzeln oder in der Gruppe, als Liturg/in, Organist/in, Lektor/in oder Gemeinde. Begleitet wird man dabei bisweilen von eindrucksvollen Klangkörpern (Posaunenchor, Orgel, Chor); oft ist aber auch, etwa beim stillen Gebet, überhaupt kein Laut vernehmbar. In der gottesdienstlichen Praxis entsteht aus geschriebenen oder vorgedachten Texten ein Stück gemeinsam gestalteter Religion. Die Gottesdienstteilnehmer setzen im Verlauf der Liturgie die (in der Agende verzeichneten) Schriftstellen gemeinsam „in Szene".

Hierbei werden Texte in Handlungen übersetzt und in Bewegung gebracht. So wird beispielsweise der Segen nicht einfach nur gesprochen oder gar vorgelesen, sondern beim Verlauten hebt der Liturg bzw. die Liturgin beide Arme und blickt die Gemeinde an. Die Gemeinde hat sich zuvor von ihren Plätzen erhoben. In der reformierten Kirche ist die Bitte um den Segen im Anschluss an die Abkündigungen der einzige Teil im Gottesdienst, zu dem man aufsteht. In Haltung, Stellung und Zuwendung erfährt hier der Wortlaut eine ausdrucksstarke *Verkörperung*. Gleiches gilt für den Raum. Abkündigungen unterscheiden sich nicht nur durch ihren Inhalt und die Art und Weise des Vortrags von der Predigt, sondern auch dadurch, dass ihnen traditionell unterschiedliche Orte und verschiedene Sprechende zugeordnet sind (in unserem Beispiel: Ambo – Lektor; Altar – Predigerin). Ganz analog zu einer Theateraufführung erhalten also die liturgisch dargestellten Texte ihre Bedeutung auch darüber, wer sie wann, wie und von wo aus vorträgt. Liturgische Texte sind Rollentexte. Man stelle sich etwa einen Segen vor, der vom Organisten auf der Orgelempore gleich im Anschluss an den ersten Gemeindegesang geflüstert wird. Oder um ein realistischeres Beispiel zu geben: Wie anders wird eine Predigt wahrgenommen, wenn sie einmal nicht von einem Pfarrer in schwarzem Talar von der Kanzel aus vorgetragen wird, sondern von einer Pfarrerin in einer Albe vom Taufbecken aus.

Jede Gottesfeier bildet so gesehen eine „gestreckte Handlung", eine Art „Text-Theater". In der Welt des Theaters spricht man in diesem Zusammenhang von einer *Inszenierung*. Lässt man sich auf die dramaturgische Sichtweise ein, dann gleicht der Gottesdienst einem vielgestaltigen, mehrstimmigen, von mehreren Spielern aufgeführten „Stück". In diesem „Stück" gibt es mehrere Akteure in je unterschiedlichen Rollen und Funktionen. Durch die Sprech-Akte, die sie gemeinsam zur Darstellung bringen, sowie durch die Abfolge dieser Sprech-Akte erhält das aufgeführte Stück Religion seine unverwechselbare Dramaturgie. Die „Szenenfolge" ist hierbei weder beliebig noch unveränderbar. Auf der Ebene der Textvorlagen wird sie zum Beispiel variiert durch das Verhältnis von Proprium und Ordinarium, und auf der Gestaltungsebene durch das Verhältnis der *leiblichen* und *räumlichen* Gegebenheiten.

Liturgie ist zunächst einmal ein eminent leibliches Geschehen. In ihr kommt Gott leiblich zu Wort (Joh 1,14). Alle an einem Gottesdienst Beteiligten verleihen dem Evangelium im Medium des eigenen Körpers sinnenhaften Ausdruck. Ohne die Akteure bzw. ohne deren leibliche Präsenz auf dem liturgischen Schauplatz vermittelt sich die Botschaft nicht. Die Gemeinde steht auf zu den Lesungen, lässt beim Singen einen Resonanzraum im Körper entstehen, faltet die Hände beim Gebet. Trotz dieses unter Jugendlichen eher verpönten konventionellen Verhaltensrepertoires lebt das liturgische Ausdruckshandeln doch auch vom individuell geprägten Modus der Handlung. Formal gleiche Handlungen und Gebärden, wie etwa der Segensgestus, der Taufakt oder das Singen weichen in charakteristischer Weise voneinander ab – alle Gottesdienstteilnehmenden haben ihre eigene „zeremoniale Handschrift". Sie ist Ausdruck dessen, dass sie nicht nur Leib *haben*, sondern auch Leib *sind*.

Aus der Leiblichkeit ergibt sich der zweite wichtige Aspekt des liturgischen „Dramas": sein räumlicher Charakter. Es lebt nämlich davon, dass die Liturgie auf einer speziell eingerichteten „Bühne" aufgeführt wird, die ihre Grundaussagen als „Kulisse" baulich verstärkt. Dies zeigt sich in zweierlei Hinsicht: Einmal finden Gottesdienste überwiegend in dafür vorgehaltenen Räumen statt (Kirche, Andachtsraum, Gemeindehaus). Die Liturgie ist also immer „eingeräumt" – sie spielt sich in umfriedeten Räumen ab.

Zugleich beansprucht das religiöse Ausdruckshandeln aber auch ganz eigene Darstellungsräume: der „Wort-Raum" zwischen Prediger und Gemeinde, der eng umgrenzte „Gebetsraum" der persönlichen Zwiesprache mit Gott, der „Tauf-Raum", der sich rund um den Taufstein durch die dort vollzogenen Handlungen bildet usw. Jeder gottesdienstliche Akt bestimmt aus sich selbst heraus den Raum, in dem er Geltung beansprucht – und dies unabhängig davon, ob das Geschehen im Inneren einer Kirche oder wie bei Open-air-Gottesdiensten bzw. Beerdigungen im Freien stattfindet.

Für beide räumlichen Aspekte gilt, dass das jeweilige Bühnenbild die symbolische Kommunikation ordnet und mitvollziehbar macht. Es grenzt sie – analog etwa zur Funktion von Theatergebäuden – nach außen hin von der sie umgebenden, nicht-inszenierten Wirklichkeit ab.

Für die Wahrnehmung des Kirchenraumes ist es darum religionspädagogisch nicht unbedingt von Vorteil, wenn evangelische Gotteshäuser außerhalb der Gottesdienstzeiten verschlossen bleiben. Dass evangelische Christenmenschen in der Regel nur auf Grund besonderer Anlässe (Sonntagsgottesdienst, Hochzeiten, Taufen) den religiösen Raum betreten, macht die protestantische Frömmigkeitspraxis merkwürdig ortlos.

Zurück zur Inszenierung. In der Liturgie als einem szenisch organisierten Groß-Text werden die verschiedenen Elemente der Aufführung von den Beteiligten immer gleichzeitig wahrgenommen. Sie werden im Vollzug zueinander in Beziehung gesetzt. Beim GLORIA tritt der Gesang nicht erst nachträglich zu einem ohne ihn feststehenden Sinngefüge hinzu, sondern das gemeinsame Einstimmen in den Lobgesang der Engel (Lk 2,14) ist die Form, die zuerst den Inhalt konstituiert. Das Wort wirkt, indem es verlautet. Die sonntägliche Lesung des Evangeliums unterscheidet sich von der persönlichen Bibellese dadurch, dass sie eben nicht nur in Form von Schriftzeichen gelesen wird, sondern im Rahmen des „Gesamtkunstwerkes" Gottesdienst auch zu *sehen* ist. Auch hier ist die Präsentation keineswegs ein entbehrliches Dekor eines unabhängig davon erkennbaren Inhalts. Das Evangelium kommt hier zu Wort, indem es sich zeigt. Es ist ein weit verbreitetes protestantisches Missverständnis zu meinen, die Botschaft eines Textes erschließe sich allein durch das gelesene bzw. verlesene Schrift-Wort. Wie im Theater, so setzt sich die Bedeutung des liturgisch aufgeführten Wortes aus einer ganzen Palette verschiedener Komponenten zusammen: aus Klang und Raum, aus individueller Präsentation und allgemeiner Wahrnehmung, aus Bewegung und Haltung, aus Gestik und Performance. Die Liturgie stellt sich insofern als ein *performatives Gebilde* dar, als sie die ihr aufgegebenen Textvorlagen immer nur in bestimmten Formen (latein.: *per formam*) präsentiert. Erst dargestellte, d.h. räumlich wahrnehmbare und leiblich vermittelte Inhalte können überhaupt als bedeutsam erkannt und entsprechend moduliert werden. Inhalte, auch und gerade religiöse Inhalte, gibt es nicht jenseits der sie verkörpernden Formen. – Welche Konsequenzen ergeben sich hieraus für die Liturgiedidaktik?

Textunterricht? – Thema verfehlt! Aus der besonderen Beschaffenheit des Gegenstands der Liturgiedidaktik folgen zunächst einmal eine rein formale und eine negative Bestimmung: Es gibt wohl kein Thema im Religions- bzw. Konfirmandenunterricht, das sich – aus *inhaltlichen* Gründen – so stark gegen die religionspädagogisch geläufige Verengung auf rein diskursive Zugänge versperrt wie gerade die Liturgie. Denn reduziert man im Unterricht das liturgische Formenspiel auf seine Textvorlagen, dann hat man sowohl theologisch wie auch didaktisch sein Thema verfehlt. Kollektengebete, Lesungen, Gesänge sind eben mehr als nur Satzgebilde. Sie sind eingebunden in bestimmte Gebrauchszusammenhänge und Aufführungsüblichkeiten. Ein traditioneller Textunterricht, der diese Gestaltungsoptionen ausblendet, hat denselben didaktischen Effekt wie ein Sportunterricht, der sich in der Erörterung von Bewegungsabläufen und Spielregeln erschöpft, ohne die betreffenden Sportart dann auch praktisch durchzuspielen. Ein ganz ähnliches Missverständnis läge z. B. vor bei der in Religions- und Konfirmandenunterricht gängigen Reduktion eines Popsongs auf seine reine Textgestalt bzw. seinen Aussagegehalt. Didaktisch fruchtbare „Resonanzen" sind hier von vornherein ausgeblendet. Dagegen ist festzuhalten, dass Klänge, Rhythmen und Rezeption (Tanz!) mindestens ebenso bedeutungtragend sind wie Wort-Semantik und Satz-Syntax. – Positiv ausgedrückt: Ein Deutsch-Unterricht, der sich mit Brechts „Mutter Courage" beschäftigt, wird sich, wenn schon kein gemeinsamer Theaterbesuch zu organisieren ist, immer darum bemühen, zumindest einzelne Szenen von den Schülerinnen und Schülern nachspielen zu lassen. Und dazu müssen Regieanweisungen besprochen, Kulissen und Requisiten arrangiert und Rollen definiert werden. Ein Schau-Spiel ist eben darauf aus, gespielt und geschaut zu werden. Denn erst im konkreten Vollzug gibt sich der thematische Gehalt eines Stücks zu erkennen. Die jeweiligen Darstellungsoptionen haben bei einer dramatischen Textvorlage keineswegs nur eine Nebenbedeutung, weil durch sie der Text ja überhaupt erst in Erscheinung tritt. Um einen theatral verfassten Text deuten zu können, muss er sich zuvor gezeigt, verkörpert haben. In Szene gesetzte, verlautende Texte können besser erfasst werden, weil sie ihre Bedeutung an die Oberfläche ausliefern und sie dadurch im wahrsten Sinne des Wortes fassbar machen.

Die szenische Vergegenwärtigung einer liturgischen Rubrik geschieht nun nicht, um den Unterricht als besonders kreativ oder handlungsorientiert auszuweisen, sondern weil sich diese didaktischen Spielformen aus der Entfaltungslogik des Unterrichtsgegenstands selbst ergeben. Liturgie zu spielen, liegt in der Natur der Sache. Auch Sport will ausgeübt, ein Gedicht vorgetragen, Geschichte erkundet, Kunst ausprobiert, Physik bzw. Chemie versucht, Musik gespielt – und Liturgie dargestellt werden.

Das Zurückstutzen religiöser Gegenstände auf ihre scheinbar formlos-abstrakten Gehalte markiert vor allem im gymnasialen Religionsunterricht (aber nicht nur dort) auch eine selektive Wahrnehmung der Bezugswissenschaft Theologie. Nicht nur dass sich die klassische Texthermeneutik in einer abbilddidaktischen Falle verfängt, sie imaginiert darüber hinaus ein reduktionistisches Theologieverständnis. Systematik ist mehr als nur Dogmatik oder Religionsphilosophie, in den beiden exegetischen Disziplinen wird die historisch-kritische Methode heute deutlich kritischer gesehen und die Praktische Theologie versteht sich keineswegs nur als eine „Anwendungswissenschaft" oder gar als Berufstheorie fürs Pfarramt. Dem wissenschaftspropädeutischen Anspruch in der gymnasialen Oberstufe könnte nicht zuletzt auch dadurch entsprochen werden, die Praktische Theologie als Theorie (kirchlich) *gelebter* Religion didaktisch in Anschlag zu bringen. Dies würde nicht nur ihrem derzeit wahrnehmbaren Profil entsprechen, ein praktisch-theologisch über sich selbst aufgeklärter Religionsunterricht wäre sehr wahrscheinlich auch „näher dran" an der Religionspraxis seiner Schülerinnen und Schüler. Religionsunterricht als kleiner Bruder der Systematischen Theologie? – Thema auch verfehlt!

Klerikalisierung? – Experimentiertheater! Setzt man ein solches Verhältnis von Inhalt und Methode voraus, dann wird man die Didaktik gottesdienstlicher Stücke nur „aufführend" darstellen können. Nimmt man also bei der Annäherung an liturgische Stoffe deren Form-Imperative theologisch, didaktisch und methodisch ernst, dann organisiert sich Liturgiedidaktik in diesem Sinne als eine *performative Didaktik*.

Wie aber lassen sich diese Performanzen operationalisieren, ohne dass der Unterricht sofort in eine im Grunde unpädagogische Unmittelbarkeit kippt? Unbestritten ist, dass etwa die Forderung, liturgische Stücke möglichst „authentisch" im Unterricht darzustellen, mit gewissem Recht unter Klerikalisierungsverdacht geriete. Die Unmittelbarkeit muss also methodisch abgefedert werden.

Wie aber lässt sich ein Stück kirchlicher Religion im Unterricht durchspielen, ohne die für religiöse Bildungsprozesse so eminent wichtige Freiheit des Lernens in Frage zu stellen? Immerhin handelt es sich beim Gottesdienst um eine ausdrückliche Religionspraxis, also um eine Verhaltensform, die Einverständnis und eine religiöse Gestimmtheit („Glauben") voraussetzt. – Oder anders gefragt: Sind liturgischer Ort und Lernort so einfach gegeneinander austauschbar? Welchen Schaden nähme ggf. der jeweils andere Ort durch einen – immerhin pädagogisch verzweckten – Ortswechsel? Ist ein Kyrie, das im Klassenraum interpretiert und durchgespielt wird, noch dasselbe wie das sonntägliche Kyrie in der Kirche? Verändert sich nicht auch ein Lernort, wenn an ihm plötzlich religiös gehandelt wird?

Die didaktischen Aporien, die sich ergeben, wenn man den schulischen Religionsunterricht umstandslos von einer religiösen Praxis bestimmen lässt, sind im Zusammenhang mit dem Konzept der „Evangelischen Unterweisung" aus den 1950er Jahren in der Literatur ausführlich diskutiert worden. Als Konsens hat sich ergeben, dass es hinter eine schultheoretische Bestimmung des Religionsunterrichts kein Zurück mehr gibt. Zwar lässt sich eine neue Generation von Religionslehrerinnen und -lehrern – inspiriert durch die Symboldidaktiken der 1980er Jahre – heute wieder mehr auf die unterrichtliche Darstellung religiöser, selbst *kirchlich*-religiöser Phänomene ein, doch anders als damals wird jetzt den Inszenierungsmustern eine sehr viel größere Aufmerksamkeit zuteil. Religions- und Konfirmandenunterricht geraten deutlich religiöser, zugleich aber ist das methodische Repertoire für die Einhaltung bestimmter Grenzen mittlerweile sehr viel reichhaltiger. Dies hat zur Folge, dass bei gleichzeitigem Abschmelzen der Distanz zwischen einem „objektiven" Reden über Religion und dem „authentischen" Gefühl fürs Religiöse sich die Möglichkeiten pädagogischer Distanznahmen ausgeweitet haben. Zu denken wäre hier an das Bibliodrama, die Kirchenpädagogik und die Zeichendidaktik. In diesen Unterrichtszuschnitten geht es gerade nicht darum, eine reine Gefühligkeit freizusetzen, der ihr Stimulus letztlich gleichgültig ist. Gemeinsam ist ihnen, die Differenz zwischen dem Wort Gottes und der Inszenierung seiner Weitergabe diskursiv präsent zu halten. Ebenso die Differenz zwischen authentischer religiöser Praxis und pädagogischer Formgebung.

Diese empirisch nachweisbare Entwicklung ist durchaus ambivalent. Denn der in der Diskussion um die Symboldidaktiken gewonnene Erkenntnisgewinn wird schnell verspielt, wenn es nicht gelingt, Unterrichtsszenarien zu entwerfen, die Vollzug und Reflexion, Teilhabe und Distanznahme, Experiment und Norm zu integrieren vermögen. Es muss also nicht nur die religiöse Authentizität inszenatorisch gebrochen werden, sondern es muss im Gegenzug auch die theologische Reflexion in einem performativen Religionsunterricht u. a. dadurch ins Recht gesetzt werden, dass sie ihren genuinen Gegenstand wieder mehr in den Blick bekommt: die religiöse bzw. kirchliche *Praxis*. Erst dann kommt ein Unterricht in Sachen Religion als ein Erprobungsraum religionsdidaktisch zur Geltung.

Auch im Konfirmandenunterricht, der im Hinblick auf seinen besonderen Lernort die Unterrichtsziele in größter Nähe zur kirchlichen Praxis ansiedelt, kann es nicht darum gehen, liturgische Fertigkeiten einfach nur einzuüben. (Dies lassen 13-/14-Jährige heute zudem auch kaum noch mit sich machen.) Vielmehr wird der kirchliche Unterricht im Interesse der zu vermittelnden Inhalte immer auch darauf achten, was das liturgische Formenspiel unter freiem Zugriff religiös zu denken gibt. So sehr ihm auch daran gelegen sein muss, den Abstand zwischen der katechetischen und liturgischen Praxis so gering wie eben möglich zu halten, so wenig kann sich die Vermittlung gottesdienstlicher Stücke in Momenten des Einübens und der Reproduktion erschöpfen. Der Gottesdienst wird letztlich beschädigt, wenn Lernende, nur um einer Form Genüge zu tun, dementsprechend konditioniert werden. Liturgische Verläufe können allenfalls probeweise in Szene gesetzt werden. Und dies mit dem Ziel, den *didaktischen* Inszenierungsvorgang vor, während und nach dem Spiel für die Reflexion zugänglich zu halten. Nur so wird das Christlich-Konkrete des Gottesdienstes zu einer vorzeigbaren und kritisierbaren – und damit zu einer erlernbaren und möglicherweise akzeptablen – Wirklichkeit.

Nur gespielt? – Inszenierte Wirklichkeit! Liturgisches Lernen leitet die Lernenden dazu an, sich auf Zeit und unter den Bedingungen unterrichtlichen Experimentierens in den Vorhof einer religiösen Welt zu begeben (vgl. Ps 84, 11). Über das Begehen von Räumen, die durch Lob und Klage, Bitte und Bekenntnis bestimmt sind, werden die Lernenden natürlich nicht zu Christen gemacht. Auch wird ihr Christsein nicht vorausgesetzt, da die Begehungen experimentell und damit offen angelegt sind. Wohl aber können und sollen sich die Schülerinnen und Schüler ein wenig in diesen Räumen umsehen, sie in Gebrauch nehmen, dabei ihre Phantasie spielen lassen und ihre Denkkraft bemühen. Kirchliche Religion kann und soll an einem *Lern*-Ort nur so begangen werden, dass diese Begehung frei gehalten wird von Intimitätsnötigungen bzw. sie in keiner Weise das Ziel verfolgt, zum Glauben zu bringen. Dazu bedarf es eines künstlich hergestellten (Lern-)Raumes, denn ein Abendmahlsgebet, ein Choral oder ein Segensgestus begegnen einem nicht so ohne weiteres im Alltag. Die Lernenden verlassen also für eine bestimmte Zeit ihre Lebenswelt, können und sollen aber auch wieder dorthin zurück – möglichst mit entsprechenden Erkenntnisgewinnen.

Durch ihren Probeaufenthalt im Land der Liturgie sollen die Lernenden in die Lage versetzt werden, die hier gewonnene – natürlich vorläufige – Binnenperspektive in ein Verhältnis zu setzen zu der ohnehin unterrichtlich repräsentierten Außenperspektive. In dieser Weise sind grundsätzlich alle Formen liturgischer Praxis unterrichtlich „begehbar".

Dadurch dass ein liturgisches Stück in einem didaktisch bestimmten Kontext liturgie*analog* „begangen" wird, öffnet sich die begangene Form für eine mehrperspektivische Interpretation. Das ganze Spektrum theatraler Zeichen kann dabei ausprobiert und auf seine Funktion hin befragt werden. Wie und wozu werden Gottesdienstbesucher eigens begrüßt? Wie verändern bestimmte Gebetsgesten ein Gebet? Was unterscheidet das Essen anlässlich eines Familienfestes von einem Abendmahl? Was kommt eigentlich bei einer Taufe zur Darstellung? – All das lässt sich „erspielen" und im Anschluss daran im Hinblick auf Angemessenheit und Stimmigkeit auch reflektieren. Das hält die unterrichtliche Inszenierung offen für Neuinszenierungen – nach dem Spiel ist vor dem Spiel. Das liturgieanaloge Spiel kann und soll also variiert und dabei das „Stück" mit anderen Rollen (mit anderen Texten und in anderen Kontexten) erneut durchgespielt werden. So wird es als offenes Lernspiel zum Gegenstand einer freien Bearbeitung.

Die Lehrerin bzw. der Lehrer wird dabei je nach didaktischem Kalkül und Differenzierungsabsicht zur mitspielenden „Regisseurin" bzw. zum mitspielenden „Regisseur". Ihrer Rolle als Lehrende werden sie insofern gerecht, als sie die Entscheidung zu fällen haben zwischen einem freien Gebrauch des Stoffes, bei dem dieser lediglich den Stimulus abgibt für eine willkürliche szenische Interpretation und einer eigenständigen, erkennbar am liturgischen Stoff orientierten Deutung.

Die didaktische Inszenierung findet am jeweiligen liturgischen Stück ihren Anhalt und ihre Entfaltungsrichtung. Als vorgegebenes Sujet bzw. Stoff reglementiert es gewissermaßen die möglichen Begehungsvarianten. Es ist Ausdruck der operativen Valenz liturgischer Formen, dass sich ihre Bedeutung dadurch nicht erschöpft und sie immer wieder neu mit Orientierungsgewinn „begangen" werden können. Die Form nimmt die jeweiligen Deutungen als Teil ihrer Wirkungsgeschichte in sich auf. Liturgische Stoffe stehen immerhin schon fast 20 Jahrhunderte auf dem Spielplan. Starke Sujets provozieren immer auch starke Deutungsbewegungen.

So oder so – für die Schülerinnen und Schüler muss deutlich werden, dass ihr Probeaufenthalt in der Welt liturgischer Formen „nicht wirklich" Liturgie ist. „In echt" wird diese religiöse Welt – in der Regel sonntags – von Christenmenschen bewohnt, die es sich in ihr mehr oder weniger heimisch eingerichtet haben. Das unterrichtliche Spiel mit den „geheiligten Formen" kann dies allenfalls simulieren. Bestimmte Rubriken oder Handlungssequenzen müssen also aus dem liturgischen Formular ausgewählt („ausgeschnitten") und so aufbereitet werden, dass man ihre Wirkungsweise untersuchen und ausprobieren kann. Alle an der unterrichtlichen Inszenierung Beteiligten sollen dabei wissen können, dass und worin der Unterschied besteht zwischen Lernspiel und Ernstspiel.

In einem Lernspiel tritt die Unterrichtswirklichkeit der Alltags- bzw. Sonntagswirklichkeit deutend zur Seite. Als inszenierte *Wirklichkeit* entbindet die Begehung Momente von Intensität und authentischer Erfahrung – als *inszenierte* Wirklichkeit hält sie das Wissen um die Künstlichkeit des Geschehens bewusst. Die Aufführungsrealität entspricht also gerade nicht dem authentischen „Sitz im Leben", verweist aber sehr wohl auf ihn. Letztlich bestimmt der Inszenierungskontext die Lesarten der Begehung. Die Wirklichkeit des Klassenzimmers bzw. des Konfirmandenraums kann und soll nicht negiert werden.

Lernziel? – Religionsästhetik! Der Unterricht in Sachen Gottesdienst ist insofern bildend, als er die Lerngruppe in Beziehung setzt zum Kriterium der Liturgie, dem *Glauben.* Denn der rückt mit der Begehung gleichsam an die Oberfläche. In der kunstvoll gestalteten Gottesfeier entäußern sich genuin christliche Gewissheitserfahrungen in eine wahrnehmbare Gestalt. Gemeinsam für wahr Erachtetes nimmt Formen an. Didaktisch hat man also ein Szenario vor sich, in dem der christliche Glauben konkret wird und darüber in seiner zentralen Inhaltlichkeit erschlossen werden kann.

Natürlich kann ein solches Lernziel, religiöse Phänomene auf ihre Beweggründe hin zu untersuchen, auch auf andere Art und anhand anderer Stoffe im Religions- bzw. Konfirmandenunterricht angesteuert werden. Es besteht kein Zweifel daran, dass sich auch – um nur einige Beispiele zu nennen – im Handeln eines Dietrich Bonhoeffers, in Texten aus der Reformationszeit oder in lebensweltlichen Phänomenen christlich motivierte Anlässe erkennen und didaktisch abbilden lassen. Das Besondere der liturgischen Stoffe liegt jedoch nicht allein in ihrer Zeichenfunktion, sondern vor allem in der besonderen Beschaffenheit ihrer Zeichen: in deren *Künstlichkeit* und in der *Dichte* der in ihnen zum Ausdruck kommenden theologischen Deutungen.

Die Liturgie führt uns eine Wirklichkeit vor Augen, in der sich christliche Theologie kunstvoll verdichtet. Es ist eine eminent sinnliche Wirklichkeit und zugleich eine Wirklichkeit, die durch die innere Bestimmtheit ihrer Formen wahr zu sein behauptet. In der Liturgie erscheinen biblisch-theologische Sätze gewissermaßen *dreidimensional.* Die Kirche zeigt mit der ästhetischen Präsentation, wie sie sich und die Welt versteht. Es entfaltet sich in ihr ein Darstellungsraum, in den – über diesen hinausweisend – der personale Anlass dieser Sichtweise, Jesus Christus, sich einzufinden verheißen hat (vgl. Mt 18, 20). Er vergegenwärtigt sich unter seinem Wort und macht sich dergestalt (für) wahr-nehmbar. Die Inszenierung des Evangeliums ist *leibliches Wort,* sie führt die Christusbotschaft zur Prägnanz einer bis aufs Äußerste verdichteten Gestalt. Mit dem Gottesdienst gelangt die biblisch-theologische Weltdeutung und mit ihr der Ermöglichungsgrund dieser Weltdeutung in die Reichweite des Ästhetischen. Das deutsche Lehnwort „Ästhetik" ist abgeleitet von griech. *aisthetós* und meint hier ursprünglich „wahrnehmbar", „sinnlich"; ein „Ästhet" ist jemand, „der wahrnimmt", der auf Sinnliches anspricht. Liturgiedidaktik hat es also phänomenologisch mit *Reli-*

gionsästhetik und theologisch mit *Christus* zu tun. Liturgiedidaktik zielt so gesehen keineswegs nur auf die Beschäftigung mit dem schönen Schein des Heiligen oder dem Abglanz einer höheren Welt. Das was in den liturgischen Formen wahrnehmbar in Erscheinung tritt, ist mehr als nur ein Oberflächenphänomen. In ihr geht es vielmehr ums Ganze. Um das Ganze des Christusgeschehens und um das Ganze von Schöpfung und Erlösung.

Gottes Menschenfreundlichkeit wird in der Liturgie nicht nur behauptet, sondern sie macht von sich hören, lässt sich sehen und spüren und sie gibt zu schmecken. Diese spezielle Form christlicher Religionsästhetik kommt z.B. in der Einladung zum Abendmahl zum Ausdruck (nach Ps 34,9): *Schmecket und sehet, wie freundlich der Herr ist!* Im gottesdienstlichen Formenspiel kristallisiert sich das überzeugend Elementare der christlichen Glaubensgewissheit heraus. Damit ist die Liturgie eine der ganz wenigen Kulturformen des Evangelischen, in der seine zentrale Inhaltlichkeit szenisch bebildert wird.

Der sinnliche Glanz der liturgisch verdichteten Weltdeutung verlangt didaktisch – wie bereits hervorgehoben – nach einer primär szenischen Interpretation. Liturgiedidaktik tut in dieser Hinsicht gut daran, methodisch Maß zu nehmen an den Erschließungsformen der modernen Theaterpädagogik. Von ihr wird sie darin bestärkt werden, dass theatrale Zeichen primär in der Weise interpretiert werden, indem *neue* theatrale Zeichen gebildet werden. Wie jedes Theaterstück durch eine Neu-Inszenierung gleichsam zum Leben erweckt wird, aktualisieren sich die liturgischen Zeichen dadurch, dass man sie in immer wieder aufs Neue durchspielt. In unterschiedlichen Gebrauchskontexten und von anderen Darstellern. Denn nur so lassen sich Formvarianten auf unterschiedliche Motive und Funktionen zurückführen. Die Produktion szenischer Lesarten zielt also nicht auf die Rückführung einer komplexen liturgischen Form auf ihre zeitlose Substanz, sondern auf eine Verflüssigung ihrer Gebrauchszusammenhänge. Tradierte Formen werden auf lebensweltliche Zusammenhänge hin ausgelegt, um auf experimentellem Wege herauszufinden, welche Deutungen sie in sich aufnehmen können (und welche nicht).

„Richtig" oder „falsch"? – Lesarten erzeugen! Das Ziel der hier favorisierten Liturgiedidaktik ist die Ermöglichung gegenstandsbezogener *Lesarten*. Gottesdienstliche Formen sollen im Rahmen unterrichtlichen Probehandelns gedeutet, szenisch interpretiert und auf diese Weise „gelesen" werden. Solche „Lektüren" sind, da sie von einem bestimmten Standpunkt aus erfolgen und sich unter bestimmten Gesichtspunkten auf einen bestimmten Gegenstand beziehen, grundsätzlich perspektivisch. Auch und gerade religiöse Einsichten und Zuordnungen können nur standortgebunden zum Ausdruck gebracht werden. Deutung – szenisch, religiös – gibt es nur im Plural. Der in der jeweiligen Lesart zum Ausdruck kommende Zeichengebrauch zeigt also nicht an, was mit der liturgischen Rubrik „eigentlich" gemeint ist – ein solches Missverständnis könnte allenfalls durch einen ausschließlich

liturgie*historischen* Zugang befördert werden –, sondern er zeigt an, wie sich die Sache dem Subjekt als Sach*verhalt* mitteilt bzw. wie es seiner gewahr wird.

Alle pädagogisch darstellbaren Formen des *Spiels* sind darum in besonderer Weise geeignet, die Pluralität der Deutung im Unterricht für die Beteiligten präsent zu halten. Spiel-Szenarien eröffnen am ehesten den zwanglosen Wechsel zwischen Freiheit und Norm. Sie bieten ein Lernarrangement, das seinen Gegenständen, dem „Stoff", Zeit und Raum gibt, aktiv handelnd erschlossen zu werden. Die spielerisch erzeugten Lesarten sind zwar Ausdruck der individuellen Lernbiographie, doch damit keineswegs beliebig. Denn jede Interpretation ist kulturell bedingt und greift insofern immer auf bereits Gewusstes zurück. Wer also etwa in der Beschäftigung mit dem Kniefall (beim Gebet oder bei einer Segnung) eine vornehmlich sportliche Übung assoziiert, ist ebenso begründungspflichtig wie diejenige, die hierin nur ein religiöses Zwangsritual zu entdecken meint.

Wichtig ist, dass die Rezipienten eine aktive Rolle bei der Aneignung und Ausgestaltung des Stoffs bekommen und der konstruktive Charakter des Lernstoffs dabei in den Blick kommt. Liturgisches Lernen wird hier also nicht verstanden als passive Rezeption, sondern als ein höchst aktiver und schöpferischer Prozess. Das setzt den Gegenstandsbezug und die Orientierung an identifizierbaren Unterrichtsinhalten keineswegs außer Kraft. Wie jede Fachdidaktik bleiben auch Religions- und Liturgiedidaktik angewiesen auf einen identifizierbaren Stimulus. Ohne die widerständige Fremdheit noch nicht gewusster Zusammenhänge fände die frei schwebende Aufmerksamkeit der (religiös) Lernenden keinen Anhalt. Ein vorgegebener *Stoff* wird erst durch kontextuelle Ingebrauchnahme zu einem *Inhalt* – erst die Inszenierung macht aus der Partitur ein Stück. Dadurch dass die Lernenden sich mit ihren Erfahrungen in ein Zeichenspiel einbringen, machen sie es für sich sinnvoll. Sie werden zu Protagonisten in ihrem eigenen Lernstück. Didaktisch wie liturgisch stellen sich Inhaltsfragen als Prozess- bzw. Inszenierungsfragen.

Literatur

Michael Meyer-Blanck: Inszenierung des Evangeliums. Ein kurzer Gang durch den Sonntagsgottesdienst nach der Erneuerten Agende, Göttingen 1997.
Arno Schilson/Joachim Hake: Drama „Gottesdienst". Zwischen Inszenierung und Kult, Stuttgart u.a. 1998.
Jörg Neijenhuis (Hg.): Liturgie lehren und lernen. Aufsätze zur Liturgiedidaktik, Leipzig 2001.
Thomas Klie/Silke Leonhard (Hg.): Schauplatz Religion. Grundzüge einer performativen Religionspädagogik, Leipzig 2003.

4. Wo Liturgie elementar wird

Liturgisches Lernen ist ein Lernen, das sich auf das Ganze kirchlichen Aus-druckshandelns in Geschichte und Gegenwart bezieht. Sein Gegenstand hat also eine kulturelle und eine historische Ausdehnung. Und in beiden Be-reichen ragt es hinein in biblisch-theologische Deutungszusammenhänge. In den gottesdienstlichen Riten kommen bestimmte Passagen der Heiligen Schrift in zeitbedingten Darstellungsformen zum Ausdruck. Liturgien lassen sich also nur dann angemessen vermitteln, wenn es gelingt, alle drei Dimen-sionen miteinander ins Gespräch zu bringen: *Geschichte, Bibel* und *Kultur*. Diese Perspektivenvielfalt macht eine Liturgiedidaktik zu einem komplexen Vorhaben.

Lehr-Lern-Prozesse leben davon, dass in ihnen die außer-unterrichtliche Wirklichkeit im Interesse sowohl der Lernenden wie auch der Sache sinnvoll reduziert wird. In keinem Unterricht lässt sich ein Lerngegenstand direkt in einem 1:1-Verhältnis abbilden. Gelänge dies, hätte man die Unterrichtswirk-lichkeit an die Alltagsrealität preisgegeben – Lernen wäre dann nicht mehr Probehandeln, sondern notwendiges, zweckrationales Handeln. Auch kann natürlich nicht die ganze außer-unterrichtliche Wirklichkeit in gleicher Weise lernfördernd in Szene gesetzt werden kann. In didaktischer Perspektive redu-ziert sich also die Fülle möglicher Stoffe auf eine Palette von Stoffen, die mit Aussicht auf entsprechende Orientierungsgewinne zu verwirklichen sind. *Elementarisierung,* also die Umformung von Lerninhalten auf eine er-schließend-einfache Form, zählt zu den Grundbedingungen von Unterricht überhaupt.

Wie aber lässt sich ein Gegenstand mit einer annähernd 2.000-jährigen Wirkungsgeschichte didaktisch sinnvoll elementarisieren, der überdies nicht nur eingelagert ist in das Gesamte der biblisch-christlichen Deutungstradition, sondern auch über eine enorme kulturelle Prägekraft verfügt? Die 12 Lehr-stücke im Praxisteil (II Konkretionen) versuchen diesem Anspruch in mehr-facher Hinsicht zu entsprechen.

Stoffauswahl. Der Unterricht in Sachen Gottesdienst soll sich konkretisieren in einzelnen *liturgischen Rubriken,* in den *Sakramenten* und in den so genannten *Kasualien,* den Amtshandlungen der Kirche. Es geraten hierdurch also ganz unterschiedliche liturgische Ausdrucksformen in den Blick.

Da ist zunächst der traditionelle Sonntagsgottesdienst mit seinen wich-tigsten Gestaltungselementen. *Begrüßung, Gesänge, Gebete, Kyrie, Predigt, Bekenntnis* und *Segen.* Sie bilden so etwas wie den Kernbestand der litur-gischen Handlungsfolge ab. Zum anderen wird in der Präsentation immer auch hervorgehoben, in welcher Hinsicht sie exemplarischen Charakter tragen für die Gesamtinszenierung. Dies eröffnet die Möglichkeit, sie nach-einander in der agendarisch vorgesehenen Reihenfolge zu behandeln und damit einen Akzent auf die Dramaturgie zu setzen. Jedes dieser Lehrstücke ist aber in sich wieder so gegliedert, dass es als *pars pro toto* die theologische Grundrichtung eines christlichen Gottesdienstes erkennen lässt. Das dargebotene Praxismaterial soll es ermöglichen, von jedem Teil-Text aus auf den „Groß-Text" Liturgie zu schließen.

Als zweite Form neben dem Sonntagsgottesdienst sind die Sakramente aufgeführt. Ganz bewusst sind gerade diese Sinnzeichen gesondert behandelt, um ihre liturgische Doppelfunktion deutlich zu markieren. Taufe, Beichte und Abendmahl können einerseits als Bestandteile des Gottesdienstes betrachtet werden, sie können andererseits aber auch selbstständige liturgische Einheiten bilden. Am deutlichsten ist dies bei der Taufe, die in der kirchlichen Praxis zugleich auch eine *Kasualie* darstellt; am wenigsten deutlich kommt das geschichtlich bedingt bei der Beichte zum Ausdruck. Denkt man jedoch an die derzeit wieder stärker ins Bewusstsein rückende Privat- oder Ohrenbeichte, dann macht es durchaus Sinn, dieses dritte evangelische Sakrament auch für sich zu betrachten.

Die Abhängigkeit der liturgischen Formen von der sie umgebenden Kultur zeigt sich besonders bei dem dritten hier vorgestellten Gottesdienstmodell, den Kasualien. Bei Trauung, Beerdigung (und Taufe) ist naturgemäß die Berührungsfläche zwischen liturgischer Praxis und lebensweltlichen Bedürfnislagen am größten. Man will in und mit der Kirche feiern, die biographische Veranlassung dieser „seiner" Feier aber entsprechend berücksichtigt wissen. Die Tatsache, dass hier ausschließlich die traditionellen Amtshandlungen dargeboten sind, stellt kein Präjudiz dar für die in jüngster Zeit viel diskutierte „Kasualisierung" kirchlicher Praxis. Definiert man die Kasualie als eine kirchlich begleitete Handlung aus besonderem Anlass, dann können natürlich auch Konfirmations- und Ehejubiläen, Konfirmationen sowie Schulanfänger- und Abiturgottesdienste als Kasualien gelten. Religionsdidaktisch operationalisierbar sind diese allerdings nur bedingt. Denn in ihnen haben sich in aller Regel noch keine kodifizierten Formen ausgebildet, die das unterscheidend Liturgische dieser „Fälle" für Jugendliche hervortreten lassen. Es mangelt ihnen an einer Wirkungsgeschichte, an der die kulturellen Einflüsse und die theologischen Grundmotive mit hinreichender Bestimmtheit ablesbar wären.

Kulturhermeneutik. Die Konzentration im Kapitel „Konkretionen" auf die traditionellen Formäußerungen des Evangelisch-Christlichen stellt das Vorhandensein alltagsweltlicher Liturgien nicht in Abrede – im Gegenteil. Die Erfahrungen im Zusammenhang mit einem Unterricht, der die „Liturgien" von Kinobesuchen, Bundesligaspielen oder Popkonzerten thematisch zu machen versucht, zeigen, dass die Schülerinnen und Schüler in aller Regel mit dieser Deutung überfordert sind. Ihnen fehlen schlicht die Kriterien für die intendierte kritische Wahrnehmung dieser Vollzüge. Eine solche aber kann nur ein Unterricht bereitstellen, der sich zuvor mit der Funktion und der Wirkung expliziter Gottesfeiern auseinander gesetzt hat. Eine Lerngruppe wird sich so lange gegen die religionspädagogische Enteignung ihrer Lebenswirklichkeit zur Wehr setzen müssen, wie die Unterrichtenden ihnen die Inszenierungsmuster gottesdienstlicher Praxis vorenthalten. Denn erst wer weiß, wie und warum eine Prozession – bei einer Beerdigung oder bei einem feierlichen Einzug in die Kirche – „funktioniert", der ist auch urteilsfähig in Bezug auf die Gestaltungsmittel, die bspw. eine Loveparade „funktionieren" lassen. Aus einer entsprechenden liturgischen Elementarbildung heraus kann *begründet* darüber Auskunft gegeben werden, in welcher Hinsicht dieser Event möglicherweise zu einer implizit religiösen Veranstaltung wird, auch wenn er sich ausdrücklich nicht so versteht.

Didaktisch-methodisch wird diese Sichtweise in den einzelnen Lehrstücken dadurch eingelöst, dass hier immer wieder ein lebensweltlicher Abgleich gesucht wird. Wenn in ganz unterschiedlichen Zusammenhängen die Frage nach „säkularen" Analogien aufgeworfen wird, dann geschieht dies nicht, um das gottesdienstliche Formenspiel didaktisch zu affirmieren, sondern vor allem in kulturhermeneutischem Interesse. Im Vordergrund steht in je verschiedenen Erschließungsperspektiven der Lebenszusammenhang der Lerninhalte.

Aneignung. Die Bearbeitungshinweise („mögliche Impulse", „erschließende Fragen") sollen die Unterrichtenden nicht gängeln, sie dienen vielmehr dazu, eine Erschließungsrichtung zu markieren, die konsequent auf die selbsttätige Aneignung setzt. Es soll dabei immer von (kirchlicher) Religion auf Lernende zurückgefragt werden – und umgekehrt. Die geisteswissenschaftliche Pädagogik nannte diesen Zugang seinerzeit „gegenseitige Erschließung". Neu ist, dass dies nun im Rahmen einer performativen Didaktik und mit offenem Ausgang geschehen soll. Die einzelnen liturgischen Rubriken kommen hier also gleichsam als „offene Kunstwerke" (U. Eco) ins Spiel. Das soll die Zeitlichkeit und Vorläufigkeit religiöser Deutung unterrichtlich präsent halten. Religiöse Handlungsvollzüge nehmen – wie grundsätzlich alle pädagogischen Prozesse – immer nur Gestalt an in einem bestimmten kulturellen Raum. Und dort zeigen sie sich durch den dort jeweils vorherrschenden Modus. Wie der Musik-Unterricht bspw. eine Dvorak-Sinfonie mittels Tonträger einspielt, um sie didaktisch darstellen zu können, so wird der Religionsunterricht bspw. ein Kirchenlied oft auch nur als „Konserve" einspielen. Hier wie dort ist aber klar, dass diese Präsentationsformen natürlich nicht der eigentliche Sitz im Leben dieser Musik sind. Der Akzent auf der Performanz der jeweils verhandelten Stücke soll gerade diese inszenatorische Differenz ins Bewusstsein heben. Indem die Unterrichtsgegenstände probeweise in einen interpretativen Dialog verwickelt werden, konkretisiert sich eine Form, die jetzt und hier ihre Form ist, auch wenn sie – theologisch, historisch, kulturell – in anderer Weise organisiert worden sind. Sinfonien und Kirchengesänge im Klassenraum sind eben *andere* Sinfonien und *andere* Kirchenlieder.

Vorausgesetzt ist hier also ein Interpretationsverständnis, das nicht einem hermeneutischen „Diktat des Textes" (Gadamer) folgt – der Sinn eines liturgischen Textes ist vielmehr eingelagert in die Pragmatik eines Rezeptionsverhältnisses. Genau darin soll die besondere Ästhetik kirchlicher Religion didaktisch zur Geltung kommen: als offene liturgische Kunstwerke „in Bewegung", in denen Kirche erkannt wird über die Strukturen ihres Gestaltens.

Weiterarbeiten. Am Ende eines jeden Lehrstückes finden sich Literaturangaben. Dass diese Hinweise in einem unterrichtspraktisch ausgelegten Buch nicht erschöpfend sein können, versteht sich von selbst. Sie sind für Unterrichtende gedacht, die die knappen liturgischen Einleitungen vertiefen wollen. Zugleich sind damit in der Regel auch die jeweiligen Quellen benannt. In den meisten Fällen kann diese Literatur auch Schülerinnen und Schülern zugänglich gemacht werden, wenn sie zur Eigen- oder Nacharbeit bzw. zu Referatsleistungen motiviert werden sollen.

Im Dienste der Verständlichkeit steht das angefügte kleine *Glossar*. Es ersetzt kein liturgisches Lehrbuch, hilft aber zu einem schnelleren Erfassen der (weder wenigen noch unmittelbar eingängigen) Fachbegriffe.

Lernorte. Konfirmanden- und Religionsunterricht sind sehr unterschiedliche Lernorte. Dies umso mehr, als mit dem Gottesdienst ein Unterrichtsgegenstand gewählt wurde, der zunächst einmal eine große didaktische Nähe zum *einen* Lernort aufweist und im Gegenzug dem *anderen* Lernort vergleichsweise fern liegt. Liturgie hat etwas mit Kirche und Gemeinde zu tun, und beide sind die pädagogischen Subjekte des Konfirmandenunterrichts. Dass hier der didaktisch durchaus heikle Gegenstand Liturgie auch und gerade für den schulischen Religionsunterricht aufbereitet wurde, stellt die religionsdidaktisch naive Vorstellung in Frage, der Religionsunterricht habe Phänomene gelebter Religion lediglich kognitiv-bildend und im Medium der Reflexion zu vermitteln, während es im Konfirmandenunterricht um existenzielle Betroffenheit und kirchliche Lehre gehe. Mit der phänomenologischen Wende in der Religionspädagogik Mitte/Ende der 90er Jahre ist diese Fraktionierung obsolet geworden. Zwar unterschieden sich beide Lernorte im Hinblick auf unterschiedliche Erschließungsperspektiven und vor allem natürlich auch auf unterschiedliche Lerngruppen, aber es verbindet sie das Interesse an einer *gelebten* Religion. Nicht zufällig zeichnet sich derzeit der Kirchenraum als ein religionspädagogisch überaus fruchtbares Medium ab – ist doch sein Hauptcharakteristikum, dass in ihm Religion praktisch wurde und wird. Die Kirchenpädagogik leistet hier einen wichtigen Brückenschlag zwischen Kirche und Schule.

Der – durchaus unübliche – Vorschlag, bei den Unterrichtsmaterialien zunächst *nicht* zwischen KU- und RU-Material zu differenzieren, trägt nicht zuletzt auch den empirisch nachweisbaren Differenzierungsprozessen innerhalb der religiösen Bildung Rechnung. So wenig derzeit eine religionspädagogische Konzeption einen Alleinvertretungsanspruch erheben kann, so sehr sind die ehedem starren Grenzen zwischen kirchlichem und schulischem Unterricht abgeschmolzen. Manch „frommer" Religionsunterricht ist sehr viel „kirchlicher" als ein problemorientierter Konfirmandenunterricht, und manch ein Konfirmandenunterricht wird didaktisch versierter inszeniert als ein stupider Textunterricht in der Sekundarstufe II. Die Wahl, welche Materialien welcher Lerngruppe zugemutet werden können oder sollen, kann und soll hier bewusst den Unterrichtenden überlassen bleiben.

II Konkretionen

1. Liturgische Stücke

A. Liturgischer Gruß

Anfangen. Die liturgische Kommunikation zwischen der Gemeinde und dem Liturgen beginnt mit dem Gruß (lat. *salutatio*). Mit dem im Verlauf des Gottesdienstes relativ unspektakulären Wechselgesang „Der Herr sei mit Euch" – „Und mit Deinem Geist" tritt nach altkirchlicher Ordnung der Liturg das erste Mal vor die versammelte Gemeinde. Etwas Neues fängt an.

Ein Anfang ist alles andere als ein beliebiger Zeitpunkt. Wer anfängt, verheißt Neues. Und zugleich begrenzt er damit das Vorherige. Er zeigt eine Geschehniseinheit an, die anders ist als das zuvor Wahrgenommene. Jeder Anfänger vollzieht also eine ganz elementare Unterscheidungsleistung. „Anfänger" erleben den Unterschied zwischen Alt und Neu, zwischen Vormals, zwischen Hier und Dort sehr viel bewusster als bereits „Fortgeschrittene". Ein verpasster Anfang lässt einen bis auf Weiteres im Alten und Vormaligen verharren, er erschwert das Vordringen in neue Erfahrungszusammenhänge. In *dem* Moment, in dem wir ihrer gewahr werden, signalisieren Neuheitserfahrungen, dass wir ihren Anfangsimpuls bereits versäumt haben. Schülerinnen und Schüler kennen das nur zu gut.

Ein Lehrer, der keinen Anfang zu setzen vermag, findet in der Regel auch kein Ende. In Situationen, in denen es etwas zu vermitteln gibt, unterliegen Anfänge einer ganz besonderen Dramaturgie. Denn weiß man erst, wie etwas beginnt, dann hat man es – zumindest im Prinzip – auch schon verstanden. Anfänge haben immer Auswirkungen auf das, was ihnen folgt. Wenn etwas stattfindet, dann hat es auch begonnen. Oder andersherum: Was auf eine Eröffnung folgt, ist mit ihr immer auch schon mitgesetzt. Am Anfang geht es immer ums Ganze: Wie bei der viel zitierten Liebe „auf den ersten Blick" bestimmt der Beginn die Folgezeit. In der Religion dominiert die Taufe das Leben eines Christenmenschen und die Gebetsanrede das Gebetsanliegen.

Anfängliches Handeln kann also sehr einflussreich sein. Denn in ihm nimmt etwas seinen Lauf, was das eigene Beginnen konsequent nach sich zieht und sich daran orientiert. Eine Eröffnung setzt eine Neuerung in Kraft, die damit unwiderruflich in Erscheinung tritt. Beendet wird sie erst durch einen erneuten Anfang. Immer wieder neu anfangen zu können, ist so gesehen ein Akt der Gnade. Für Christenmenschen ist es ja eine durchaus tröstliche Erfahrung, ausgerechnet „einen kindlichen Geist empfangen" zu haben und darum Gott „Abba, lieber Vater" rufen zu können (Rö 8,15).

Der Umgang mit Anfangssituationen, Endstationen und Neu-Anfängen ist typisch für den christlichen Glauben. Zeigt doch solches Handeln eine Lebensform an, die sich *im Werden* begreift. Im fortschreitenden Anfangshandeln begegnet man nicht nur der eigenen Endlichkeit, sondern man wird auch mit der Vorläufigkeit von allen Umgangsformen konfrontiert, mit denen man im Leben etwas anfangen kann. „Würgen und heilen, brechen und bauen hat seine Zeit" – so übersetzt Luther den 3. Vers aus dem abgründigen Lehrgedicht in Prediger 3.

Jeder Anfang hat aber auch seinen Raum. Ein Neues *für* und *mit* anderen zu beginnen, bedeutet auch, anderen in einen bislang unbekannten Erfahrungsraum Eintritt zu gewähren. Eintritte wollen darum behutsam und – gerade für Anfänger – in entlastender Weise organisiert werden. Neuland betritt sich leichter, wenn man sich jemandem anvertrauen kann, der sich dort hinlänglich auskennt. Und der das „betretene" Schweigen beendet, indem er verlauten lässt, was dieser neue Erfahrungsraum seinen Besuchern „einräumt" – und was nicht. Körperliche Gebärden können diese Ansagen verstärken und die von der symbolischen Ordnung vorgesehenen Eintrittsbedingungen anzeigen. In einer Besuchssituation erleichtern z.B. die zum Abnehmen von Mantel und Schirm ausgestreckten Arme des Gastgebers den Übergang in den für Fremde ansonsten nicht zugänglichen Wohnbereich. Die Garderobe wird zum Handlungsraum für die anfängliche Entwaffnung und Musterung von Gästen: Man reicht einander die rechte Hand (früher: die Waffen führende) und versichert sich so wechselseitig der Friedfertigkeit, bevor der Gast in den Privatbereich eingelassen wird. In der Bibel signalisieren – im umgekehrten Fall – die das flammende Schwert umspannenden Hände der Cherubim, dass für Adam und Eva laut göttlichem Verdikt der Wiedereintritt ins Paradies bis auf weiteres untersagt ist (Gen 3,24).

In beiden Fällen ist es keineswegs gleichgültig, von wo aus der Eintritt gewährt bzw. verweigert wird. Anfänge haben ihren Ort an der Schwelle. Zur Inszenierung des Anfangs gehört eben auch, dass er für Anfänger eindeutig lokalisierbar ist.

Neben den Fragen nach Zeit und Raum ist es in religionsästhetischer Perspektive interessant, wie Anfänge gesetzt werden und natürlich: wodurch ein Anfang als solcher erkannt wird. Wer bspw. eine Liturgie beginnt, ergreift an einem bestimmten Ort und zu einem bestimmten Zeitpunkt die Initiative, etwas aus der nachfolgenden Zeit zu machen, sie in bestimmter Weise zu gestalten. Ein Liturg macht dies *mit* und *vor* anderen. Dadurch setzt er den Beginn einer bestimmten Handlungsfolge.

Diese Handlungsfolge zeigt sich nicht im luftleeren Raum. Gottesdienstliches Handeln ist immer eingelagert in Kultur, aus der es hervorgeht und die seine Wahrnehmung bestimmt. Wie und wann ein Gottesdienst anfängt, wird von den am Gottesdienst Teilnehmenden in erster Linie realisiert vor ihrem lebensweltlichen Horizont. Ein Anfangsgruß kann nur als solcher realisiert werden, wenn man darin eine Form wieder erkennt, die einem „irgendwie" geläufig ist. Das Wissen um die Wirkung alltagsweltlicher Anfänge schärft also den Blick in liturgischer wie in didaktischer Hinsicht.

Im Wochenblatt DIE ZEIT erschien unlängst eine Glosse, die sich mit den verschiedenen Formen der E-Mail-Anrede befasste (Michael Allmaier: Guten Tag! Ein E-Mail-Gruß. DIE ZEIT 28.5.03, Nr. 23; s. S. 42 f.). „Guten Tag!" ist eine *der* Kommunikationseröffnungen, die sich derzeit – zumindest in seriösen Mails – allgemein durchzusetzen beginnen. Mit einem schnell eingetippten „Guten Tag!" entbietet der Absender dem vorausgesetzten Empfänger einen ganz alltäglichen Gruß. Dass dieser Gruß die sprachökonomische Schwundstufe eines bereits weit gehend verlernten „Einen guten Tag wünsche ich Ihnen!" darstellt, ist dem Mail-Schreiber vermutlich ebenso wenig bewusst wie dem Sprecher, der auf diese Weise tagtäglich Kontakt zu seinen Mitmenschen aufnimmt. Allein, es verwundert, wie widerstandsfähig sich diese Floskel zeigt gegen die Veränderungsgeschwindigkeit dieses Mediums. Flüchtige Szenarien brauchen offenbar immer wiederkehrende Muster, um nicht im Sog ihrer eigenen Aktualitätsnötigungen an Bedeutung zu verlieren.

Mit seinem Eingangssatz gibt der digitale Autor zu erkennen, dass die überkommenen Anfangsformeln der papierenen Post, wie z. B. „Sehr geehrte Damen und Herren ...", für ihn kaum mehr in Geltung stehen. Er beginnt seine Nachricht in einer der Geschwindigkeit der elektronischen Übermittlung angemessenen Weise, indem er in gesprochener Sprache schreibt. Der Absender macht sich durch einen solchen Mail-Anfang mit seinem Adressaten gleichzeitig. Der Angeschriebene wird zum schriftlich Angesprochenen.

Dagegen halten die gottesdienstlichen Salutationen die Erinnerung wach, dass sie formgeschichtlich mindestens bis ins Neue Testament zurückreichen, hier in die Briefliteratur. Beim liturgischen Gruß ist also die *wort*sprachliche Verlautbarung direkt abbildbar auf eine *schrift*sprachliche Wendung.

Da es sich bei dem E-Mail-Gruß formal um eine Art Responsorium handelt, ist die Freiheit des Adressaten, eine mögliche Rückantwort zu beginnen, deutlich eingeschränkt. Hält er sich an die Konventionen *wort*sprachlichen Umgangs, wird er erwartungsgemäß das „Guten Tag" erwidern. Auch das im SMS-Umfeld gebräuchlichen „Hallo!" und „Hi!" sowie das beiläufige „Wie geht's?" haben grundsätzlich Respons-Charakter. Doch in der medialen Darstellung sinkt natürlich die Verbindlichkeit mit zunehmender Entfernung. Die real existierende Mail-Ordnung kennt kaum noch Sanktionen. Die Einführung neuer Formen geschieht allerhöchstens um den Preis beiderseitigen Nicht-Verstehens.

Das „Guten Tag!" dient aber nicht nur dazu, eine Verständigung herzustellen, sondern es hat auch eine *performative Funktion*. Und die ist durchaus offen für religiöse Lesarten. Das Gruß-Wort verheißt, indem es unverhofft auf dem Bildschirm erscheint, den Tag für den Angeredeten auf sublime Weise „gut" zu machen. Die Gegenprobe beweist es: Nichts ist schroffer als die Verweigerung des Gegengrußes – zumindest in der konkreten, leibhaften

Begegnung. Ein Gruß wirkt, was er in Rede stellt. In Gruß und Gegengruß wird das letztlich unverfügbare persönliche Ergehen als ein Wohlergehen qualifiziert. Für einen kurzen Moment zeigt sich den Grußpartnern wort-wörtlich die „Güte" des Tages.

Der kleine Exkurs in die Welt elektronischer Gruß-Riten ist ein erster Hinweis darauf, dass die vielen liturgischen Vollzügen zu Grunde liegende Respons-Struktur keineswegs nur auf den Gottesdienst beschränkt ist. Einen Anfang durch eine Wechselrede zu setzen, zählt zum Grundbestand ritueller Umgangsformen. Diese Umgangsformen sind nicht zeitlos gültig, sondern sie unterliegen – zweitens – dem Wechselspiel zwischen Formvorgabe und zeit-gemäßer Aneignung, zwischen Tradition und Invention, Produktion und Reproduktion. Und schließlich deuten Performanz-Phänomene wie dieses darauf hin, dass es auch Botschaften außerhalb der Reichweite des Diskursi-ven gibt. Und deren Wirkungen scheinen – je nach Lage der Dinge – von ganz unterschiedlicher Dichte zu sein.

Zur Geschichte. Historisch zählt die Salutatio zu den traditionellen Stil-Ele-menten innerhalb der klassischen Rhetorik. Mit ihr stellt der Absender den Erstkontakt zum Adressaten her. Der Autor will sich der Aufmerksamkeit seines Gegenübers vergewissern. In den Briefformularen vom Mittelalter bis ins 19. Jahrhundert finden sich feinste Differenzierungen bei den Attributen der Gruß-Adresse. Eine dem Adressaten, dem Absender und dem beide ver-bindenden Verantwortungshorizont angemessene Salutatio war oft schon die anspruchsvollste, weil sprechendste Aufgabe für den Briefsteller. Salutationen sind von ihrer Grundstruktur her *dreistellig.* Sie werden ausgesprochen von einer Person an eine zweite Person, und sie zeigen an, was beide Personen zueinander in Beziehung setzt.

In der liturgischen Grundform tritt die Dreistelligkeit des Grußes noch sehr viel deutlicher hervor. Formal war diese Struktur sicher ausschlag-gebend dafür, den – ursprünglich säkularen – Gruß in die Agende aufzuneh-men: *„Der Herr sei mit Euch."* – *„Und mit Deinem Geist."* Absender/Adressat bzw. beim Gegengruß: Adressat/Absender – und beide sind „des Herrn".

Demgegenüber sind umgangssprachliche Grußformen zumeist nur *zwei-stellig.* Ein Sprecher bzw. eine Sprecherin tritt in Kontakt zu einer zweiten Person. Was die beiden Personen verbindet, kommt in aller Regel erst *nach* dem Gruß. Alltagsweltliche und liturgische Begrüßungen sind also einander durchaus verwandte, strukturell jedoch voneinander verschiedene Inszenie-rungsmuster. Sie sind an unterschiedliche Verlautbarungssituationen ge-bunden, und in ihnen kommen unterschiedliche Inhalte zum Ausdruck. Würde man z.B. einen Bekannten auf der Straße mit „Der Friede sei mit Dir!" (dreistellig) begrüßen, dann riefe das – unvorbereitet angesprochen – sicher eine gewisse Verwunderung hervor, außer beide haben sich zuvor auf diese Art der Kontaktaufnahme verständigt. Andersherum wirkt ein „Guten Morgen, liebe Gemeinde!" (zweistellig) im Gottesdienst zwar sehr viel weniger fremd, doch damit wird eine völlig andere Beziehung vorausgesetzt. Die Spannung zwischen zwei- und dreistelliger Kommunikation ist insofern eine liturgisch zentrale Frage, als sich hier – zugespitzt formuliert – ein primär interpersonales, „anthropologisch" bestimmtes Gottesdienst-Verständnis und ein primär religiös-vergewisserndes, „theologisch" ausgelegtes Konzept gegenüber stehen. Dieser Zusammenhang markiert zugleich auch ein wichtiges Unterrichtsziel der hier skizzierten Lernsequenz.

Die Salutatio hält seit etwa dem 4. Jh. Einzug in den Gottesdienst. Sie re-inszeniert gewissermaßen in verdichteter Form alte jüdische Segensformeln (z.B. in Rut 2,4) sowie die Eingangs- und Schlussgrüße in den Paulus-Briefen. In dem Moment, in dem sie im Gottesdienst der frühen Gemeinden verlesen werden, verschmelzen biblisches *Schriftwort* und liturgischer *Wortlaut* miteinander. Der Gruß lässt den Absender und mit ihm *den,* der ihm letztlich Vollmacht verleiht, gegenwärtig sein. Das lateinische Wort „salutatio" heißt wörtlich „Heilsanwünschung".
Hatte der liturgische Gruß seinen Ort nach der alten Agende im Anschluss an das Gloria, so ist er in der „Erneuerten Agende" ganz an den Anfang des Gottesdienstes vorgerückt. Beides macht liturgisch Sinn. Denn hier wie dort markiert diese Rubrik dramaturgisch die anfängliche Kommunikation zwischen Liturg und Gemeinde. Ein einzelner Christenmensch tritt vor anderen Christenmenschen auf und bringt eine Christus-Akklamation zum Ausdruck: Der „Herr" allen Lebens möge mit allen hier versammelten Christenmenschen sein. Mit jedem und mit jeder einzelnen. Und er möge *in* und *mit* dem sein, was der Grüßende im Anschluss daran – wiederum stellvertretend und im Auftrag der Gemeinde – betet, predigt und bekennt. Er möge gnädig auf das schauen, was der Liturg oder die Liturgin in der gottesdienstlichen Rolle jetzt darzustellen und zu vermitteln hat. Dramaturgisch konsequent schreibt die Agende vor, auch andere exponierte Handlungen grußförmig zu eröffnen: z.B. die Präfation zum Abendmahl bzw. die Schlusskollekte oder den so genannten Kanzelgruß direkt vor der Predigt. Liturgisch korrekt ist letzterer zumindest immer dann vollzogen, wenn jemand anderes als der Liturg bzw. die Liturgin auf der Kanzel das Wort auslegt. In einigen Gemeinden wird auch noch nach der Predigt – ganz analog zu den Schlussgrüßen in den apostolischen Briefen – ein Kanzelsegen gesprochen.
Die Reformation hat zwar die Vielzahl der gottesdienstlichen Salutationen stark reduziert, aber gänzlich getilgt hat sie sie nicht. Luthers „Formula missae" von 1523 sieht Salutationen zumindest an zwei Stellen vor: vor der *Präfation* und vor dem Benedicamus. Auch fehlt sie in keiner der frühen evangelischen Kirchenordnungen des 16. Jahrunderts. Die „Deutsche Messe" von 1526 hat demgegenüber keine Salutatio.

Setzt die Salutatio *theologisch* ein Geschehen im Namen des dreieinigen Gottes und die Gegenwart des auferstandenen und erhöhten Herrn voraus, so signalisiert sie *dramaturgisch,* dass ein von der Gemeinde beauftragter

Funktionsträger wechselseitig mit dieser seiner Gemeinde im Angesicht Gottes den Segen eben dieses Gottes kommuniziert – und nicht etwa ein Veranstalter seine mehr oder weniger zahlreich erschienenen Gäste willkommen heißt.

Unterstrichen wird diese liturgische Rolle in aller Regel durch eine das Grußwort begleitende *Gestik*. Bei den Worten „Der Herr sei mit Euch!" öffnet der Liturg bzw. die Liturgin die Arme mit einer einladenden Bewegung (die Hände zur Gemeinde). Auf die Antwort der Gemeinde werden dann die Arme geschlossen und die Hände ineinander gelegt. Das deutet darauf hin, dass die liturgische Sprache erst durch die Verkörperung lebendig, d.h. zur *performance* wird. Die Botschaft tritt leiblich in Erscheinung. Das ist natürlich nichts grundsätzlich Neues – auch der Verfasser des ersten Johannesbriefes hatte eine genaue Vorstellung davon, dass sich Religion leiblich vermittelt: „Was wir gehört haben, was wir gesehen haben mit unseren Augen, was wir betrachtet haben und unsere Hände betastet haben, vom Wort des Lebens ..." (1 Joh 1,1).

Diese klare, in Wort und Geste verkörperte Rolle wird jedoch nicht selten, v.a. in den Gottesdiensten, die besonders „natürlich" oder „gemeindenah" gefeiert werden sollen, verundeutlicht. Das kann in einer so genannten „freien Begrüßung" geschehen, aber auch durch das Einfügen erklärender Präfamina in das liturgische Formular.

Die so genannte „freie Begrüßung". Im „Evangelischen Gottesdienstbuch" findet sich für die Begrüßung eine Art Kompromissvorschlag. Er sieht vor, dass sich an den liturgischen Gruß „aus besonderem Anlass eine Begrüßung mit freien Worten, ggf. eine knapp gehaltene Einführung in den Gottesdienst" anschließen könne. Diese „freie Begrüßung" durch „ein abholendes, einstimmendes und persönliches Wort" dürfe jedoch die „Grundaussage" der Salutatio keineswegs „überlagern" (Agende für die Ev. Kirche der Union und für die VELKD Berlin 1999, 491).

Das stellt die Liturginnen und Liturgen in der Praxis vor eine kaum lösbare Gestaltungsaufgabe. Denn in der Kombination von liturgischem Gruß und freier Begrüßung stoßen die zweistellige und die dreistellige Kommunikation unmittelbar aufeinander.

Ein Beispiel aus der Anleitungsliteratur: „Guten Morgen, liebe Gemeinde. Ich freue mich auf unseren Gottesdienst und darüber, dass Sie dabei sind. Fühlen Sie sich herzlich willkommen." (Burkhard Heim: Gottesdienstanfänge. Meditationen, Paraphrasen, Gebete, Kanons, Bekenntnisse. Konstanz 1988, 146.) So oder so ähnlich werden viele evangelische Gottesdienstgemeinden allsonntäglich begrüßt. Die freundlich-jovialen Anfangssätze können jedoch nicht verbergen, dass sich mit ihnen die mit dem liturgischen Gruß verbundene Selbst- und Rollenwahrnehmung aller Anwesenden grundlegend verändert: Aus dem in die Rolle des Liturgen geschlüpften Pastors wird unversehens ein plappernder Conférencier, und der macht im Gegenzug aus den Gottesdienstbesuchern ein umworbenes Publikum. Damit verengt sich der zu entfaltende religiöse Raum zu einem säkularen Vortrags- bzw. Sitzungssaal, in dem etwa ein Vereinsvorsitzender seine (mehr oder weniger) zahlreich erschienenen Gäste willkommen heißt. Die Inszenierung des Evangeliums wird also – ungewollt? – zur Selbstinszenierung des Pastors. Im Religions- und Konfirmandenunterricht käme es bei diesem Thema darauf an, das Bewusstsein dafür zu schärfen, dass sich mit einem bestimmten Gestus und einem bestimmten Wortlaut immer auch bestimmte Rollenzuschreibungen verbinden.

Das Präfaminisieren. Das liturgische Handeln ist gegenwärtig bestimmt durch eine wachsende Distanz zwischen gottesdienstlichem Formular und den Darstellungskompetenzen der Gottesdienstteilnehmer. Die wohl am weitesten verbreitete Reaktion auf diese, bereits mit der Reformation einsetzende und sich mit der Aufklärung und dem Rationalismus verstärkende Erosion kultischer Formen ist das Einfügen erklärender Präfamina in das liturgische Formular. Dies geschieht entweder durch vorformulierte und theologisch knappe Vor-Stücke oder (häufiger) durch Spontan-Floskeln. – Zwei Beispiele:

„Als Lesung hören wir nun ...". Liturgisch versierte Christenmenschen fragen sich: ‚Als was denn sonst?' Dass ein Talarträger ans Lesepult tritt, ein Bibelbuch (oder Lektionar) aufschlägt und nach Nennung von Ort (Bibelstelle) und Zeit (Name des Sonntags) zu lesen beginnt, spricht für sich selbst und bedarf keiner Kommentierung.

Oder „Wir wollen beten ...". Auch hier die kritische Rückfrage: „Wollen wir nur beten oder machen wir das jetzt auch?" Ist nicht vielmehr durch die Stellung des Liturgen bzw. der Liturgin zum Altar und den Gebetsgestus völlig klar, was folgt?

Werner Jetter beklagt bereits 1978 den „Trend einer alles interpretierenwollenden Beredsamkeit". Mit dem Bemühen, sporadischen Kirchgängerinnen und Kirchgängern, jede seiner Handlungen vorab bekannt zu machen, wird „der Liturg sein eigener Kastellan": „Aus dem Kultus [...] wird so etwas wie ein Schaufenster, hinter dem die Besucher (der [Geburts-]Klinik) unter Aufsicht die Kindlein gezeigt bekommen." (Symbol und Ritual. Anthropologische Elemente im Gottesdienst. Göttingen 1978, 161).

Zum Unterricht

Für einen Unterricht zum Thema des Anfangs bzw. der Begrüßung werden hier drei verschiedene Zugänge angeboten: die *Funktionsweise von Grüßen, die Unterschiede zwischen wort- und schriftsprachlichen Grüßen* und *die Angemessenheit gottesdienstlicher Begrüßungen.*

■ Anliegen

Form und Inhalt der *Salutatio* legen es nahe, sich diesem Wechselgruß in einem ersten Schritt didaktisch über alltagsweltliche Begrüßungen zu nähern. Denn die Notwendigkeit einer ritualisierten Kontaktaufnahme wird den weitaus meisten Jugendlichen unmittelbar einleuchten, wenn sie auch deren innere Logik und deren Funktion nicht in gleicher Weise präsent haben. Es käme also zunächst darauf an, eine erste, noch unstrukturierte Vorstellung dafür zu vermitteln, wie Begrüßungen im täglichen Umgang „funktionieren", wie sie sich zusammen setzen und was sie unter Umständen bewirken können. Die Lerngruppe soll sensibilisiert werden für die besondere Qualität einer Anfangssituation. Am besten lässt sich ein solches Unterrichtsziel auf spielerischem Wege ansteuern.

■ Verlauf

Nachdem der Unterrichtsraum weitgehend leer geräumt ist, werden die Jugendlichen gebeten, sich alle gleichzeitig in den nun entstandenen freien Raum hineinzubegeben und sich dort ziellos zu bewegen. Dabei gibt es keine vorgeschriebenen Wege und keine vorgeschriebene Geschwindigkeit. Die einzige Regel in der ersten Runde besteht darin, niemanden anzurempeln oder gar umzulaufen.

Nachdem sich die Gruppe nach ein paar Minuten in diesem Setting eingefunden hat, soll in der zweiten Runde in irgendeiner Weise schweigend Kontakt mit den Entgegenkommenden aufgenommen werden. Dies kann durch ein kurzes Kopfnicken geschehen, durch ein Augenzwinkern, durch eine tiefe Verbeugung, eine Umarmung oder gegenseitiges Händeschütteln. Danach soll man wieder seiner Wege gehen (ca. 4 Minuten).

Im dritten „Durchgang" wird diese Kontaktaufnahme dann auch verbal gestützt. Die Jugendlichen sollen hierbei verschiedene, ihnen bekannte Varianten durchspielen („Hi!", „Hallo!", „Guten Tag!"), aber ganz bewusst auch veraltete Grüße ausprobieren („Ich entbiete Ihnen meinen Gruß!", „Sei gegrüßt!", „Gott zum Gruße!" o.Ä.). Hier sollte in jedem Fall mehr Zeit gegeben werden (ca. 8–10 Minuten).

Zum Abschluss kann – als Kontrasterfahrung – der Versuch unternommen werden, eine Begrüßung einmal peinlich zu umgehen, sich aus dem Wege zu gehen oder nur das gerade noch Notwendige zum Ausdruck zu bringen, um die Form zu wahren (4 Minuten).

Die sich an diese Übungen anschließende Reflexion kann durch folgende Impulse eingeleitet werden:

- Wie unterscheidet sich die Begrüßung einer Freundin von der eines entfernten Bekannten?
- Welche Reaktion erwartet man, wenn man als erste/r eine Begrüßung ausgesprochen hat?
- In welcher Weise reagiert man auf das Ansprechen seines Gegenübers?
- Welche Gesten sind akzeptabel, bei welchen Gesten sind wir zurückhaltend?
- Welche Erwartungen verbinden sich mit einer Begrüßung im Hinblick auf das nachfolgende Gespräch?
- Wie verläuft die Begrüßung, wenn man als Einzelne/r auf eine ganze Gruppe trifft?

Im Verlauf des Unterrichtsgesprächs sollten die Unterrichtenden eine (vorläufige) Klärung folgender Funktionen herbeiführen:

Wechselseitigkeit – die Gruß-Partner reagieren normalerweise auf derselben gestischen und sprachlichen Ebene. Ein „Hi!" wird mit einem „Hi!" beantwortet und eine ausgestreckte Hand wird (in der Regel) vom Gegenüber ergriffen. Immer dann, wenn von einander stark abweichende Codes gewählt werden, kommt es zu Spannungen.

Gestik – kaum eine Begrüßung kommt ohne Gebärden aus. Oft unbewusst zum Ausdruck gebracht, spielen sie eine wichtige Rolle bei der (Wieder-)Begegnung. Auch „Nicht-Gesten", wie etwa die berühmte Hand in der Hosentasche, sind durchaus bedeutungsvolle Bestandteile des Rituals.

Kongruenz – in aller Regel entsprechen sich verbaler und leiblicher Code. Der sprachliche Ausdruck wird durch die ihn begleitenden Gebärden unterstützt, kommentiert, bisweilen aber auch dementiert.

Auftakt – Begrüßungen wirken sich auf das nachfolgende Gespräch aus. Nicht jedes Gespräch kann nach jeder Begrüßung entstehen. Oder andersherum: Die Form des Erstkontakts legt in gewisser Weise die Bahnen fest, auf denen sich das unmittelbar Folgende bewegt.

■ Anliegen

Man begrüßt sich nicht nur, indem man miteinander spricht, auch in schriftlicher Form man kann sich willkommen heißen. Alle Schülerinnen und Schüler kennen das standardisierte „Liebe/r N.N.!" als Anrede in Briefen. Aber die Briefkultur verändert sich zusehends. Durch die weite Verbreitung von Handy (SMS) und Computer (E-Mail) und die damit verbundene Beschleunigung der schriftlichen Kommunikation kommt es zu einer schleichenden Vermischung von wort- und schriftsprachlichen Mitteilungen. Die neuen Medien bringen auch neue Kommunikationsformen hervor. Dies zeigt sich insbesondere an der Formulierung der Begrüßung.

■ Verlauf

Eine Glosse aus der ZEIT (28.5.03, Nr. 23) kann diesen Zusammenhang unterrichtlich erhellen:

Guten Tag! Ein E-Mail-Gruß
[...] Wer im Zeitalter von SMS und E-Mail mit dem Schreiben beginnt, muss ganz von vorn beginnen.
Der Anfang ist [...] gemacht in Gestalt der sich neuerdings ausbreitenden E-Mail-Anrede „Guten Tag", hinter der sich mehr verbirgt, als es auf den ersten Blick scheint. Sie bekundet einerseits Höflichkeit, die eingeführte Floskeln brauchen. Doch zugleich signalisiert der Verwender, dass die überlebten Normen der „Schneckenpost" für ihn nicht mehr gelten, dass er gelernt hat, die Schnelligkeit der neuen Medien zu nutzen, indem er so schreibt, wie er spricht. Der Briefschreiber der Postkutschen-Ära richtete seine Worte in eine ungewisse Zukunft, sein Nachfahre am Computer zieht den Empfänger in seine Gegenwart hinein. Darum wohl tut sich die neue Anrede auf dem Papier noch schwer: Der Tag, von dem der Briefabsender spräche, wäre für den Empfänger beim Erhalt ja schon vorbei.
Der halb förmliche Stil, dem das „Guten Tag" voransteht, ist weit entfernt von Goethe und weiter noch vom Traum der frühen Internet-Enthusiasten, miteinander so knapp und logisch zu kommunizieren wie mit ihrem Computer. Aber freier als jeder andere entwickelt er sich nach den Bedürfnissen seiner Nutzer. Man kann nicht einmal von einer weiteren Verarmung der Sprache reden. Denn immerhin gesellt sich zum „Guten Tag" das „Hallo", das dort einsetzt, wo man früher vom „Sehr geehrter" zum „Lieber" übergegangen wäre. Es behebt auch das einzige Manko der neuen Anrede: die tageszeitliche Bindung, die wohl nur darum nicht auffällt, weil nachts kaum jemand Geschäftsbriefe liest. Manches freilich bedarf noch der Erprobung, etwa die Frage, wie oft hintereinander im Mail-Verkehr man Anrede und Grußformel verwenden sollte.

Derzeit verfährt man wohl noch nach der klassischen Benimmregel, die Form zu wahren, bis der Ranghöhere sie aufhebt. Aber auch hier leistet das „Guten Tag" wertvolle Hilfe. Denn sinnvoll anbringen lässt es sich offenkundig nur einmal am Tag.

[...]

Michael Allmeier

Dazu gibt es folgende Impulse:

- Zähle die häufigsten Begrüßungsformeln bei E-Mails und SMS auf!
- Welche dieser Begrüßungen entstammen eher der gesprochenen Sprache, welche der Schriftsprache?
- Mit welchen Worten oder Zeichen kann man in E-Mail oder SMS folgende Gefühle zum Ausdruck bringen: a) besondere Zuneigung, b) gewisse Distanz, c) überschwängliche Freude bzw. d) großer Ärger?
- Was zeigt eine E-Mail oder eine SMS an, die ganz ohne eine Grußformel auskommt?

■ Anliegen

In einem dritten Zugang sollen Begrüßungsrituale im gottesdienstlichen Kontext untersucht werden. Es kommt hierbei nicht darauf an, die verschiedenen Varianten etwa nach „falsch" oder „korrekt" zu sortieren. Denn neben dem eher liturgie-geschichtlichen Kriterium der Formkonstanz muss in einem protestantischen Gottesdienst immer auch nach der jeweiligen Angemessenheit gefragt werden. Damit die Schülerinnen und Schüler diesbezüglich urteilsfähig werden, ist bei der Analyse liturgischer Normalsituationen nicht allein auf die Einhaltung bestimmter Normen zu achten, sondern auch auf deren Funktion und Bedeutung. Im Unterschied zu der zuerst geschilderten Methode (alltagsweltliche Begrüßungen durchspielen) liegt hier also der Akzent auf der Dramaturgie. Neben *Wechselseitigkeit, Gestik* und *Kongruenz* gilt das Augenmerk hier der *Auftakt-Funktion* bzw. der Bedeutung des jeweiligen Grußes im *Gesamtkontext* eines Gottesdienstes: Was bringt ein Gruß an welcher Stelle der religiösen Kommunikation zum Ausdruck? Wie bestimmt er die Wahrnehmung der nachfolgenden Sequenzen? Welche Beziehung kommt darin zum Ausdruck?

■ Verlauf

Drei verschiedene Szenen sollen exemplarisch behandelt werden: die traditionelle liturgische Salutatio, eine so genannte freie Begrüßung gleich zu Beginn des Gottesdienstes und die Begrüßung der Kirchgänger durch den Pastor/die Pastorin an der Kirchentür vor dem Beginn des Gottesdienstes.

1. Die *Semantik* des liturgischen Grußes – Der Unterrichtende verteilt ein Arbeitsblatt, auf dem etwa in der Mitte der liturgische Gruß im Wortlaut abgedruckt ist. Die Schülerinnen und Schüler werden gebeten, jeweils zu zweit in Form einer Mindmap zu einzelnen Satzteilen das zu notieren, was ihnen spontan in den Sinn kommt (Assoziationen/Lesarten). Die Ergebnisse könnten etwa so aussehen:
   „Der Herr..." – Vater – „Meine sehr verehrten Damen und Herren..." –
   – herrlich – Gott – Herr/Sklave – etc.
   „sei mit euch" – dabei sein – Begleitung – Nähe – allein sein –
   „Komm, Herr Jesus, sei unser Gast" – etc.
   „Geist" – Geisterbahn – jemandem „auf den Geist gehen" – Pfingsten –
   Geistlicher – Verstand – Okkultismus – etc.

Diese Assoziationen bzw. Lesarten werden an der Tafel gesammelt. Durch das so entstehende Wortfeld wird deutlich, dass es selbst bei einer so kurzen liturgischen Formel keine einlinigen Bedeutungen gibt. Ein schlichter Wechselgruß kann in der jeweiligen Situation eine ganze Fülle unterschiedlicher Assoziationen wachrufen.

Im Anschluss daran kann die dramaturgische Dimension des liturgischen Grußes thematisch werden. Dazu wird die liturgische Aufführungspraxis kurz vorgestellt und auf die Rollenverteilung hingewiesen: Eine Einzelperson (Liturg/Liturgin) spricht gegenüber einer Gruppe (Gemeinde) einen Gruß aus, und die Gruppe antwortet der Einzelperson gemeinsam und wortgleich. Ein die Rolle des Liturgen bzw. der Liturgin verkörpernder Pfarrer bzw. verkörpernde Pfarrerin begrüßt die feiernde Gemeinde, ohne dabei „ich" zu sagen. Es wird vielmehr den Anwesenden die Nähe Gottes zugesprochen. Der Liturg oder die Liturgin setzt damit gewissermaßen eine Dreieckskommunikation in Szene: Liturg/Liturgin – Gott – Gemeinde.

Impulse:

–   Stellt euch jeweils zu zweit gegenüber und sprecht die Salutatio.
–   Mit welchen Gesten kann ein solcher Zuspruch gestützt oder verstärkt werden?
–   Probiere andere, *auch* noch mögliche Begrüßungsgesten aus, die aber in eine Spannung treten können zum Vollzugssinn der Salutatio.

Die Lerngruppe sollte hier ausreichend Zeit bekommen, einzelne Gesten durchzuspielen und auf ihre Stimmigkeit hin zu befragen (Gruppenarbeit).

2. Die so genannte *freie Begrüßung* – Im Folgenden geht es um die Funktion einer nicht-formalisierten, „freien" Begrüßung. Die Lehrperson imaginiert einen Gottesdienstanfang, indem sie aus dem Stehgreif eine Begrüßung formuliert. Alternativ kann der Text auch auf OH-Projektor präsentiert werden. Möglicher Wortlaut: „Schönen guten Morgen! Die Sonne strahlt vom Himmel, die Kirchenfenster leuchten in ihrer ganzen Pracht: Gott schenkt uns einen wunderschönen Sonntagmorgen. Ich heiße Sie alle herzlich willkommen in unserer St. Marien-Kirche und wünsche Ihnen einen gesegneten Gottesdienst ..."

An einer Begrüßung wie dieser wären in erster Linie die Unterschiede zum liturgischen Gruß herauszustellen: Situationsbezug, gesprochen/gesungen, kein Wechselgruß, Vermischung von Privatperson und liturgischer Rolle („ich"), zweistellige Kommunikation.

An diesen eher textorientierten Einstieg kann sich eine kleine Imaginationsübung anschließen. Die Schülerinnen und Schüler sollen sich von der „freien" Begrüßung anregen lassen und sich den Fortgang des Gottesdienstes vorstellen.

Impulse:

- Wie könnte ein Gottesdienst aussehen, der auf eine solche Begrüßung folgt?
- Welche Lieder werden möglicherweise gesungen?
- Mit welchen Worten könnte die Predigt beginnen?

Die Schülerinnen und Schüler können hier spontan im Rahmen eines Unterrichtsgesprächs antworten, besser wäre es jedoch, die Einfälle zuvor kurz schriftlich fixieren zu lassen, um in der darauf folgenden Bearbeitungsphase möglichst viele Assoziationen abrufbar zu halten.

3. Die *Begrüßung an der Kirchentür* – Die Szene wird mit der Lerngruppe kurz angedeutet: Der Eingangsbereich einer Kirche wird durch entsprechend zusammengeschobene Tische angedeutet. In einer langen Schlange defilieren die Jugendlichen am „Pastor" bzw. an der „Pastorin" vorbei, schütteln ihm/ihr die Hand und werden von ihm/ihr evtl. namentlich angeredet. Was dabei sonst noch gesprochen wird oder zum Ausdruck kommt, bleibt der Spielphantasie anheim gestellt (ca. 10 Minuten).

Im Anschluss an dieses Rollenspiel werden die Wahrnehmungen ausgetauscht und das Verhältnis von Amtsperson und Privatperson am Beispiel der Pastorenrolle diskutiert. Wer begrüßt hier wen und in welcher Funktion? Was würde sich bezüglich der Einstimmung auf den Gottesdienst verändern, wenn jemand aus dem Kirchenvorstand (Presbyterium/Kirchgemeinderat) diese Begrüßung übernähme?

Literatur

Heinz Hüsser: Wer philosophiert. Lebt besser. Vom Anfang und den letzten Dingen, Zürich 2001.
Karlheinz A. Geißler: Anfangssituationen. Was man tun und besser lassen sollte, Weinheim, Basel [9]2002.
Manfred Josuttis: Der Weg in das Leben. Eine Einführung in den Gottesdienst auf verhaltenstheoretischer Grundlage, Gütersloh [2]1993, 205-245.

B. Kirchenlieder

Ein Schulmeister muss singen können, sonst sehe ich ihn nicht an. Auch soll man jungen Gesellen zum Predigtamt nicht verordnen, sie haben sich denn in der Schule in der Musica wohl versucht und geübt. Auch bin ich nicht der Meinung, als sollten durch das Evangelium alle Künste zu Boden geschlagen werden und vergehen, wie manche Abergeistliche vorgeben, sondern ich wollte gern alle Künste, bevorab die Musica, im Dienst dessen sehen, der sie gegeben hat.

Die protestantische Hochschätzung der Musik, wie sie hier in Luthers Vorrede zu Johann Walters „Wittenbergisch deutsch geistlich Gesangbüchlein" von 1524 zum Ausdruck gebracht wird, kommt nicht von ungefähr. Der Reformator hatte sich in jungen Jahren seinen Lebensunterhalt als Kurrende-Sänger verdient; er wusste also um die prägende Wirkung des Singens. In religiöser Hinsicht galt ihm die Musik, insbesondere der Gesang, als ein wahres Gottesgeschenk: den Geschöpfen zugeeignet, um „die Traurigen fröhlich, die Fröhlichen traurig, die Verzweifelnden zuversichtlich zu machen, die Überheblichen zur Demut zu reizen, die hitzige und übermäßige Liebe zu stillen und zu dämpfen" (WA 50, 371,19-21). Ein „Schulmeister" muss also nicht nur singen können, um ein pädagogisch wertvolles Klangerlebnis in Szene zu setzen, sondern weil sich den Schülerinnen und Schülern im Zusammenspiel von Klang und Seele eine Ahnung von den leiblichen Dimensionen der Schöpfung vermittelt. Mehr noch: Gottes Heilswillen teilt sich im Gesang unmittelbar denen mit, deren besondere Lebensumstände sie öffnen für ein göttliches Zeichen der Anteilnahme. – In den Kirchenliedern ist die Religionspädagogik also ganz nah bei ihrer Sache.

Kirchenlieder als klingende Verkündigung. Schon seit frühester Zeit gehörte das geistliche Lied zum Kernbestand des christlichen Kultes. Die ersten Gemeinden brachten ihr Gotteslob nicht nur in Gebet, Bekenntnis und Predigt zum Ausdruck, sondern ebenso mit Psalmgesang (Kol 3,16; Eph 5,18f.), „neuen Liedern" (Offb 5,8f.) und Hymnen (Kol 1,15-20; Phil 2,6-11). Das wandernde Gottesvolk war immer auch ein singendes Gottesvolk. Vielfach wurden selbst die Lesungen gesungen; der Psalter war Gebets- und Gesangbuch zugleich. Beispielsweise erklangen in der Leipziger Gottesdienstordnung zur Zeit Johann Sebastian Bachs außer dem Evangelium und der Epistel auch das Glaubensbekenntnis und das (lateinische!) Kollektengebet als Gesang.

Bedient die Auslegung der Schrift das rationale Bewusstsein, so bringt das klingende Wort auch Leib und Seele zum Schwingen. Fast verschämt räumt der Kirchenvater Augustin (354-430) gegenüber seinem christlichen Publikum ein, „dass unsere Herzen durch die heiligen Worte lebhafter zu Andachtsgluten entflammt werden, wenn man sie singt, als wenn man nicht singen würde". Die „Lüste und Genüsse der Ohren" begnügen sich einfach

nicht damit, „der Vernunft als bescheidener Begleiter nachzufolgen", vielmehr sind sie fortwährend darauf aus, im Menschen „Vortritt und Führung
zu erlangen" (Confessiones 10,33).

So sehr also das geistliche Wort im geistlichen Lied den Singenden auch
zu denken gibt, so sehr scheint es sich einem rein rationalen Zugriff auf Wort-
sinn und Textgestalt zu versperren. Liturgisch wie religionspädagogisch gilt:
Das Wort kann man ergreifen – Gesang aber ist ergreifend. Die Geschichte des
Kirchenliedes gleicht dem fortwährenden Versuch, dieses Ergriffensein durch
musikalische Formgebung in Gemeinschaft stiftende Bahnen zu lenken.

Stilbildend wurde im 4. Jh. Bischof Ambrosius von Mailand mit seinen
lateinischen Hymnen, bestehend aus acht Strophen zu je vier Zeilen. Im
Evangelischen Gesangbuch (EG) finden sich zwei seiner Hymnen in deutscher
Übersetzung („Nun komm, der Heiden Heiland", EG 4 und „Du Schöpfer aller
Wesen", EG 485). Papst Gregor d. Gr. (gest. 604) orientierte dagegen die
damalige Kirchenmusik stark an der Wortsilbe und am Sprechrhythmus. Die
fälschlich nach ihm benannte „Gregorianik" gab für lange Zeit das Modell ab
für die Liturgie- und Liedentwicklung.

Je kunstvoller in der Folgezeit der sangliche Ausdruck wurde, desto mehr
verdrängten geübte Chorsänger den Gemeindegesang. Das Aufkommen der
Orgeln im Mittelalter bewirkte eine weitere Klerikalisierung der Kirchenmusik – vor allem in den großen Kathedralen. Der Sängerchor der Geistlichen sang stellvertretend für die Gemeinde. Erst die gezielte Einführung des
deutschen Chorals in den Gottesdienst durch die Reformation setzte die
Gemeinde wieder liturgisch ins Recht. Luther übersetzte die lateinischen
Hymnen (vgl. EG 4) und gottesdienstlichen Gesänge in seine Muttersprache
und machte damit den Gesang wieder zu einer klingenden Verkündigung
(vgl. EG 126). Seine Lieder wurden in so starkem Maße Träger der neuen
Theologie, dass ein damaliger Jesuit völlig zu Recht darüber klagte, dass die
Luther-Lieder mehr Seelen dem katholischen Glauben abspenstig gemacht
hätten als all seine ketzerischen Predigten und Schriften.

Im reformierten Bereich machte sich Calvin stark für den einstimmigen
liedhaften Psalmgesang, natürlich in seiner (französischen) Muttersprache.
Hervorstechende Merkmale des Genfer Psalter (1542-62) waren zum einen
sein Umfang (alle 150 Psalmen) und seine Texttreue (die Reime lehnten sich
ganz eng an den biblischen Text an).

Man sang im normalen Gemeindegottesdienst weitgehend auswendig
und *a capella*. Gesangbücher besaßen lediglich die Pfarrer, Kantoren oder
Chormitglieder. Bis mit dem 30jährigen Krieg mystisch-pietistische Fröm-
migkeitsstile den Zeitgeist und damit auch den Musikgeschmack bestimmten
und die Zahl der Gesänge überproportional anwachsen ließ, konnte sich ein
einfaches Gemeindeglied durchaus den Ärger seines Pastors zuziehen, wenn
es etwa sein eigenes Gesangbuch mit in den Gottesdienst brachte.

Im 17. Jh. erlebte die protestantische Kirchenmusik einen ersten Höhe-
punkt. Liedermacher wie Johann Crüger (z.B. „Wie soll ich dich empfangen",
EG 11) und Johann Franck (z.B. „Jesu, meine Freude", EG 396), vor allem

aber Paul Gerhardt (z.B. „Geh aus, mein Herz, und suche Freud", EG 503) verstanden es, der damals modernen innigen Christus-Liebe in ihren Glaubensliedern am überzeugendsten Gestalt zu verleihen. So signierte Bach alle seine Werke am Anfang mit *J.J.* (Jesu juva = Jesus hilf!). Die Fülle der neuen Lieder konnte nun nicht mehr auswendig gesungen werden – jetzt kam auch die Gemeinde nicht mehr ohne Gesangbücher aus. Fast gleichzeitig begann sich die evangelische Kirchenmusik, von der Liturgie und dem Gemeindegesang zu emanzipieren.

Das 19. Jh. stand ganz im Zeichen des Widerstreits zwischen theologischer Korrektheit und der Popularität der frühromantischen Musik. Die Restauration siegte und führte zu einer systematischen Sammlung religiösen Liedgutes früherer Epochen. In den Jahren nach dem ersten Weltkrieg führten Luther-Renaissance, Singebewegung und die verschiedenen liturgischen Bewegungen zu einer Neubesinnung auf die gottesdienstlichen Funktionen des Gesangs. Im Kirchenkampf standen die Luther-Lieder hoch im Kurs.

Mit den kulturellen Umbrüchen in der 1960er Jahren drangen viele Elemente aus der Popularmusik in die Kirchenmusik ein: Jazz, Beat und Gospels verhalfen den „Gottesdiensten in neuer Gestalt" musikalisch zu der gewünschten Aktualität (vgl. das 1963 von Martin Gotthard Schneider im Rahmen eines Wettbewerbs komponierte und getextete „Danke"-Lied, EG 334).

Kirchenlieder vereinen Ton und Text im Medium des Leibes. Das Phänomen des Singens galt dem Theologen und Musikliebhaber Martin Luther als ein schier unerklärliches Wunderwerk der menschlichen Stimme. Wie nur mochte es zugehen, „dass die Luft durch eine solch kleine und geringe Bewegung der Zunge und danach auch noch durch eine geringere Bewegung der Kehle oder des Halses, also auf mancherlei Art und Weise – je nach dem, wie es durch das Gemüt bestimmt und gelenkt wird – auch ein so kräftig Wort, Laut, Gesang und Klang von sich geben kann, dass sie so fern und weit, ringsherum und von jedermann anders, nicht allein gehört, sondern auch verstanden und vernommen wird" (WA 50, 370, 20-26)?

Das Erzeugen von Musik mit den einfachen Mitteln der menschlichen Stimme wird hier in den Rang einer leiblichen Sensation erhoben. Das Wunderbare besteht für Luther in der Art der Tonerzeugung und in der Kommunikationsfunktion: Beim Singen erzeugen Singende mit den Mitteln des Leibes ein klingendes Ineinander von Ton und Sprache. Sie konstituieren sich als *Person* (latein. *personare* – durch etw./jmd. hindurch tönen, widerhallen). Erst durch den je aktuellen Gesang nimmt ein Lied für die beteiligten Personen Gestalt an – für Hörende wie für Singende. Ein Lied *ist*, wenn gesungen wird. Notenbild und Text verhalten sich zum Gesang, wie ein Dramentext zur Aufführung.

Didaktisch darf dieser für das Lied konstitutive Performanz-Zusammenhang nicht aus dem Blick geraten. Ein Kirchenlied ist mehr als nur ein informationshaltiger Text. Es lässt sich nicht schadlos reduzieren auf semantische Gehalte und theologisch bedeutsame Aussagen. Vielmehr transzendiert es gerade durch seine Klanggestalt die Reichweite einer nur geschrieben-gelesenen Sprache. Auch dort, wo man sich aus methodischen Gründen im Unterricht auf den Text eines Liedes beschränkt, muss immer auch deutlich werden, dass man es hier mit einem Wort-*Stück*, einem *Wort*-Laut bzw. *erklingenden* Sätzen zu tun hat. Ein Kirchenlied ist ein Stück religiöser Poesie, das erst dann zu leben beginnt, wenn es leiblich-mündlich zur Darstellung gelangt. So erst wird spürbar, dass hier – wie bei jeder *performance* – Rezeptivität und Kreativität in Wechselwirkung treten. Der gesungene Wortlaut gelangt, kaum auf den Lippen, an das eigene Ohr zurück. Singen und Sich-singen-hören fallen in eins. Dies markiert die für das Singen typische Erfahrung der *Re-Sonanz* – eine starke, weil sinnliche, leibliche Erfahrung.

Das schließt nicht aus, dass sich die singende Person dem singend Gehörten durchaus auch verschließen kann. Einstimmen zielt nicht von vornherein auf Zustimmen. Zu den Aufführungsbedingungen von Kirchenliedern gehört eben auch, die (typisch evangelische) Freiheit, die Einheit von Klang und Wort zu seinem eigenen Besten aufheben zu können. Wem das pietistische Lebensgefühl „denn durch Trübsal hier geht der Weg zu dir" („Jesu geh voran", EG 391) gegen den Strich geht, kann durchaus, ohne sich dadurch gleich aus der Gemeinschaft der Heiligen verabschieden zu müssen, zur Tonsilbe übergehen – oder: schweigen. Der Gesang setzt das Denken nicht außer Kraft. Gleiches gilt für die Melodie. Singende können durchaus passagenweise ins Mitlesen verfallen, wenn eine wenig sangliche Melodie, wie etwa in EG 275 („In dich hab ich gehoffet, Herr"), den Text (hier Ps 31) „übertönt". Ein gutes Lied kann es vertragen, „nur" gesummt bzw. „nur" gelesen zu werden. Nicht-mitsingende Gottesdienstteilnehmer *hören* dann zumindest noch, dass und wie das Gottesvolk ringsum seinen Glauben singend präsent hält.

Kirchenlieder sind auf Einstimmen aus. Im Kirchenlied stimmt die Gemeinde in einen Sinnzusammenhang ein, der durch den Namen Jesus Christus angezeigt ist. Genauer: Indem sie religiöse Wortlaute aus dem Gesangbuch gesangsförmig zu Gehör bringt, konstituiert sich allererst dieser Sinnzusammenhang. Der im klassischen Eingangslied („All Morgen ist ganz frisch und neu", EG 440) besungene Morgen *wird* unweigerlich beim Erklingen der altbekannten Tonfolge „frisch und neu", und zwar so „frisch und neu", wie *„all'* Morgen", die der Herr über Zeit und Endzeit seinen Geschöpfen durch seine „Gnad und große Treu" zueignet. Dass dieser tägliche Gnadenerweis in höchstem Ausmaß verlässlich ist, macht sich den Singenden so einsichtig wie eben der ewig gleiche 24-Stunden-Takt des Tages auch „kein End hat". Die singenden Kirchenchristen machen sich im Choral *konsonant* mit der Gnade Gottes.

Damit wird jeder einzelne Sänger und jede einzelne Sängerin zugleich auch zu einem Teil der Gemeinschaft, die mit ihm zusammen diesen Gesang anstimmt. Die Gemeinde Jesu Christi macht sich als Klanggemeinschaft vernehmbar. Kirchenlieder versetzen durch ihren performativen Charakter in eine gemeinsame Verlautbarungssituation. Im Gottesdienst vereinen sich die einzelnen Singstimmen zu einer *Chor-Symphonie* – zu einer Schar (latein. *chorus*), die zusammen tönt (griech. *symphonos*). Lieder stellen also im Vollzug eine Verbindung her zu all jenen, die in dieser Kirche oder in anderen Kirchen miteinander dasselbe Klanggeschehen aufführen oder aufgeführt haben. Die Konsonanz gilt auch über die Zeiten hinweg – seien es Jahrhunderte, wie z.B. in EG 3, dessen Melodie vor mehr als 1.000 Jahren komponiert wurde, oder sei es weniger als ein Menschenleben, wie z.B. beim Lied „Herr, lehre uns, dass wir sterben müssen", EG 534 aus dem Jahre 1973. Lieder verleihen aber nicht nur einer mehr oder weniger abständigen Ästhetik zur Performanz, sie setzen zugleich auch in Distanz zu all jenen, die *kein* „neues Lied" (mit)zusingen wissen (Ps 33,3; Ps 144,9).

Die reformatorische Neubesinnung auf die altkirchlichen Gottesdiensttraditionen äußerte sich in den – jetzt erstmals wieder verstehbaren – Liedtexten und in der Gestalt der Liturgie. Im Gemeindegesang nimmt das „Priestertum aller Gläubigen" klanglich Gestalt an. Wenn die Gemeinde mit ins KYRIE einstimmt, nach der Lesung das HALLELUJA oder beim Abendmahl das AGNUS DEI singt, dann übernimmt sie damit ausdrücklich eine priesterliche Funktion. Sie hat singend Teil an Wort(-Verkündigung) *und* Sakrament. Die Dramaturgie des evangelischen Gottesdienstes sieht vor, dass sich die Gemeinde in die Situation der Jünger beim letzten Mahl Jesu gleichsam „hinein singt", denn es ist vornehmlich der Gesang, der die Liturgie zur Sache der Gemeinde werden lässt.

Kirchenlieder bringen religiöse Deutungen zur Darstellung. Die verschiedenen Liedtexte aus dem Gesangbuch sind nicht nur Ausdruck eines unmittelbaren religiösen Empfindens, zu jeder Zeit haben die Dichter und Komponisten auch versucht, durch sie kirchliche Lehre zu vermitteln. So bietet z.B. Martin Luther mit seinem Credo-Lied (EG 183) ganz bewusst keine wortgetreue Wiedergabe des Glaubensbekenntnisses, sondern eine theologisch stark deutende Paraphrase. Auch sein Tauflied (EG 202) bietet weit mehr als nur das musikalische Dekor einer Kasualie; das „So hört und merket alle wohl" in Vers 2 zeigt deutlich den katechetischen Duktus seiner Dichtung an. Der Reformator verstand seine Lieder als eine elementare Sprachschule des (neuen) Glaubens. Der Jugend gab er etwas „Heilsames" zu lernen" und zwar in der ihr gemäßen Form: „wie es den Jungen gebührt" sollte ihr die lutherische Liedkunst „mit Lust eingehen" (WA 35,475,1f.). Ein durchaus kritischer Impuls für die gegenwärtige Lieddidaktik.

Die religiöse Deutungsfunktion des Kirchengesangs kommt aber auch durch die Stellung der einzelnen Lieder im Gottesdienstverlauf zum Ausdruck. Die Liedauswahl hält die Liturgie für die feiernde Gemeinde präsent und macht sie nachvollziehbar:

Der Gottesdienst setzt ein mit dem *Eingangslied*. Historisch gesehen lässt es sich zurückverfolgen bis auf den Introitus-Psalm, der seit etwa dem 4. Jh. beim Einzug des Bischofs und der anderen Geistlichen gesungen wurde.

Zwischen den beiden Lesungen folgt das Haupt- bzw. Wochenlied oder Graduale, das seinen Namen von dem Ort her erhielt, von dem es früher erklang. Man sang es normalerweise von den Stufen (latein. *gradus*) zum Lesepult/ Ambo aus. Im *Predigtlied* reagiert die Gemeinde aktiv auf das Kanzelgeschehen – eine Funktion, die allerdings durch das immer beliebter werdende „meditative" Orgelspiel nach der Predigt ästhetisch unterlaufen wird. – Besonders deutlich tritt die liturgische Funktion des Kirchenliedes hervor bei den *Credoliedern* (EG 183, EG 184), die anstelle des gesprochenen Glaubensbekenntnisses gesungen werden können. Auch die *Abendmahlslieder* (EG 213ff.) sind in reformatorischer Sicht vollgültige liturgische Lebensäußerungen der priesterlichen Gemeinde.

Kirchenlieder geben christlich zu lernen. Das Gesangbuch war in der Geschichte des Protestantismus immer schon mehr als nur eine geordnete Zusammenstellung von Liedtexten. In ihm spiegelten sich theologische Weltsicht und Gemeindefrömmigkeit, es diente zur häuslichen Andacht und zur pädagogischen Erbauung. Im Unterricht konnte man anhand der Kirchenlieder ein Stück kirchlich gelebter Religion erlernen und dies mit einem für die Lernenden hohen Wiedererkennungswert. Im sonntäglichen Gottesdienst kam das unterrichtlich Gelernte gleichsam zur Wiederaufführung. Diese Verbindung von gelehrter und gelebter Religion spielte z.B. in den Zeiten der Evangelischen Unterweisung (1950 ff.) eine wichtige Rolle.

Im Kirchenlied vermitteln sich religiöse Stimmungen (z.B. „O du fröhliche", EG 44), theologische Normen (z.B. „Es ist das Heil uns kommen her", EG 342) und kirchliche Lehre (z.B. „Vater unser im Himmelreich", EG 344). Liedgesang und Lieddidaktik setzen darauf, dass sich die Singenden die im musikalischen Code vermittelte Weltsicht zu eigen machen. Singen beschreibt so gesehen einen ganz elementaren Aneignungsvorgang. Man vergegenwärtigt sich singend die religiöse Dichtung vergangener Jahrhunderte, wobei deren Fremdheit im Modus des Liedvortrags gleichsam „übertönt" wird. Kirchenlieder bewirken eine Integration von Subjekt und Wortlaut mit dem Ziel der An- und Einpassung. Sinnenfällig wird diese Lied-Funktion an den Liedertafeln im Kirchraum. Sie fordert dazu auf, sich auf bestimmte Zeit bestimmten (Nummern!) poetischen Lebensäußerungen auszusetzen und ihnen durch eigenes Gestalten Ausdruck zu verleihen. Nicht immer und keineswegs für alle Christenmenschen sind die dort vorgefundenen Identifikationsangebote in gleicher Weise einladend. Je größer die Rollenzumutung, desto weniger Gottesdienstbesucher stimmen mit ein.

Zum Unterricht

Gesänge sind ein – leider Gottes weitgehend unbedeutender – Teil der Freizeitkultur. Der Gottesdienst bildet hier lediglich eine die Regel bestätigende Ausnahme. Man singt im Chor, bei Pop-Konzerten, Bundesliga-Spielen oder unter der Dusche. Im Kreis der Familie erklingen Lieder oft nur noch an Weihnachten. Jugendliche singen kaum noch selbst, sie *hören* ihre „Songs". Je mehr die Phono-Industrie ihre Produkte perfektioniert, sie zu einem computergestützten Stimulationsmedium macht und die Konsonanz von Wort und Ton zugunsten eines unspezifischen Klangerlebens aufhebt, desto mehr „entmündigt" sie im wahrsten Sinne des Wortes ihre Kunden. Sie macht sie zu passiven Konsumenten vorgefertigter Sound-Offerten. Mehrheitlich erlebt man Gesang nicht mehr als eine selbstgesteuerte Bewegung von Mund und Kehle, sondern als fremdgesteuerte Reizung des Hörorgans.

Das gemeinsame Singen – von unermüdlichen Musik- oder Religionslehrern didaktisch mehr schlecht als recht am Leben gehalten – hat außerhalb der Grundschule derzeit wohl kaum Chancen auf die Erringung nennenswerter Marktanteile bei den musikalischen Präferenzen der Heranwachsenden. Zu dominant sind die popkulturellen Prägungen, und zu perfekt ist das Design der auf die Inszenierungs- und Rekreationsbedürfnisse ihrer Klientel zugeschnittenen Angebote.

Im Hinblick auf die Didaktisierung von Kirchenliedern kommt erschwerend hinzu, dass gerade diese Form des Singens von den allermeisten Jugendlichen als wenig attraktiv empfunden wird. Kann die Impulsivität und Dynamik von Gesangsdarbietungen in Video-Clips und Spielfilmen gedanklich zumindest noch nachvollzogen werden, so kommt dieser Gestus im Gottesdienst genau nicht zur Geltung. Eine den meisten fremde Ordnung schreibt vor, was wann und von wem zu singen ist. Die Agende, wörtl. „das, was zu tun ist", legt Auswahl und Abfolge der Lieder fest, sie bestimmt, welche Gesänge an welchem Ort erklingen und welche Funktion bestimmten Liedern innerhalb des Gesamtkunstwerks Gottesdienstes zukommt. Dieser Verlaufsplan zählt zum liturgischen Expertenwissen und ist somit der Verfügung des einzelnen Gottesdienstbesuchers entzogen. Man singt im Gottesdienst (leider) nicht einfach „spontan" die Lieder, nach denen einem gerade zu Mute ist. Die musikalische Gestalt eines liturgischen Verlaufs verlangt also ein hohes Maß an Anpassungsbereitschaft – eine Willensleistung, die, betrachtet man die gesangliche Beteiligung bei manchen Kasual-Gottesdiensten, viele Menschen selbst beim besten Willen nicht mehr erbringen *können* bzw. die, wertet man die keineswegs seltenen MP3-Player in Konfirmandenhand als ein Symptom, viele auch nicht mehr erbringen *wollen*.

In Anbetracht dieser Lernumgebungen markiert die Beschäftigung mit Kirchengesängen nicht gerade ein religionspädagogisches „Heimspiel". Nichtsdestoweniger: Die didaktische Relevanz gerade dieses Unterrichtsgegenstands ist so beträchtlich, dass das geistliche Lied im Religions- und Konfirmandenunterricht nicht einfach ausgespart werden kann. Noch mehr als bei den anderen liturgischen Stücken kommt es hierbei jedoch auf den methodischen Zugriff an. Hier sind musikalisch (aus)gebildete Unterrichtende natürlich im Vorteil, da sie der Musik durch eigenes Musizieren bzw. Singen im Unterricht zur Geltung bringen können. Die hier vorgestellte Lernsequenz verzichtet jedoch ganz bewusst auf ein solches musikalisches Fachwissen, um dem Thema nicht vorschnell *musik*didaktisch seine *religions*didaktischen Möglichkeiten zu entziehen.

■ Anliegen

Als Einstieg in das Thema Kirchenlieder bietet es sich an, das Phänomen des Singens bzw. dessen religiöse Dimension eingehender zu betrachten. Was ist eigentlich ein Lied? Was passiert, wenn Menschen singen? Gibt es einen inneren Zusammenhang zwischen Gesang und Religion?

■ Verlauf

Zur Erörterung dieser fundamentalen Fragen – sie dienen zugleich als Gesprächsimpulse – sind hier einige markante Sätze aus der Liturgik von Manfred Josuttis ausgewählt:

„Die besondere Stellung des Menschen in der Natur kommt darin zum Ausdruck, dass er mit seiner Stimme nicht nur den Wind und andere Laute aus seiner Umgebung nachzuahmen, sondern auch andere Lebewesen zu zähmen vermag."

„In der individualpsychologischen Entwicklung ist das narzisstische Erleben von Einheit und Allmacht sicher auch durch das Singen geprägt. Indem die Mutter den Säugling in ihren Armen wiegt und in den Schlaf summt, wird Einheit erfahren. Und wenn der Säugling aus Hunger und Verlassenheitsangst zu schreien beginnt und das freundliche Antlitz der Mutter über sich auftauchen sieht, entdeckt er seine Fähigkeit, das *Gefühl gegenwärtigen Heils* (E.H.Erikson) mit Hilfe der Stimme herbei zu beschwören."

„Singen ist also mehr als Freizeitbeschäftigung oder Kunstgenuss, Singen ist archaische Praxis des Lebens. Auf präverbale Weise gestalten Körper, Seele und Geist in der Ordnung der Töne die Einsicht, dass die Welt letztlich in Ordnung ist. Im Akt des Singens findet Vereinigung statt, Integration innerhalb des singenden Menschen, Kommunikation mit anderen bei Arbeit und Spiel, Initiation in das symbolische Universum der jeweiligen Gesellschaft."

„Im gemeinsamen Singen erweitern sich die Ich- und die Gruppengrenzen, ohne dass, wie in den obsessiven Erlebnissen der Ekstase, das Bewusstsein ausgelöscht wird. Singen ist ein Verhalten mit transzendenter Tendenz."

Manfred Josuttis: Der Weg in das Leben. Eine Einführung in den Gottesdienst auf verhaltenswissenschaftlicher Grundlage. Gütersloh [2]1993, 178

■ Anliegen

Ein evangelischer Religions- oder Konfirmandenunterricht, der sich auf die vermittelnde Darstellung von Kirchenliedern verlegt, sollte in jedem Fall mit den biblischen „Anklängen" auf Augenhöhe bleiben. Die Kirche Jesu Christi brachte nicht etwa deshalb einen reichen Schatz religiöser Lieder hervor, weil ihr die lautliche Ästhetik ihrer Zusammenkünfte am Herzen lag, sondern weil sie das Musizieren zum Lobe Gottes in ihrer Gründungsurkunde, der Bibel, vorfand. Man sang und spielte, weil auch Israel und die Urgemeinde sangen und spielten. Die Heilige Schrift vermittelt zwar kein geschlossenes Bild dieser liturgischen Urformen, doch die reichhaltigen Fragmente lassen durchaus Schlüsse zu auf die Klangdimension biblischer Gottesdienste.

■ Verlauf

Die Schülerinnen und Schüler werden gefordert, die wichtigsten liturgiehistorischen Primärtexte aufzuschlagen und sie dabei nach bestimmten Fragestellungen zu sichten: 1 Sam 16,14–23; 1 Chr 15,28f.; 2 Chr 5,12f; Ps 136; Kol 3,16; Eph 5,18f.; Jak 5,13; Offb 5,9–14; Offb 7,9–12.

Impulse:

- Nenne die *Personen* bzw. *Personengruppen,* die hier als Sänger bzw. Musizierende aufgezählt werden!
- Von welchen *Instrumenten* ist in diesen Bibeltexten die Rede?
- Welche *Liedgattungen* werden erwähnt?
- Stelle die verschiedenen *Gebrauchszusammenhänge* zusammen, in denen von Liedern bzw. Musik die Rede ist!
- In welchem theologischen Verhältnis stehen der *himmlische Gottesdienst* (durch die Engel) und der Gottesdienst auf der Erde?

■ Anliegen

Das Singen von Liedern im Gottesdienst weckt bei Jugendlichen unterschiedliche Gefühle. Viele verbinden mit ihrer Konfirmandenzeit nicht gerade Erfahrungen von Freiheit und Ernstgenommensein. Die Fremdheit des Gottesdienstes spiegelt sich in der Fremdheit der in ihm aufgeführten Musik. Andererseits werden manche „modernen" Kirchenlieder durchaus emphatisch mitgesungen (z.B. „Laudato si", EG 515). Zudem unterliegt der Musikgeschmack mitunter starken lebensgeschichtlichen Schwankungen.

Unabhängig davon bleibt festzuhalten, dass das musikalische Gedächtnis gerade für Kirchenlieder in aller Regel biographisch weit zurückreicht. Pfarrer und Pfarrerinnen machen oft die Erfahrung, dass sich Paare im Traugespräch mit Vorliebe diejenigen Lieder aussuchen, die sie in ihrer Konfirmandenzeit gesungen und gehört haben.

■ Verlauf

Zur Erarbeitung dieses Phänomens eignet sich ein längerer Text: Der Psychoanalytiker Tilmann Moser beschrieb als 38jähriger Mann seine Erfahrungen mit der Religion und dem Kirchengesang seiner Kindheit. In seinen Schilderungen kommt die ganze Widersprüchlichkeit der engen Kirchlichkeit seines Elternhauses zum Ausdruck:

Der Gemeindegesang war immer wieder mächtig wirksam gegen die Zweifel, und wie für alle Hauptthemen der Theologie und der Gottesbeziehung gab es spezielle Lieder gegen aufkommende Zweifel, unter deren Schutz ich mich für eine Weile flüchten konnte:

Schwing dich auf zu deinem Gott, du betrübte Seele!
Warum liegst du Gott zum Spott in der Schwermutshöhle?
Merkst du nicht des Satans List? Er will durch sein Kämpfen
deinen Trost, den Jesus Christ dir erworben, dämpfen. ... (296)

Es hilft nicht wirklich gegen eine Depression, sondern intensiviert nur das Beten und die Schuldgefühle. Denn unter deiner Gnade hätte ich ja vor Freude überquellen müssen, wäre ich dem Tenor so vieler Lob- und Dankeslieder gefolgt, die sich überschlagen vor Begeisterung über deine Werke am Menschen. Doch gegen Zweifel gab es die Medizin des frommen Gesangs: [...]

Wenn die andern gejubelt haben, habe ich natürlich mitgejubelt, und manchmal gelang es, ganz mit einzustimmen. Das waren Höhepunkte der Verschmelzung, und ich konnte mich, solange der Gesang und das Harmonium tönten, wieder einig wissen mit der frommen Schar der Brüder und Schwestern im Herrn. Das Gerede von der Seelenverwandtschaft in dir hat mich tief beeindruckt, weil es mir Hoffnungen gemacht hat in meinen Kontakt- und Beziehungsstörungen, erst recht, wenn wie in vielen Liedern und Texten, von der Schar der von dir Auserwählten die Rede war. [...]

Hier ein Lied, das mich – wie leicht - zu Tränen bewegte, weil ich in meiner langen Orientierungslosigkeit geglaubt habe, Trost daraus entnehmen zu können, aber auch, weil bei seinem Singen und Beten spürbar wurde, mit wie tiefem Vertrauen sich die ratlosen Eltern an dich wandten. Es war ein Lied, bei dem ich manchmal ihre Stimme zittern hören konnte:

So nimm denn meine Hände und führe mich
bis an mein selig Ende und ewiglich!
Ich mag allein nicht gehen, nicht einen Schritt;
wo du wirst gehn und stehen, da nimm mich mit. (495)
[...]

[I]m Lied dringt alles tiefer ein, tiefer als in die Predigt; und zwar deshalb, weil die Mechanismen der Identifizierung, des Mitmachens, der inneren Beteiligung stärker sind. Die Prediger waren manchmal einfach zu komisch, zu falsch im Ton, als dass ich ihnen wirklich hätte glauben können. Die Melodien hingegen, von der Mutter gespielt, wurden für mich zum Gottesbeweis. An den Liedern habe ich hören gelernt, und da fast alle ungeistliche Musik zu Hause tabu war, gehörten für mich zur Musik auch die mitschwingenden frommen Texte.

Tilmann Moser: Gottesvergiftung. ©Suhrkamp Verlag 1976

Impulse:

- Welche *Wirkungen* haben die Kirchenlieder auf den jungen Tilmann Moser ausgeübt?
- Markiere die entsprechenden *Gefühle* im Text und versuche, sie nach „positiv", „negativ" und „unbestimmt" zu ordnen.
- Wie sieht der Autor das *Verhältnis von Text und Melodie* in den Kirchenliedern?
- Welche Rolle spielen die Lieder im Hinblick auf das *Erleben von Gemeinschaft und Individualität*?
- Wie verhalten sich *Predigt und Kirchenlied* zueinander?

Die Bearbeitungsmöglichkeiten von Kirchenliedern sind Legion. In dem fortlaufend ergänzten „Werkbuch zum Evangelischen Gesangbuch" (1993ff.; s.u.) finden sich z.B. zu jedem der besprochenen Lieder aus dem EG gleich mehrere Seiten didaktischen Materials. Einige der gängigsten Methoden sollen hier am Beispiel des ebenso bekannten wie theologisch gehaltvollen Luther-Liedes „Nun freut Euch, lieben Christen g'mein" (EG 341) durchgespielt werden.

1. Eindrücke zum Ausdruck bringen

▨ Anliegen

In einem ersten Schritt geht es um die musikalischen Wirkungen. Für die meisten Jugendlichen erschöpft sich die von ihnen konsumierte Musik nicht im Hören, sie ist immer auch mit körperlichen (Selbst-)Inszenierungen verbunden, z.B. mit Tanz, Gestus oder auch Kleidung. Dieser Darstellungszusammenhang soll durch einige Übungen präsent gehalten werden, die allesamt auf musiktheoretische Vorkenntnisse verzichten.

▨ Verlauf

Die Unterrichtsperson spielt auf CD oder MC eine der vielen Instrumentalversionen dieses Chorals ein (z.B. eine Bach'sche Orgelbearbeitung). Die Lerngruppe wird gebeten, sich zur Musik in Bewegung zu setzen. Sie soll den Klang körperlich ausdrücken: durch Tanzen, Gestikulieren, Schreiten etc.

Danach sollen zur selben Musik innere Stimmungen in Bilder umgesetzt werden. Dies kann entweder ganz konkret durch abstrakte Malerei geschehen oder aber sie bilden, wenn die Jugendlichen mit entsprechenden Übungen vertraut sind, in Kleingruppen Standbilder bzw. Statuen, die den Klang der Musik abbilden.

Die Lerngruppe teilt sich in singfähige Kleingruppen und versucht nun, zunächst getrennt voneinander, die Stimmungen, die sich mit der Musik mitteilen durch eine stimmliche Vertonungen oder die so genannten Körperinstrumente (Klatschen, Stampfen, Schnipsen etc.) zum Ausdruck zu bringen. Manche Passagen können laut gegrölt, manche eher verhalten gesummt oder durch Klatschen dargestellt werden. Durch die darauf folgenden Präsentationen entsteht ein komplexes Muster unterschiedlicher „Hörarten", die von der Lehrperson möglichst sparsam kommentiert werden sollte.

Sollen auch noch andere Lieder als EG 341 im Unterricht bearbeitet werden, dann bieten sich aus der Fülle der musikalischen Bearbeitungen für diese Form des darstellerischen Zugangs vor allem die beiden sehr unterschiedlichen CDs an: Sarah Kaiser. Gast auf Erden – Paul Gerhardt neu entdeckt, Gerth Music 2003 bzw. Dresdner Kreuzchor: Choräle der Luther-Zeit, Corona 1999.

2. Von den „Hörarten" zu den „Lesarten"

■ Anliegen

Wie kaum ein anderes kommt in diesem Kirchenlied zur Geltung, dass die Rechtfertigung des Gottlosen kein abstraktes Dogma darstellt, sondern ein Prozess innerhalb einer konkreten Lebensgeschichte (1. Person Singular in den Versen 2-8). Die prozesshaft geschehende Rechtfertigung äußert sich in einem Sprechen darüber: Sie wird im wahrsten Sinne des Wortes zu einer Botschaft, bei der es *Absender* (Gottesrede in V. 5), (*Ver-*)*Mittler* (Christusrede in V. 7-10) und *Empfangende* (V. 2-4) gibt. Das Heilsgeschehen wird zum Seelengeschehen. In pädagogischer Absicht erzählt Luther hier eine Heilungsgeschichte; er entwirft eine Art Ballade, in der der Sänger die Geschichte von Sünde und Begnadigung als seine eigene Geschichte erzählt (vgl. das reformatorischen Akzent auf dem „pro me"/ „für mich" der Gnade). Luther, Texter und Komponist zugleich, bedient sich hier ohne Scheu der Darstellungsform zeitgenössischer Bänkelsänger, die die Kunst der Meistersinger in die Welt, auf die Straßen und öffentliche Plätze tragen, um damit einem staunenden (und zahlenden) Publikum ihre Sensationen zu präsentieren (Stalmann 2001, 29).

■ Verlauf

Die musikalische Form fordert hier geradezu eine entsprechende pädagogische Formgebung: Die Lerngruppe erstellt zu den verschiedenen Szenen des Liedes (Motto, Teufel, Gericht, Gott, Christus, Ansprache, Zuspruch) große Bilder auf Makulatur-Papier und ordnet sie den Strophen entsprechend. Ein freiwilliger „Bänkelsänger" blättert Blatt für Blatt um, während die restlichen Jugendlichen das Lied singen.

3. Die Besetzung der Ich-Rollen

■ Anliegen

In einer abschließenden Sequenz kann nun die Ich-Struktur des Luther-Liedes eingehender betrachtet werden: An welchen Stellen taucht das „Ich" auf und was bewirkt es im Prozess des Singens? Wo fordert es zur Identifikation auf bzw. wo wird das „Ich" für die Singenden zur Zumutung? Wie verhält sich das „Ich" zum „Wir" der Gemeinde in V.1? Was ist theologisch mit der Vereinigungsformel „ich bin dein und du bist mein" ausgesagt?

■ Verlauf

Wenn die Lerngruppe (zumindest in Umrissen) mit der Biographie Luthers vertraut ist, kann versucht werden, die einzelnen Strophen auf Ereignisse aus dem Leben des Reformators abzubilden (z.B.: V.1 – Thesenanschlag; V. 2-3 – Mönchszeit; V.4 – das Gewitter-/Turm-Erlebnis usw.). Luther hätte dann nach dieser Lesart, das biographische „Ich" zum repräsentativen „Ich" der (evangelischen) Christenheit gemacht.

■ Anliegen

Ganz vereinzelt sind Kirchenlieder auch Gegenstand literarischer Auseinandersetzung. Robert Gernhardts Dichtung mit ihrer wunderbaren Mischung aus Ironie und Hintersinn bietet hier ein Unterrichtsmedium, das sehr viel weniger mit dem Odium des Unzeitgemäßen behaftet ist, als das Gros der traditionellen kirchlichen Gesänge. Zudem kommt in diesem Text ein Aspekt zum tragen, den die Schülerinnen und Schüler vermutlich am wenigsten mit Kirchenliedern in Verbindung bringen: Humor.

■ Verlauf

Die Jugendlichen erhalten den Text des *Chorals;* möglichst wird er mehrfach laut gelesen.

Choral

O Herre Christ, erbarm!
Ich bin voll Stimmen.
Von guten Stimmen voll,
doch voller noch von schlimmen.

O Gotteslamm, zur Hilf!
Ich glaub, die schlimmen
tun eben grad
die guten überstimmen!

O Gott, du Schaf, zu spät!
Nur eine Stimme
spricht fürder noch aus mir:
Die stolze.

Impulse:

– Wie gliedert Robert Gernhardt seinen „Choral"?
– Zähle die biblisch-christlichen Anspielungen im Text auf!
– Welche dir bekannten Kirchenlieder haben eine ähnliche Thematik?
– Worin liegt die Ironie, wo der religiöse Ernst dieses kurzen Gedichts?

Literatur

Werkbuch zum Evangelischen Gesangbuch (hg. v. Wolfgang Fischer u.a. im Auftrag der EKD; Loseblattsammlung), Göttingen 1993ff.

Manfred Pirner: Musik und Religion in der Schule. Historisch-systematische Studien in religions- und musikpädagogischer Perspektive, Göttingen 1999.

Joachim Stalmann: Kompendium zur Kirchenmusik. Überblick über die Hauptepochen der evangelischen Kirchenmusik und ihrer Vorgeschichte, Hannover 2001.

Johannes Goldenstein: Resonanzräume des Heiligen. In: Silke Leonhard/Thomas Klie: Schauplatz Religion. Grundzüge einer Performativen Religionspädagogik, Leipzig 2003, 283–307.

Hansjakob Becker u.a.: Geistliches Wunderhorn. Große deutsche Kirchenlieder. München ²2003 incl. Audio-CD.

C. Gebete

Nicht nur die Not lehrt beten, auch der Gottesdienst. Während das Beten im Alltag einer ganz bestimmten Situation entspringt, die dem Beter spontan das rechte Wort in den Mund legt, ist das gottesdienstliche Gebet eingelagert in eine Gemeinschaft, die im Gebet ihre religiöse Grundbefindlichkeit zur Darstellung bringt. Das liturgische Gebet lebt vom regelmäßigen Vollzug – es übt sich über den Mitvollzug. Es besteht weniger in *eigenen* als in rituell *angeeigneten* Worten. Martin Luther bringt den Unterschied in der ihm eigenen Sprache auf den Punkt: „Man kann und soll wohl überall, an allen Orten und zu jeder Stunde beten; aber das Gebet ist nirgends so kräftig und stark, als wenn der ganze Haufen miteinander betet." (WA 49,593, 24–26)

Betende drücken im Gottesdienst in sprachlich verdichteter Form aus, dass sie ihr Leben als ein Leben vor Gott und von Gott verstehen. Diese religiöse Verhältnisbestimmung äußert sich neben dem Inhalt vor allem in der äußeren Form des Gebets.

Das wichtigste Formelement ist die *Gebetsanrede*. Mit ihr ist im Grunde schon alles gesagt. In der Anrede ist das Person-Sein Gottes mitgesetzt – Gebet ist ein Verhältniswort. Es markiert eine Beziehung zweier Partner, die sich in ein sehr persönliches Gespräch einbringen. In diesem Gespräch geht es um Offenlegen und Zuwendung, um Stille und Sammlung, um Gnade und Heil.

Mit der Gesprächseröffnung bringen Betende ihr Anliegen vor eine namhafte Instanz. Deren Name muss trotz des oft intimen Gebetsanliegens nicht etwa schamhaft verschwiegen werden, sondern er kann und will offen angesprochen werden. Gott im Himmel, Vater unser, dreieiniger Gott, Herr, Gott des Lebens, wunderbarer König – unter all diesen Namen macht sich ein

Gegenüber ansprechbar, das sich selbst dazu bestimmt hat, angerufen, genannt, gebeten zu werden; nicht selten aber auch: angefleht, angeklagt und bedrängt zu werden. *Kyrie eleison – Herr, erbarme Dich!*

Jedes Gebet baut darauf, dass der Angeredete heilsam in die Wirklichkeit der Menschen einzutreten bereit ist. Jederzeit und allerorten. Im Medium des Gebets zeigen Betende, dass sie sich dieser göttlichen Verheißung anvertrauen. Dass sie Gott in seinen Verheißungen für wahr nehmen: „Ich werde sein, der ich sein werde" (Ex 3,14). Christenmenschen beten in der Gewissheit, dass ihre Anrede nicht etwa das erste ist, was gesagt ist, sondern dass ihr bereits ein göttliches Machtwort voraufgegangen ist. Die Gebetsanrede gleicht demnach einem religiösen Reflex, einer Reaktion aus der Erfahrung des Angeredet-Seins heraus.

Die Rede in der 2. Person Singular ruht in dem Wissen um einen Gesprächspartner, der als erster und von sich aus unüberhörbar das Gespräch eröffnet hat: „Ich bin der Herr, dein Gott!" (Ex 20,2); „Ich will Wohnung nehmen unter euch!" (Lev 26,11); „Ich bin das A und das O!" (Offb 1,8). Theologisch gesehen gelten Gebetsworte als *eine* Form der Antwort auf die Wucht dieser Erstworte. Wer betet, will nicht allein bleiben mit dem, was ihn religiös umtreibt. Gesprächsweise sucht er die Nähe Gottes, der sich immer dann gnädig einzustellen verheißen hat – wenn er denn gerufen wird. „So ihr mich von ganzem Herzen suchet, so will ich mich von euch finden lassen" (Jer 29,13f.).

In dem, was sie vor Gott aussprechen, erkennen Betende ihre eigene Bedürftigkeit an. Sie legen gebetsweise ihre Angewiesenheit offen. Das „Gefühl der schlechthinnigen Abhängigkeit" (Schleiermacher) versprachlicht sich. Was in diesem Bewusstsein zur Sprache kommt – ganz gleich, ob laut vernehmlich oder als innere Gedankenbewegung – lässt einen Abstand entstehen. Einmal Geäußertes bringt Betende in eine Selbstdistanz zu dem Inhalt ihrer Äußerung, in den sie nicht selten heillos verwickelt sind. Betende treten zu ihrem Anliegen – und damit zu sich selbst – in eine heilsame Distanz. Sie bringen etwas hervor, das ihnen, einmal geäußert, als ein von ihnen losgelöster Sachverhalt gegenübersteht. Dies hat eine enorm entlastende Wirkung. Sich einmal *aus*sprechen wirkt Wunder; *mit*geteiltes Leid ist halbes Leid.

Im Gebet teilt sich ein Sprachvorgang mit, der einem angesichts einengender Lebensvorgänge Raum verschafft. Je mehr sich Betende ihres Anliegens im Gebet entäußern, desto näher kommen sie zugleich auch dem Adressaten, dem sie sich anvertrauen. Denn Gott wird in Mitwisserschaft gezogen. Und dadurch kommen Betende letztlich auch sich selbst näher. Denn sie wissen ihre Worte aufgehoben in Gott, der das „geknickte Rohr nicht zerbrechen und den glimmenden Docht nicht auslöschen wird" (Jes 42,3). Diese Gewissheit lässt sie ihre bedrängende Wirklichkeit in einem neuen Licht erkennen. Was einmal gebetsförmig geäußert wurde, bleibt allein schon dadurch, *dass* es gesagt wird und dass dafür *Gott* angeredet wird, nicht mehr dasselbe. Betende treten aus sich heraus, um dadurch wieder neu bei sich einzukehren, um sich selbst bei sich wieder heimisch fühlen zu können. Gott in eigener Sache anzugehen zielt darauf ab, aufs Neue bei sich anzukommen. All das entscheidet sich bereits bei der Anrede.

Im christlichen Gottesdienst wird Gott als Vater Jesu Christi angeredet. Die Erwähnung der Vaterschaft, so formelhaft sie oft auch erscheinen mag, kommt nicht von Ungefähr. Denn sie beruft sich ausdrücklich auf die oben erwähnte Nähe. Wer sich „im Namen Jesu Christi" an Gott wendet, vertraut sich dem an, der sich mit seiner Vaterschaft selbst entäußert hat. Er redet den an, der seinen Geschöpfen so nahe gekommen ist, wie sonst nur Eltern ihren Kindern (Ps 103,13). Was also nach außen hin aussieht wie ein Selbstgespräch, stellt sich in der Innensicht eines Christenmenschen dar als ein Zwiegespräch, in dem die Spannung zwischen Ausgeliefert-Sein und Beschenkt-Werden, Offenheit und Gestilltheit, Aufruhr und Ruhe aufgehoben ist. Gerhard Ebeling nennt in seiner ‚Dogmatik des christlichen Glaubens' diesen für das Gebet typischen Zustand sehr zutreffend eine „von innerster Lebendigkeit durchwirkte Passivität." (1979, 199)

Die *Inhalte* des Gebets sind – zugespitzt formuliert – ausgeweitete Nebenfolgen der Anrede. Nimmt man Gott persönlich in Anspruch – und nichts anderes geschieht mit der Anrede –, dann kann wortwörtlich alles zur Sprache kommen. Vor Gott, der sich im liturgischen Vollzug als Schöpfer, Erlöser und Vollender gegenwärtig macht, kann alles gesagt werden. Leib und Leben, Geist und Seele fallen ins Wort. Für den Gottesdienst heißt das, dass nicht nur in Predigt und Abendmahl, sondern auch und gerade im Gebet die geschöpflich-leiblichen und dynamisch-kreativen Belange des Lebens zum Ausdruck kommen. In der Geschichte des christlichen Gottesdienstes haben sich Klage und Anklage, Bitte und Fürbitte, Lob und Dank als Hauptmotive des Gebets herausgebildet. In diesen Inhalten verdichtet sich das Gesamt menschlicher Lebensvollzüge *vor Gott*. In ihnen kommen sie aber auch zu Wort und zur liturgischen Form.

Der Gottesdienst gibt diesen *Vor*findlichkeiten Raum und Zeit. Er gibt ihnen einen Ort, an dem die expressive Offenheit individuellen Betens in eine größere Allgemeinheit übergeht. Darüber hinaus weist er ihnen einen bestimmten Zeitpunkt in einem komplexen Handlungsgefüge zu. Der Klage und der Anklage, der Bitte und der Fürbitte, dem Lob wie dem Dank wird ein bestimmter Platz angewiesen, der sie in Beziehung bringt zu anderen liturgischen Lebensäußerungen. Im KOLLEKTENGEBET, das wegen der kirchenjahreszeitlich gebundenen Thematik auch TAGESGEBET genannt wird, geht es um andere Dinge als im FÜRBITTENGEBET vor dem Segen. Der dramaturgische Kontext hat direkten Einfluss auf den Wortlaut und dessen Wahrnehmung. Als Resonanzraum wirkt die Liturgie auf die Gebetshandlung zurück – und umgekehrt.

Ein weiterer Unterschied zum persönlichen Gebet besteht darin, dass im öffentlichen Gemeindegebet ein Liturg/eine Liturgin stellvertretend die Stimme erhebt (Prosphonese). Er bzw. sie betet vor und mit der Gemeinde; man eröffnet mit seinem „Lasset uns beten" einen Sprachraum, in den sich die Anwesenden vertrauensvoll hineinbegeben können. Dadurch erscheint das persönliche Anliegen im öffentlichen Gottesdienst inszenatorisch gebrochen.

Beobachten lässt sich diese Entwicklung schon in den Psalmen bzw. bei deren kultischer Ingebrauchnahme. Die biblischen Gebetslieder haben ihren „Sitz im Leben" im Kult. Dort verallgemeinert sich z.B. die *persönliche* Bitte um Verschonung (Ps 28), die Fürbitte für den *konkreten* Herrscher (Ps 61,7f.), das historisch *einmalige* Lob Gottes in der Kriegsnot (Ps 108), die *individuelle* Klage eines Einzelnen (Ps 22,1–9). Aus dem Ich und der individuellen Notlage des Psalmbeters wird in der liturgischen Vermittlung ein performatives Wir. Der Einzelne spricht – zusammen mit anderen Betern – seine individuellen Nöte in die Wortlaute hinein bzw. er hört sie beim Psalmgesang in Klanggestalt. Die geprägten Worte nehmen die je gegebene Situation in sich auf und bringen sie zur Darstellung. Den einzelnen Gottesdienstbesuchern öffnet sich ein Sprachspiel, das ihre persönliche Begrenztheit übersteigt und sie nachhaltig weitet. „Herr, du stellst meine Füße auf weiten Raum" (Ps 31,9).

Es ist ein untrügliches Zeichen für die Qualität der biblischen Gebetslieder, dass sich seit Jahrhunderten an ihnen religiöse Anliegen anlagern und in ihnen artikulieren können. Psalmen sind – in liturgiehistorischer Hinsicht – „offene Kunstwerke" par excellence. Sie erweisen sich immer wieder aufs Neue offen für persönliche Einträge. Zugleich bieten sie einen unverwechselbaren Code, der zu jeder Zeit eine eindeutige religiöse Orientierung ermöglicht. Inwieweit dabei die traditionell in Geltung stehende Gebetssprache wahrer Ausdruck der jeweiligen Gebetsanliegen ist, zeigt sich weniger an den Gebetsfolgen, daran also, ob ein Gebet „erhört" wurde, sondern vielmehr *im* und *durch* das Gebet selbst. Das Gebet hat seinen Sinn in sich selbst, es ist so gesehen – paradoxerweise auch wenn es sich dabei um ein Bittgebet handelt – zweckfrei.

Das *Amen* als traditioneller Abschluss eines Gebets bekräftigt diesen Wirkzusammenhang: „So sei es"! Im liturgischen Ablauf oft formelhaft erstarrt, klingt im Hebräischen der Bekräftigungscharakter dieser Schlussformel sprachlich noch deutlich an. Das entsprechende Grundwort bezeichnet ein semantisches Feld, das von „fest, sicher sein", über „dauerhaft" und „beständig" bis hin zu „wahrhaftig" und „treu" reicht. Jesaja (60,4) kann das unserem „Amen" zugrunde liegende Wort bezeichnenderweise auch gebrauchen, um das Getragenwerden eines Kindes zum Ausdruck zu bringen: Ein Kleinkind im Arm seines Vaters ist so sicher wie das „Amen in der Kirche".

Im Gottesdienst kommt mit dem *Amen* die zu den Worten des Liturgen im Allgemeinen schweigende Gemeinde zu Wort. Der Liturg bzw. die Liturgin betet stellvertretend für die Gemeinde – die Gemeinde bestätigt mit ihrem „Amen" den Wortlaut. Damit wird das liturgische Gebet zum Gebet der ganzen Gemeinde. Sie stimmt zu, indem sie einstimmt. Zugleich verbindet sich mit dem Amen-Sprechen der Gemeinde ein elementarer Akt der Aneignung. Man macht sich das zuvor Gesagte zu eigen, lässt es sich recht sein.

Dem Kirchenvater Augustinus wird der Satz zugeschrieben: *Amen dicere est subscribere* – Amen sagen meint unterschreiben.

Damit die Gemeinde in ein vorformuliertes Gebet „von ganzem Herzen und mit ganzer Seele" einstimmen und es als ihr eigenes mitbeten kann, bedarf das liturgische Gebet einer besonderen Gestaltung. Diese soll zunächst das Vorformulierte offen halten für die persönlichen Einträge der Gemeinde. Umgangssprachliche Wendungen können hierbei die produktive Wahrnehmung ebenso erschweren wie ein übertriebenes pastorales Pathos. Gebetssprache braucht Bodenkontakt, Ausdruckskraft und Klarheit – das Leben muss in dieser Sprache religiös entzifferbar sein. Zum anderen ist es wichtig, die historisch gewachsenen Formen zu wahren, um über die Generationen hinweg die Wiedererkennbarkeit zu gewährleisten. Dies gilt nicht zuletzt auch im weltkirchlichen Kontext. Ein zur leutseligen Begrüßung umfunktioniertes Kollektengebet bringt möglicherweise den Liturgen/die Liturgin der Gemeinde als Privatperson emotional näher, indirekt entfernt man sich aber mitsamt dem so inszenierten Gottesdienst aus der liturgischen Ökumene. Die sonntägliche Ortsgemeinde steht in ihrem Gebet schließlich nicht allein, sondern sie ist immer schon eingebunden in die weltweite „Gemeinschaft der Heiligen". Und drittens müssen sich die liturgischen Gebete anschlussfähig erweisen an die gegenwärtige Situation. Sie müssen in angemessener Weise auf aktuelle Ereignisse eingehen, die mehrheitlich die Gottesdienstbesucher momentan bewegen.

Liturgische Gebete stehen also immer in der Spannung von literarischer *Ästhetik,* ökumenischer *Kontinuität* und zeitbedingter *Aktualität*. Dies ist didaktisch eine kaum zu unterschätzende Markierung, wenn denn der religionspädagogisch anspruchsvolle Weg beschritten werden soll, liturgisch gebundene Gebete zum Lerngegenstand zu erheben. Zwar zählt das Thema „Gebet" zu den Standards im Religions- und Konfirmandenunterricht, aber in aller Regel geht es hier um die Möglichkeit des Betens überhaupt, um die individuellen Ausdrucksformen des Betens, um Meditation und Gemeinschaftserfahrung. Die strenge liturgische Form verirrt sich kaum einmal auf einen Lehrplan. In den Fällen, wo diese thematische Engführung überhaupt begründet wird, dienen die Fremdheit und Distanziertheit der kirchlichen Gebetspraxis als Hauptargument. In einem Unterricht, der „schülerorientiert" seine Stoffe ausschließlich aus dem lebensweltlichen Nahbereich bezieht, haben weder der Gottesdienst noch die darin vollzogenen Formen der Glaubenskommunikation einen didaktischen Ort. Dass nach dieser Logik nicht nur die unterrichtete Religion ihrer Kirchlichkeit entkleidet, sondern dass damit zugleich auch eine Fülle theologisch hoch verdichteter Formeln ausgeblendet wird, ist der nicht gerade geringe Preis, den diese Religionsdidaktik für ihre vermeintliche Schülernähe zu entrichten hat.

Ein Unterricht jedoch, der in der Fremdheit von Unterrichtsgegenständen weniger ein Lernhindernis, sondern viel eher ein motivationales Element erkennt, wird im Hinblick auf die Vermittlungschancen liturgischer Gebete zu ganz anderen Ergebnissen kommen. Was fremd ist, wirkt zunächst einmal reizvoll und anregend. Es will entdeckt, in Gebrauch genommen werden, selbst wenn es zunächst nur probehalber und versuchsweise geschieht (im schulischen Religionsunterricht: geschehen *muss*). Was fremd ist, lässt Abstand nehmen und steigert damit die Spannung. Einer Didaktik des Fremden liegt daran, das Abständige und Spröde des liturgisch geformten Gebetsausdrucks nicht vorschnell in Gekanntes aufzulösen. Je näher nämlich ein Lerngegenstand in die Erfahrungsresonanz rückt, desto größer ist zwar einerseits die Chance „gewusst", andererseits aber auch die Gefahr, umstandslos mental „abgehakt" zu werden. Je besser Schülerinnen meinen, etwas schon zu kennen, desto weniger ist ein *Lern*gegenstand noch ein Lern*gegen*stand. Er verpufft, bevor er noch seine bildende Kraft entfalten kann. Die Wiedergewinnung eines fremden Blicks auf kirchliche Religion setzt ganz bewusst auf Irritationserfahrungen. Es soll damit die Aufmerksamkeit gestärkt werden für diejenigen Facetten von Religion, die verloren gehen, wenn sperrige Lernstoffe in einen didaktisch unterbestimmten Aneignungssog geraten.

Das Moment der Fremdheit ist jedoch pädagogisch äußerst fragil. Natürlich lässt sich etwas nicht schon deshalb leicht vermitteln, weil es einer Lerngruppe auf den ersten Blick fremd erscheint. Fremdheit will unterrichtlich gut in Szene gesetzt werden, soll ihr pädagogischer Nutzen nicht eilfertig verspielt werden. Als ein wichtiger Anknüpfungspunkt erweist sich hierbei die besondere Ästhetik und Performanz des Gebets.

Gebete im Gottesdienst leben im Gegensatz zu ihren individuellen Ausdrucksvarianten von ihrem *Aufführungscharakter*. Sie kommen als raumzeitliches Gebilde, als „leibliches Wort" zur Sprache. Körperhaltungen (knien, stehen, sitzen), Gestik (Handhaltung), Raumgestaltung (Altarraum, Kirchenschiff), Wortklang (gesungene Gebete) und nicht zuletzt die Positionen der Betenden (Liturg – Gemeinde) sind für die Wahrnehmung der liturgischen Gebete von großer Bedeutung. Pädagogisch stellen sie damit zunächst einmal eine Gestaltungsofferte dar, die zum deutenden Nach- und Weiterspielen motiviert. Zum anderen versperrt eine solche Sichtweise die protestantisch überstrapazierte Flucht in die Innerlichkeit. Gebete religionsästhetisch zu thematisieren bedeutet, das Gebetsmotiv gerade nicht theologisch kurzzuschließen mit Gefühligkeit und „Spiritualität", sondern nach Formen und Funktionen zu fragen. Das schützt Lehrende und Unterrichtende vor Intimitätsnötigungen. Indem liturgische Gebetsformen im Rahmen unterrichtlichen Probehandelns „re-inszeniert" werden, können ihre individuelle Reichweite und ihre allgemeine Deutungsvielfalt erkannt werden. Im methodisch kontrollierten Nach- und Umgestalten kommen die Schülerinnen und Schüler spielerisch „zur Sache".

Als Gestaltungsvorlagen bieten sich als Grundformen gottesdienstlichen Betens das *Kollektengebet* und die *Fürbitte* an. (Das *eucharistische Gebet* wird im Kapitel 2.C „Abendmahl", berücksichtigt.)

Das Kollektengebet (Tagesgebet). Dieses Gebet ist liturgisch kein selbstständiger Teil im Gottesdienstablauf. Es bildet den dramaturgischen Abschluss der Eingangssequenz aus Eröffnung und Anrufung und fasst sie zusammen (latein. *colligere;* Kollekte – Sammlung, Zusammenlesen). Es leitet damit indirekt über zu den nachfolgenden Lesungen, die die kirchenjahreszeitliche Gestaltung des Gottesdienstes angeben. Da im Kollektengebet immer auch das bestimmende Thema des Sonntags anklingt, ist oft auch von „Tagesgebet" die Rede. In seinen Formulierungen folgt es dem „Stilgesetz der Verdichtung" (Josuttis). Es ist durch einen wiederkehrenden Aufbau, durch seine Kürze (in der Regel nicht mehr als drei oder vier Sätze) und durch seine sprachliche Prägnanz gekennzeichnet. Es vermittelt dadurch – nicht ganz zu Unrecht – den Eindruck einer formelhaften, wenig einfühlsamen Glaubensäußerung. In der Literatur begegnet darum gelegentlich die Bezeichnung „gebetetes Dogma". In dieser Form begegnet es auch beim Abschluss des Abendmahls und als Schluss des Fürbittengebets, insofern es als Ektenie gestaltet ist.

Der Aufbau ist vierteilig. Das Gebet setzt ein mit der *Anrede* (a.), die meist mit einer Prädikation verbunden ist: „Allmächtiger und ewiger Gott, durch deinen Sohn hast du den Tod besiegt und uns das Tor zum Himmel geöffnet ..." (Ostern). Die Anrede richtet sich traditionell an die erste Person der Trinität und kann durch ein bis zwei Attribute erweitert werden. In der Prädikation beruft sich die Gemeinde auf Gottes Heilswirken in der Vergangenheit, um die nachfolgende Bitte vorab zu rechtfertigen. Die kurze *Bitte* (b.) mündet in einen ebenso kurzen Folgesatz: „.... stärke uns Leib und Seele, damit wir durch deine Hilfe Angst und Sünde überwinden ...". Die Bitte kann kirchenjahreszeitlich bestimmt sein und in einer inhaltlichen Beziehung zum Sonntagsevangelium stehen. Es geht also nicht um ein persönliches oder aktuelles Gebetsanliegen, sondern um eine Bitte, die auf die Grundbefindlichkeit der Gottesdienstgemeinde zielt. Darauf folgt eine *Konklusion* (c.), d.h. ein Abschluss des Gebets in Form einer trinitarischen Wendung: „.... Darum bitten wir dich durch Jesus Christus, deinen lieben Sohn, der mit dir und dem Heiligen Geist lebt und Leben schafft in Ewigkeit." Hier zeigt sich die bittende Gemeinde zugleich auch als preisende Gemeinde, die der Gebetserhörung gewiss ein kann. Das Kollektengebet endet mit dem gemeinsam gesprochenen *Amen* (d.).

Das Fürbittengebet (allgemeines Kirchengebet). Dieses Gebet steht im Gottesdienst an der Schwelle zwischen dem Verkündigungsteil (Lesungen und Predigt) und dem Abendmahl. Es wird auch „allgemeines Kirchengebet" genannt, weil in ihm die Anliegen aller Glaubenden zu Wort kommen sollen. Luther forderte in der „Deutschen Messe" (1526) „um des Volkes willen" eine „öffentliche Paraphrasis des Vaterunsers". Und so folgt das Fürbittengebet im Großen und Ganzen der dreiteiligen Grundstruktur des Vaterunsers: Gottes Reich – Gottes Wille auf Erden – menschliche Notlagen. Im 1. Teil geht es um die Kirche und ihre Beauftragten, im 2. Teil um die Welt, die Regierenden und das Gemeinwesen, und 3. wird dann für die Not Leidenden gebetet. In jedem der drei Abschnitte können auch in freier Form ganz spezielle Anliegen vorgetragen werden.

Von der Dramaturgie her bekommt die Fürbitte eine besondere Bedeutung, weil in ihr die Gemeinde gewissermaßen die Konsequenzen zieht aus der gehörten Predigt. Es ist der einzige Ort im Gottesdienst, an dem im Gebet der Weltbezug des Glaubens und die konkreten Sorgen der Christengemeinschaft zum Ausdruck kommen.

Zum Unterricht

Die unterrichtliche Erschließung liturgischer Gebete darf die Jugendlichen religiös nicht überfordern – niemand darf gegen seinen Willen zum Beten genötigt werden. Dies gilt für den schulischen Religionsunterricht wie für den Konfirmandenunterricht. Niemand sollte Auskunft geben müssen über die eigene Gebetspraxis oder gar aufgefordert werden, die Gebetspraxis anderer Menschen zu beurteilen. Trotzdem kann und soll über Gebete gesprochen werden, über ihre Form und über die Inszenierungsmöglichkeiten im Gottesdienst der Gemeinde. Im Zusammenhang mit Gebeten von Inszenierung bzw. Aufführung zu sprechen, wird für die meisten Jugendlichen auf den ersten Blick gewöhnungsbedürftig sein. Dem trägt die hier vorgeschlagene Unterrichtssequenz dadurch Rechnung, dass sie die ästhetischen Fragestellungen mit den theologischen Fragestellungen vermittelt.

Will man diese Ebene direkt ansteuern, dann bietet es sich an, einige Film-Sequenzen aus gängigen Hollywood-Filmen zusammen zu schneiden, in denen Gebete (Stoßgebete, Beichtszenen, Trauungen o.Ä.) dargestellt sind. Fündig wird man in jedem Fall in „Jesus von Montreal", „Lola rennt" oder in „Titanic" – um nur einige videographisch leicht zugängliche Medien zu nennen. Im anschließenden Gespräch sollte man ein besonderes Augenmerk auf die dramaturgischen Mittel richten, durch die die Gebete publikumswirksam in Szene gesetzt werden (Lichtfall, musikalische Orchestrierung, Filmschnitt, Körperhaltung, Gestik etc.). Mögliche Zielperspektive: Ein Gebet muss, um als solches von anderen (Zuschauern) erkannt zu werden, in besonderer Weise inszeniert werden.

■ Anliegen

Fulbert Steffensky, ehemaliger Benediktinermönch und Professor für Evangelische Theologie, nähert sich auf einem unerwarteten Weg der Inszenierung von Gebeten. Er rechtfertigt in einer für Jugendliche vermutlich irritierenden Weise die strenge Form liturgischer Gebete.

■ Verlauf

Die Schülerinnen und Schüler lesen den Text, am besten laut. Spontane Kommentare werden gesammelt. Es gibt viele Ansatzstellen für eine tiefere Auseinandersetzung.

Beim Beten sind wir ...

... nicht allein, wir haben die wunderbaren, vertrauten kraftlosen Worte der Toten, die uns leicht von der Zunge gehen und in die wir uns flüchten, wenn das Herz unfruchtbar ist und keine eigenen Worte gebären kann. Wenn ich das religiöse Gewiehere endloser hausgemachter Gebete in vielen Gottesdiensten höre; wenn ich die Inbrunst der Pfarrer in Gottesdiensten höre, die die Gebete mit sich selbst füllen, dann habe ich Sehnsucht nach den alten Formeln; nach der Nüchternheit der leicht von der Zunge gehenden Worte.
    Natürlich sind die Toten nicht unsere Tanzmeister, wie es früher war. Aber wir können uns in ihre Sprache flüchten. Es kommt mir nicht darauf an, die wunderbaren, vertrauten kraftlosen Worte zu füllen mit meiner eigenen Subjektivität. Ich lasse mich eher von den Formeln ziehen. Ich schlüpfe in die Sprache und damit in den Glauben der Toten. Das genügt. Man muss nicht Meister seiner selbst sein, auch nicht im Gebet. [...]
    Weil ich die überlieferten Formeln brauche, darum werde ich immer kritischer dagegen, sie leichtfertig anzutasten. Die unbedachte Veränderung der Segens- und Abendmahlsworte, die geschwätzige Erweiterung der Taufformel oder des Kanzelsegens wird mir mehr und mehr unerträglich, und zwar nicht, weil man nichts ändern darf. Wir sind Freigeister, und uns zwingt keine Formel und kein Buchstabe mehr. Aber wir müssten ehrfürchtige und hungrige Freigeister sein, die wissen, dass sie sich nicht von sich selbst ernähren können. Wenn die Toten uns trösten sollen, dann muss man ihnen ihre Rechte lassen, auch das Recht ihrer Sprache.

Aus: Zeitzeichen 9/2003, 19f.

Impulse:

- Inwieweit sind die Lebenden die religiösen Schüler der Toten?
- Auch das Vaterunser besteht aus „wunderbaren, vertrauten kraftlosen Worten der Toten". Nenne Gründe *für* bzw. *gegen* mögliche Neufassungen!
- Hast Du schon Gottesdienste erlebt, in denen die evangelischen „Freigeister" sich „ehrfürchtig und hungrig" gaben bzw. wo sie „unerträglich" waren?
- Verfasse eine schriftliche Stellungnahme, die sich *gegen* die im Text geäußerte Gebetspraxis wendet!

■ Anliegen

In einem weiteren Schritt kann nun versucht werden, einmal (in Gruppenarbeit) ein formvollendetes Kollektengebet zu formulieren.

■ Verlauf

Dazu sollte das Grundschema (Anrede – Prädikation – Bitte – trinitarischer Schluss/Amen) besprochen und visualisiert werden. Es bietet sich an, der Lerngruppe dafür ein ihnen liturgisch vertrautes Proprium anzubieten (z.B. Heiligabend, Karfreitag, Advent). Die einzelnen Entwürfe werden präsentiert und auf Stimmigkeit hin geprüft. Besonders gelungene Entwürfe können ggf. dem Ortspastor bzw. der Ortspastorin zur Verfügung gestellt werden.

Alternativ kann auch ein *Fürbittengebet* ausformuliert werden, das in der Form zwar ähnlich stark reglementiert ist, in den einzelnen Sinnabschnitten jedoch mehr Freiraum lässt.

Impulse:

- Inwieweit können sich Betende in diesen „starren" dogmatisch anmutenden Sätzen wieder finden?
- Kann oder muss man in einem Gemeindegottesdienst dogmatisch „korrekt" beten?
- Wo engt die vorgegebene Form die religiöse Phantasie ein, wo hilft sie ihr womöglich?

■ Anliegen

Im Anschluss an die Formfragen können nun *Inszenierungsfragen* behandelt werden.

■ Verlauf

Geprüft werden sollen die „Regieanweisungen" aus dem liturgischen „Wegweiser" von Hanns Kerner (Gottesdienst Gestalt geben; 2001, 65f.):

Wird das (Kollekten-)Gebet als Abschluss des Anrufungsteils gesprochen, bietet es Raum zu Konzentration und Sammlung.

Die Gemeinde muss wissen, wann gebetet wird (deutliches Signal!).

Die Einladung zum Gebet sollte weder im militärischen Indikativ: ‚Wir beten' noch mit der Unterstellung: ‚Wir wollen beten' ausgesprochen werden.

Ein Gebet richtet sich stets an Gott. Wollen sich die das Gebet Sprechenden an die Gemeinde wenden, so ist hier der falsche Ort.

Ausgrenzende Aussagen und Sprachformen sind zu vermeiden. [...]

Gebet ist weder Predigt noch Begrüßung. Vorsicht vor der Formulierung des Gebetes mit Elementen anderer Sprachformen.

Impulse:
- Welche „Regieanweisung" leuchtet dir ein, wo würdest du widersprechen?
- Bestimme die Rolle, die hier dem Liturgen bzw. der Liturgin zugewiesen wird!
- Welche Rolle wird damit indirekt der mitbetenden Gemeinde zugeschrieben?
- Ließen sich auch noch andere Verhaltensregeln formulieren?
- Benenne einige der „Signale", die häufig in Gottesdiensten (oder anderen Großveranstaltungen wie z.B. Konzerten) zum Verständnis des Ablaufs gegeben werden?

■ Anliegen

Im folgenden Lernabschnitt geht es um die verschiedenen Gebetsgebärden. Fünf Formen sind dafür liturgisch gebräuchlich:

1. vor der Brust zusammengelegte Handflächen (vgl. Dürers „Betende Hände") – diese Geste richtet die Konzentration des Betenden von ihm selbst weg nach vorn;
2. nach oben geöffnete und (wie zwei Schalen) ineinander gelegte Hände – damit können Empfangsbereitschaft und Offenheit signalisiert werden;
3. ineinander verschränkte Finger („normale" Gebetsform) – diese Handhaltung lässt an Selbstbindung denken, aber auch an die Machtlosigkeit vor Gott;
4. nach oben abgewinkelte Arme, seitlich vom Körper gehalten, sodass Kopf, Brust und Arme eine nach oben geöffnete Schale bilden – mit dieser „Orantenhaltung" kann man Öffnung und Meditation verbinden;
5. angewinkelte und seitlich nach außen ausgestreckte Arme – hier kann deutlich die Kreuzform assoziiert werden.

Kombiniert werden können diese Gesten mit den biblisch belegten Gebetshaltungen: *stehen* (Mk 11, 25), *knien* (Eph 3, 14) und *liegen* (Lk 22, 41).

Mit diesen Körperhaltungen werden Gebetsaussagen unterstützt und hervorgehoben. In allen Religionen verlangen Gebete einen leiblichen Ausdruck. Gemeindeöffentliche Gottesdienste berücksichtigen dies in besonderer Weise. Die Aufnahmebereitschaft des Gehörsinns ist begrenzt, das Auge „liest" die Körpersprache immer mit. Anders als unwillkürliche Bewegungen sind liturgische Gesten gestaltbar. Sie können das Gesagte unterstreichen, aber auch in Kontrast zu ihnen treten. Den Betenden selbst verhilft eine bestimmte Hand- und Körperhaltung zu Konzentration und Sammlung.

■ Verlauf

Gebetsgesten:

1.

2.

3.

4.   5.

Die hier abgebildeten Gebetsgebärden sollen von den Schülerinnen und Schüler durchprobiert und dabei eine Beziehung hergestellt werden zu kurzen (Psalm-)Gebetstexten. Didaktisch begibt sich der Unterricht an dieser Stelle auf eine Gratwanderung: Einerseits muss aus pädagogischen *und* theologischen Gründen jeder Eindruck vermieden werden, als müsse „in echt" gebetet werden. Andererseits wird bei einer reinen Textarbeit so weit von der religiösen Binnenperspektive abstrahiert, dass der Gestaltzusammenhang „Gebet" ins rein Diskursive kippt und damit seine liturgischen Konturen einbüßt.

Daher wird hier ein *Rollenspiel* vorgeschlagen. Die kurzen Darstellungen werden deutlich als *Spiel*handlungen markiert. Bei den Rollenspieltexten ist bewusst auf eine Gebetsanrede und das Amen verzichtet.

■ Szenario

Bei den Proben für ein modernes Theaterstück soll auch eine kurze Szene mit einem Geistlichen gespielt werden. Der Regisseur sucht nach einem möglichst authentischen Ausdruck. Er verteilt an die Schauspieler kleine Textblätter mit nur je *einem* Psalmvers. Die Darsteller werden gebeten, für sich zu diesem Vers eine angemessene Gebetsgeste auszuwählen und der Gruppe zu präsentieren.

Im Anschluss an die Präsentation werden die Spielenden aus ihren Rollen entlassen und können dann als Lerngruppe über die Angemessenheit und den Ausdruck der jeweils gespielten Gesten ins Gespräch kommen.

Mögliche Texte:

- Meine Kräfte sind vertrocknet wie eine Scherbe, und meine Zunge klebt mir am Gaumen. (Ps 22,16)
- Und ob ich schon wanderte im finstern Tal, fürchte ich kein Unglück. (Ps 23,4)
- So seid nun verständig, ihr Könige, und lasst euch warnen, ihr Richter auf Erden! (Ps 2,10)
- Denn bei dir ist die Quelle des Lebens, und in deinem Lichte sehen wir das Licht. (Ps 36,10) usw.

Literatur

Peter Biehl: Erschließung des Gottesverständnisses durch elementare Formen des Gebets. Evangelischer Erzieher 2/1984, 168-188.

Jörg Neijenhuis: Der Gottesdienst „lernt" sich schlecht während des Konfirmandenunterrichts. Ein didaktischer Versuch aus liturgiewissenschaftlicher Perspektive. In Bernhard Dressler u.a. (Hg.): Konfirmandenunterricht. Didaktik und Inszenierung. Hannover 2001, 282-295.

Carsten Mork (Hg.): Beten lernen. Arbeitshilfen KU Nr. 21. Loccum 2002.

Peter Köster: Beten lernen. Konkrete Anleitungen, praktische Übungen, spirituelle Impulse. Leipzig 2003.

D. Kyrie

Eine Szene aus dem Feierabendmahl vom Kirchentag in Nürnberg 1979 – parallel wird in vielen Kirchen und Messehallen nach derselben Liturgie gefeiert:

Schon vor dem eigentlichen Beginn werden mit der großen Gemeinde neue geistliche Lieder und liturgische Stücke eingesungen. Auf einmal tritt Stille ein, die Glocken läuten. Trompeten und Posaunen setzen ein, aus allen Richtungen, von Emporen und Chorumgängen, erklingt der Kirchentagsruf: Christ ist erstanden! Liturgen [...], dazu ein Ortspfarrer, begrüßen die Gemeinde, erwähnen einzelne Gäste und Mitwirkende. Noch einmal Stille, und dann singen alle miteinander einen Kanon von Paul Ernst Ruppel [...]: *Es werden kommen vom Osten und vom Westen, vom Norden und vom Süden, die zu Tische sitzen werden im Reich Gottes.* [...] Dies ist der Eröffnungsteil des Feierabendmahls. Darauf folgen ,Klage und Anklage', das, was in der liturgisch-musikalischen Tradition das *Kyrie* ist. Noch können nicht alle kommen und zu Tisch sitzen im Reich Gottes. Unendlich viel Not herrscht in aller Welt. Schreckliche Nachrichten aus Kolumbien und Nicaragua kommen zur Sprache, Helmut Frentz, damals Generalsekretär von *Amnesty international*, berichtet. Das mündet ein in die spontane Fürbitt-Litanei für Gequälte dieser Erde, die Gemeinde stimmt zu mit einem Kyrie-Ruf aus Taizé.

So schildert Joachim Stalmann in seinem Kompendium zur Kirchenmusik (Überblick über die Hauptepochen der evangelischen Kirchemusik und ihrer Vorgeschichte. Hannover 2001, 119) die Premiere des „Feierabendmahls" auf einem Kirchentag. Erkennbar ist das Bemühen der liturgisch Leitenden, den gottesdienstlichen Ablauf, vor allem natürlich das Abendmahlsgeschehen selbst, transparent zu halten für ein protestantisches Kirchenvolk, dessen Sensibilität für die Nöte der Welt nicht unbedingt korrespondiert mit einer Sensibilität für liturgische Vollzüge. Darum hier nun der Versuch, das sozialdiakonische Bewusstsein zur Darstellung zu bringen und dabei zugleich die Form zu wahren. Typisch für diese Art des liturgischen Kompromisses ist die spezielle Mischung aus sakraler Ästhetik und politischem Stil. Das Kyrie changiert zwischen Klage und Anklage. Der unscheinbare griechisch-deutsche Wechselgesang wird 1979 zu einer Melange aus Gottesakklamation und moralischem Appell.

Die alte Litanei. Liturgiegeschichtlich betrachtet ist das Kyrie eleison (griech., Herr, erbarme dich) im Eingangsteil des Gottesdienstes der Rest einer längeren Litanei (griech. *litaneia* – Bitte, Flehen), wie sie etwa in EG 192 abgedruckt ist. Ein Vorbeter intoniert kurze Gebetsanliegen, und die Gemeinde fällt jeweils ein mit dem „Kyrie eleison". Die gallische Pilgerin Ätheria berichtet von einer solchen Litanei auf ihrer Reise nach Jerusalem gegen Ende des 4. Jh. Beim Besuch eines christlichen Vesper-Gottesdienstes hört sie, wie der Diakon im Fürbittengebet eine lange Reihe von Namen nennt und wie da hinein eine große Schar von Kindern die einzelnen Bitten mit einem Kyrie eleison beantwortet: „Während er die Namen der Einzelnen nennt, steht immer eine große Schar von Kindern da, die immer antworten *Kyrie eleison*, wofür wir sagen: Herr erbarme dich; ihr Rufen ist ohne Ende" (CSEL 39,72).

Bis heute wird in den orthodoxen Kirchen anstelle des Wechselgesangs eine ausgedehnte Fürbitte gesungen, die dann mit einem Kyrie beschlossen wird. Das Kyrie bildet also eine kultische Klammer, die die liturgischen Differenzen zwischen Orthodoxie, Katholizismus und Protestantismus überspielt. Dass diese Gemeinsamkeit heute auf die bloße Formel des griechischen Gebetsrufes zusammengeschrumpft ist, hat mit Papst Gregor d. Gr. zu tun. Er verkürzte die Litanei auf ein neunmaliges Kyrie und fügte gleichzeitig das uns geläufige „Christe eleison" hinzu, um die Unterschiede zwischen römischer und griechischer Kirche zu unterstreichen. Die langen Bitten entfielen an Werktagen dann oft ersatzlos. Während die Orthodoxen das Kyrie gemeinsam sangen, ordnete Gregor den Wechselgesang zwischen Klerikern und Gemeinde an. Der Adressat blieb jedoch der gleiche. Die Akklamation galt hier wie dort dem in der Gottesdienstgemeinde präsenten Christus, bemerkenswerter Weise angerufen mit einem weltlichen Herrschertitel.

Hoheitszeichen. Wie die Jerusalemer mit ihrem „Hosianna" (hebr. Hilf doch!) den triumphal in die Hauptstadt einziehenden Kyrios-Messias begrüßten, so war auch der römische Kaiser mit einem laut vernehmlichen „Kyrie eleison" zu grüßen, wenn er denn einen öffentlichen Auftritt hatte. Historisch kommt also in dem Huldigungsruf ein hoheitsrechtlicher Akt aus dem Kaiserkult zum Ausdruck, ein Akt der Unterwerfung und der Anerkennung.

Für die Alte Kirche schwang diese Grundbedeutung durchaus noch mit, wenn sie ihre Gottesdienste feierte. In der altrömischen Messe zieht der Bischof mit seinem Gefolge unter Introitus-Gesang und im Verein mit Fackel- und Weihrauchträgern in den Sakralraum ein. Er küsst Altar und Evangelium und gibt dann der Choral-Schola ein Handzeichen zur Beendigung des Psalmgesangs. Von einem Chor empfangen zu werden, ist ursprünglich ein kaiserliches Privileg. Indem der Bischof nach vorn zu seinem thronartigen Bischofssitz schreitet, werden die verschiedenen Gebete zu Beginn mit dem Ruf „Herr erbarme dich" zusammengefasst. Vor seiner Kathedra bleibt er – nach Osten gewandt – stehen und beendet das Kyrie durch das „Ehre sei Gott in der Höhe" (Gloria in excelsis).

Die auch heute noch vorgesehene, wenn auch nicht immer praktizierte Wendung in Richtung der aufgehenden Sonne, stammt wie der Kyrie-Ruf ebenfalls schon aus der vorchristlichen Antike. So war es in den verschiedenen Sonnenkulten des Mittelmeerraumes üblich, dass der oberste Kultdiener seine Bitten um Erbarmen gegen Osten sprach, etwa: „Helios (= Sonne), erbarme dich unser!" Der Bischof übernimmt hier zwar äußerlich diese Gebetsrichtung, aber natürlich mit einer anderen religionsästhetischen Begründung: Der Ort des Sonnenaufgangs ist der Ort der Auferstehung und die Himmelsrichtung, aus der die Gemeinde die Wiederkunft ihres Herrn erhofft. Fast alle Kirchen sind darum geostet, d.h. der Altar befindet sich im Osten und der Turm im Westen.

An der eindrucksvoll inszenierten bischöflichen Messe wird deutlich, wie eng sich die Eingangsliturgie anlehnt an das kaiserliche Hofzeremoniell. So sehr jedoch die antike Kultübung noch in der christlichen Gebetspraxis nachwirkt, so wenig steht das Kyrie mit dem Hinweis auf seine heidnischen Wurzeln liturgisch zur Disposition. Denn mit der christlichen Umcodierung werden sowohl das Subjekt als auch – direkt damit zusammenhängend – der Grundton der Anbetung ersetzt: Christus, die zweite Person der Trinität, Schöpfungsmittler, Herr der Kirche und Heil der Welt. Nach Phil 2,10f. sollen sich im Namen „Kyrios Jesus Christus" die Knie aller derer beugen, „die im Himmel und auf Erden und unter der Erde sind": Herr, erbarme dich – Christe, erbarme dich – Herr, erbarme dich! Mit der Akklamation *dieses* Herrn (griech. *kyrios*) nimmt also eine ganze Welt-Anschauung Gestalt an: das gemeinsame Bekenntnis zum Herrn über Himmel und Erde, Leben und Tod, Zeit und Endzeit. Die Gemeinde gibt sich in dieser Laut-Geste voller Ehrerbietung der Gnade Christi anheim. Sie vergewissert sich durch das Kyrie eleison der Barmherzigkeit ihres Kyrios Jesus Christus.

Das Kyrie als *Bußruf* um Erbarmen, als *Sündenbekenntnis,* als *Lobpreis* oder – wie eingangs geschildert – als *Klagegeschrei* zu verstehen, sind spätere Lesarten, die sich einer jeweils anderen christlichen Tradition verdanken. Auch das sowohl im Mittelalter wie auch in der Moderne breit belegte *trinitarische Verständnis* (vgl. EG 178.4) geht an der ursprünglichen Bedeutung vorbei, denn hier werden weder Gott-Vater noch Gott-Geist angerufen, sondern ausschließlich der erhöhte Gott-Sohn.

Erbgut. In der Reformationszeit wurden die Kyrie-Rufe nochmals reduziert: von neun auf drei. Luther lag viel an der Schlichtheit des altkirchlichen Ausdrucks. Am Anfang des Gottesdienstes sollte man nach einem „geistlichen Lied" oder einem „deutschen Psalm" singen „im selben Ton, drei mal und nicht neun mal wie folgt: Kyrie eleison, Christe eleison, Kyrie eleison". So jedenfalls schrieb er es in seiner „Deutschen Messe" von 1526 vor.

In der drei Jahre zuvor verfassten Schrift „Formula missae" (1523) verfolgte er allerdings noch ein anderes Interesse. Die liturgische Vielfalt sollte hier dergestalt gewahrt werden, dass in den „Stiften und Domen" das Kyrie durchaus auch noch nach altem Brauch von einem Sängerchor unter Beibehaltung der verschiedenen Singweisen neun Mal gesungen werden sollte.

Diese im Volk sehr beliebten Singweisen bestanden aus deutschsprachigen, gereimten Texten, die der lang gezogenen Schlusssilbe von „eleison" unterlegt waren und in den einzelnen Strophen jeweils auf „Kyrieleis" endeten. Man nannte sie darum auch „Leisen" (eingedeutscht aus „eleison"). Bei der Schaffung deutscher Kirchenlieder griff Luther vielfach auf diese volkstümlichen Leisen zurück (vgl. EG 23: Gelobet seist du, Jesu Christ). In den weniger bedeutsamen Kirchen konnte nach Meinung Luthers das Chor-Kyrie durchaus zugunsten eines deutschen Gemeindelieds entfallen.

Das Kyrie schmückte man aber auch noch durch andere Zusätze aus. Häufig gab es z.B. Einschübe in Form von Relativsätzen zwischen „Kyrie" und „eleison". In der Übersetzung des lateinischen „Kyrie fons bonitatis", das um 950 entstand, heißt es: „Kyrie, Gott Vater in Ewigkeit, groß ist dein Barmherzigkeit, aller Ding ein Schöpfer und Regierer: eleison" (vgl. EG 178.4). Kyrie-Erweiterungen trugen (und tragen) teilweise auch kirchenjahreszeitliches Gepräge: so das Advents-Kyrie (EG 178.6), das Oster-Kyrie (EG 178.7) oder das Pfingst-Kyrie (EG 178.8).

Das Kyrie genoss jedoch nicht zu allen Zeiten die gleiche Wertschätzung. Im 18. Jh. fiel es – wie auch die meisten anderen liturgischen Stücke – in Vergessenheit, um erst im 19. Jh. wieder entdeckt zu werden.

Spannung. Im lutherischen Gottesdienstablauf folgt auf den Erbarmungsruf des Kyrie direkt der Jubelruf der Engel aus der Weihnachtsgeschichte: Ehre sei Gott in der Höhe – gloria in excelsis Deo! Schroff und unvermittelt prallen hier an dieser liturgischen Nahtstelle das Flehen aus der Tiefe menschlichen Lebens und das Weihnachtslied der himmlischen Heerscharen aufeinander. Im direkten Kontakt zwischen diesen beiden, theologisch kaum gegensätzlicher denkbaren Stücken kommt die ganze Spannweite christlicher Existenz liturgisch zur Darstellung: das „ängstliche Harren der Kreatur" (Rö 8,19) und die „herrliche Freiheit der Kinder Gottes" (Rö 8,21). Immer wieder gab es Versuche, diese Spannung durch vermittelnde Zwischentexte abzufedern, die sich jedoch nicht durchzusetzen vermochten – zu widerständig zeigten sich der theologische Code und die christliche Erfahrung, die hier eben einen harten Kontrast einfordern.

Zum Unterricht

Das Kyrie eleison werden die meisten Jugendlichen nicht mit der Grundbefindlichkeit verbinden, dass ein Mensch in Not oftmals jemanden herbei-
sehnt, der „mehr" ist als ein Mensch. Es wird – wenn überhaupt – eher als
ein religiöses Relikt aus längst vergangenen Zeiten wahrgenommen, das
„irgendwie" zum Gottesdienst gehört. Vermutlich tun sich auch treue Kirchgänger schwer, im Kyrie ein Christus-Bekenntnis in Form eines spontanen
Aufschreis zu sehen.

Um einer Lerngruppe diesen Bittruf als zentralen Ausdruck christlicher
Existenz näher zu bringen, sollten neben der *Textgestalt* und deren *Formge-
schichte* noch zwei weitere Lerndimensionen berücksichtigt werden: die
dramaturgische Gestalt bzw. *Performanz* des Kyrie und die *produktive
Rezeption* durch aktualisierende Einträge.

■ Anliegen

Das Kyrie eleison entstammt der Bibel. Es ist dort der Erbarmensruf der Kranken und Entrechteten: vgl. Jes 33,2; Mt 9,27; 15,22; 20,30f.; Mk 10,47f.; Lk 16,24; 17,13; 18,38 f. Es bietet sich also an, im Unterricht das liturgische Stück dort aufzusuchen, wo es das erste Mal jüdisch bzw. christlich in Gebrauch genommen wurde, wo es seinen anfänglichen „Sitz im Leben" hat. Von seinem biblischen Vorkommen kann dann die Brücke zum agendarischen Gottesdienst geschlagen werden. – Wie unterschieden sich die jeweiligen Gebrauchszusammenhänge? Wie werden bzw. wurden die biblischen Impulse liturgisch aufgenommen und gestaltet?

■ Verlauf

Aus der Fülle möglicher Texte wird hier die Heilung des „mondsüchtigen Knaben" in Mt 17,14–18 vorgeschlagen – einmal, weil diese Heilungsgeschichte (im Unterschied zu Bartimäus und der kanaanäischen Frau) zu Unrecht nur relativ selten didaktisiert wird und zum anderen, weil hier der Kyrie-Ruf nicht nur wortwörtlich begegnet, sondern auch mit einer liturgisch kompatiblen Geste (Kniefall) einhergeht.

Nachdem eingangs die Geschichte gelesen ist, das „mondsüchtig" sinngemäß mit „epileptisch" übersetzt und auf die Tragik dieser – nicht nur in der Antike – gefährlichen Krankheit hingewiesen ist, soll sie von den Jugendlichen bibliodramatisch gestaltet werden. Mögliche Szenenfolge für das in Kleingruppen vorzubereitende Spiel: 1. Szene: V. 16 (vergebliche Jüngerheilung), 2. Szene: V. 14f. (Bitte/Klage des Vaters), 3. Szene: V. 17 (Klage Jesu); 4. Szene: V. 18 (Heilung).

Die Szenen werden – sparsam in den Requisiten – präsentiert und die Spielerfahrungen ausgetauscht bzw. geordnet. Im Anschluss daran soll dann noch einmal auf die in unserem Zusammenhang relevante 2. Szene eingegangen werden.

Das jetzt darzustellende Szenario sieht etwa so aus:

Der „Vater" kniet – schweigend und in sich verkrümmt – auf dem Boden vor dem „Kyrios" Jesus. Der Reihe nach treten nun Mitspieler von hinten an den Knieenden heran, legen ihm die Hand auf den Kopf und sagen jeweils einen Satz, von dem sie meinen, er gehe dem Vater gerade als „innere Stimme" durch den Kopf, z.B. „Er ist doch mein einziges Kind!", „Eine unheimliche Krankheit!", „Kein Arzt konnte bisher helfen" etc. In Lautstärke, Gestus und Intonation können die Sprecher die „innere Stimme" emotional auch noch verstärken.

Die Lehrperson wechselt in die Rolle des Spielleiters bzw. der Regisseurin und ruft, wenn alle gebührend zu Wort gekommen sind, einzelne „Stimmen" wieder auf. Schweigend „dirigiert" sie die „Stimmen". Sie lässt sie wieder hinter den „Vater" treten, ihren Satz sagen und komponiert über Blickkontakt und durch Fingerzeig eine Art *Stimmenskulptur* zum Kyrie: Die Reihenfolge der Sprecher kann variiert werden, einzelne Sätze können mehrfach vorkommen, widersprüchliche Aussagen können gegeneinander gestellt werden oder gleichzeitig verlauten.

Der „Vater" spricht nach jeder einzelnen „inneren Stimme": „Kyrie eleison". Auch diese (liturgische) Antwort kann stimmlich akzentuiert werden; mal kann das Kyrie laut, mal flüsternd, wenn nötig auch schreiend oder flehend vorgetragen werden.

Die Lehrperson schließt an geeigneter Stelle die Stimmenskulptur ab und ruft im Unterrichtsgespräch die Eindrücke und Einfälle der Spielenden ab. (Die Methode ist eingehend beschrieben in Ingo Scheller: Szenisches Spiel. Handbuch für die pädagogische Praxis. Berlin 1998, 136f.).

■ Anliegen

Der liturgiegeschichtliche Ort des Kyrie ist die Litanei, also die lange, bisweilen „ohne Ende" vorgetragene Reihung einzelner (Für-)Bitten bzw. (An-)Klagen. Die heute begegnende Dreierreihe stellt demgegenüber eine Art Schwundstufe dar. Die Dehnung der Dreierreihe zu einer tendenziell unabschließbaren Folge von Bitten – eine auch im neuen Evangelischen Gottesdienstbuch (1999, 520ff.) wieder aufgenommene Variante – stellt nicht nur eine liturgisch produktive Wiederentdeckung einer alten Form dar, sondern sie gibt auch ein praktikables Muster ab für eine didaktische Re-Inszenierung des Kyrie.

■ Verlauf

Vermutlich kennt jede Schülerin und jeder Schüler durch das Fernsehen die Klagemauer in Jerusalem, jenes Relikt des alten Tempels, an dem die frommen Juden beten und kleine Zettel mit Gebetsbitten in die Mauerfugen stecken. Als Medium für den Unterricht bietet eine Klagemauer die Möglichkeit, eine Fülle von Klagen (und Bitten) aufzunehmen und ihnen einen identifizierbaren Ort zu geben. Sie kann in Form von zu bemalenden Papp-Kartons im Klassenraum aufgebaut oder einfach nur als Umrisszeichnung auf einem großen Bogen Papier dargestellt werden.

In einer Unterrichtsreihe mit der Überschrift „Kyrie – Gebet – Klage" erfüllt die „Klagemauer" die Funktion, einzelne Aspekte des Themas präsent zu halten, indem sie sie visualisiert:

- Die Schülerinnen und Schüler notieren mit Hilfe einer Konkordanz die verschiedenen Kyrie-Bitten aus dem Neuen Testament (s.o.) und kleben sie an die „Mauer".
- In einem zweiten Schritt können diese Bitten bzw. Klagen aktualisiert und in die heutige Situation übertragen werden. Die Jugendlichen schreiben ihre Sätze auf andersfarbige Zettel und heften sie zu den biblischen Sätzen dazu.
- Alternativ dazu können z.B. auch Bildkollagen (Zeitungsausrisse) mit dem Zusatz „Kyrie eleison" versehen und an der Klagemauer angebracht werden.

■ Anliegen

Das Kyrie war nicht immer unumstritten. In neuester Zeit üben viele v.a. aufgrund eines feministischen Gottesverständnisses Kritik an dem hier zum Ausdruck gebrachten „Herr-Gott". In der Bezeichnung „Herr" sieht man einen despotischen, patriarchalen Herrscher angesprochen, der zu der in Jesus Fleisch gewordenen Geschwisterlichkeit in Widerspruch tritt. „Kyrie/Herr" klingt nach Unterwerfung, nach uneingeschränkter Macht bzw. in der Rolle des Beters: nach lähmender Ohnmacht. Auch die Fremdheit der alt-griechischen Worte wird von nicht wenigen Christenmenschen als störend empfunden, kommt es doch im Gottesdienst auf das Verstehen und die Nachvollziehbarkeit an. Und drittens scheint der Cantus firmus des Wechselgesangs, das christologische Bekenntnis, kaum noch vermittelbar. Andere Adressaten und Deutungen schieben sich über den ehedem ausschließlich im 2. Artikel des Glaubensbekenntnisses beheimateten Erbarmensruf.

In den heute gebräuchlichen Versionen und Erweiterungen spiegeln sich diese Umcodierungen. Sie lassen das sich in ihnen ausdrückende liturgische und theologische Interesse ebenso deutlich hervortreten wie den gesellschaftspolitischen Gegenwartsbezug. Das jeweilige Anliegen dieser Umcodierungen herauszudestillieren ist das Thema dieser Lernsequenz.

■ Verlauf

Als Material werden den Schülerinnen und Schülern einige Kyrie-Varianten angeboten, die zusammen mit einer knappen liturgiegeschichtlichen Einleitung auf einem *Arbeitsblatt* abgedruckt sind:

Kyrie eleison – Herr, erbarme dich!

Bei dem „Kyrie eleison" handelt es sich um einen Bittruf aus vorchristlicher Zeit, den die frühe Christenheit aber schon bald auf Jesus Christus übertragen hat. In der Bibel sprechen die Worte „Herr, erbarme dich!" oft Kranke und Hilfsbedürftige, die um Heilung bitten.

Heute klingt der Titel „Herr" (im Sinne von „Herrscher") für viele in der Kirche nicht mehr zeitgemäß. Sie stören sich an dem alten biblischen Wortlaut und fordern Formulierungen, die weniger anstößig und besser mit der jetzigen Lebenswelt vereinbar sind.

Lies bitte die abgedruckten Kyrie-Beispiele und beantworte die Fragen!

1. Du Gott im Himmel und auf der Erde – Mutter und Vater zugleich,
    Lebensenergie und Liebeskraft – Hoffnung und Heilung in einem.
    Vor dich bringe ich meine Fragen und Zweifel,
    vor dich bringe ich meinen Egoismus und meine Fehler.
    Vor dich bringe ich mein verschlossenes Herz
    und vor dich bringe ich meine verborgenen Wünsche.
    Gott, erbarme dich!

2. An Dich, Jesus, richten wir unsere Gebete,
    unsere Klagen und Anklagen.
    Männer der Kirche, die wir schuldig geworden sind:
    an uns selbst, an unseren Nächsten, an unseren Frauen.
    Frauen der Kirche, die wir geduldet haben:
    Unrecht, Lüge und Männermacht.
    Wir rufen zu dir:
    Erbarme dich unser!

3. Gott – Vater, Sohn und Heiliger Geist,
    unser Altar ist geschmückt und die Kirche festlich hergerichtet,
    während zur gleichen Zeit Kinder hungern und Menschen verhungern,
    während Menschen durch Krieg und Gewalt bedroht sind.
    Wir bekommen das Leben einfach nicht zusammen.
    Sohn Gottes, erbarme dich!

4. Herr der Kirche,
   du bist auferstanden von den Toten,
   hinein in eine Kirche, die dir oft nicht gerecht wird.
   Du bist nicht im Tod geblieben,
   wie auch wir aufstehen müssten gegen das Leid um uns herum.
   Du lebst,
   vergib uns, wenn wir in Mutlosigkeit erstarren.
   Erbarme dich unser!

5. Starres Denken,
   schwere Blicke,
   müde Schritte,
   verkümmerte Hoffnung –
   Kyrie eleison!

– Wer wird in diesen fünf Kyrie-Versionen jeweils angesprochen?
– Was ist das eigentliche Thema des Gebets?
– Hältst du die Formulierungen für zeitgemäß?
– Kennzeichne mit roter Farbe die Formulierungen, die dir nicht gefallen und mit grüner Farbe die, die du für angemessen hältst!
– Mit welcher Körperhaltung bzw. durch welche Gesten könnte das jeweilige Kyrie am besten zum Ausdruck gebracht werden?
– An welchem Ort innerhalb der Kirche sollte es inszeniert werden?

Literatur

Karl Ferdinand Müller: Die Gesänge des Ordinariums. In Leiturgia. Handbuch des Evangelischen Gottesdienstes. 1955, Bd. II, 14–22.
Hanns Kerner: Gottesdienst Gestalt geben. Ein Wegweiser durch das Evangelische Gottesdienstbuch, München 2001, 56-58.
Michael Meyer-Blanck: Inszenierung des Evangeliums. Ein kurzer Gang durch den Sonntagsgottesdienst nach der Erneuerten Agende, Göttingen 1997, 54-73.

E. Predigt

Die Predigt im evangelischen Gottesdienst ist zugleich ein unverzichtbarer Bestandteil wie auch – bei Predigenden und Hörenden gleichermaßen – ein Problem. Pfarrerinnen und Pfarrer müssen sich Sonntag für Sonntag damit auseinander setzen, dass die Mühe, die sie auf die Predigt verwenden, sich nicht unmittelbar in den Zahlen der Gottesdienstbesucher widerspiegelt. Umgekehrt gilt oftmals die Predigt an sich als antiquiert, man lässt sich nicht gern be- und an-predigen, zu sehr klingt es nach „Gardinenpredigt"; man will selbst etwas sagen, sich nichts sagen lassen. Damit sind gleichzeitig zwei mögliche Fehlentwicklungen in der Ausführung der Predigt angedeutet: Moralismus und Doktrinarismus. Und die Frage klingt an, ob *dieser* Teil des Gottesdienstes, den nach Ansicht vieler ein Höchstmaß an Passivität kennzeichnet, noch zeitgemäß ist.

Geschichte. Unter Predigt wird hier die Form der Verkündigung im öffentlichen Gottesdienst verstanden, die als Homilie (Auslegung) oder Sermon (Themapredigt) einen biblischen Bezug hat und deren Adressaten dem oder der Predigenden leibhaftig gegenübersitzen. Damit ist die Predigt abgegrenzt von Vortrag, Rede und Ansprache, die ohne biblischen Bezug auskommen können, aber auch von einer bloßen (Schrift-)Lesung. In den Begriffen Trau- oder Taufansprache klingt allerdings noch an, dass sich bei der Kasualpredigt die Gewichte oftmals zugunsten einer reinen Ansprache verschoben haben. Die Predigt nach obiger Definition ist ebenso abgegrenzt von jedweder Verkündigung in beispielsweise seelsorgerlichem Rahmen oder von „Evangelisationspredigten" bei Zeltmissionen ohne einen gottesdienstlichen Rahmen. Und schließlich sind auch das „Wort zum Sonntag" in Fernsehen, Radio und der Lokalzeitung keine Predigten im hier beschriebenen Sinne.

Der evangelische Gottesdienst wiederum hat als „unentbehrliche Bestandteile" (so Eberhard Winkler, 265) neben der Predigt den Gemeindegesang, das Gebet, die Schriftlesung, die Kollekte und den Segen. Ob die Predigt wirklich konstitutiv an den Gottesdienst als Ort gebunden ist, lässt sich unterschiedlich beantworten. Man könnte auch Johannes den Täufer und Paulus oder Jesus selbst als Prototypen von Predigern begreifen, die alle drei nicht nur im Rahmen von Gottesdiensten, sondern auch an profanen Orten gepredigt haben. Missionarisch orientierte Reden, die auf die Entscheidung des Einzelnen zielen, den Glauben für sich anzunehmen, würden dann ebenso in den Rahmen dessen gehören, was unter „Predigt" verstanden werden muss.

Die Predigt als Bestandteil des Gottesdienstes hat ihre historische Wurzel im Synagogengottesdienst. Sowohl Jesus als auch Paulus predigten dort (Lk 4,15–30; Apg 13,5.14–42), ihre Schriftauslegung war eingebunden in Schriftlesung und Gebet, wesentlichen Bestandteilen auch des christlichen Gottesdienstes. Die Auslegung der Schrift war ein genuines Interesse Jesu selbst – soweit es die Evangelien bezeugen. War das Wirken Johannes des

Täufers offenbar noch stark missionarisch bestimmt, so zielt Jesu Predigt nicht in erster Linie auf die Entscheidung des Einzelnen, sondern auf das Verstehen von Gottes Handeln in der Welt. In der Perikope vom Kämmerer aus Äthiopien (Apg 8,26-38) ist dieses exemplarisch verdichtet. Der Kämmerer wird gefragt: Verstehst du auch, was du liest? *Nach* der Erklärung lässt er sich taufen. Glauben und Verstehen gehören von Anbeginn an zusammen. Auch die Emmausjünger (Lk 24,13-35) erkennen Christus an der Geste des Brotbrechens. Seiner „Predigt" auf dem Weg nach Emmaus sind sie gleichwohl gefolgt; der Glaube lässt sich, so der Evangelist Lukas, durch Verstehen nicht „machen", aber er entsteht auch nicht ohne das Auslegen der Schrift. Von schwärmerischer (wie gesetzlicher) Frömmigkeit berichtet das Neue Testament eher kritisch (1 Kor 10,23).

Ob die ersten Christen reine Predigtgottesdienste kannten oder reine Herrenmahlfeiern oder ob sie von Anfang an beide Elemente miteinander verbunden haben, lässt sich nicht mehr mit Bestimmtheit sagen. Wohl aber gibt es für die Alte Kirche (früheste Mitteilung bei Justin um 150 n.Chr.) zahlreiche Belege für die Wertschätzung der Predigt. Origines spricht von Predigt als (geistlicher) Speise und stellt sie gleichgewichtig, wenn nicht sogar höherrangig neben das Abendmahl. Die Predigt dient damit gemeindepädagogischen Interessen, sie dient der Vergewisserung und Stärkung, der „Lehre" der Glaubenden, nicht nur der Apologie oder Mission.

Die Gewichtungen zwischen „geistlicher" und „sakramentaler Speise" sind in der Folgezeit immer wieder neu verschoben worden. Musste 1717 in Brandenburg die Dauer der Predigt unter Androhung von Geldstrafe auf eine Stunde begrenzt werden (Winkler, 258), so hat noch Luther am Sonntag neben der Messfeier eigens zwei zusätzliche Predigtgottesdienste eingeführt. Die Gründe für die jeweiligen Verschiebungen in der Gewichtung zwischen Predigt und Abendmahl hängen zum Teil mit je aktuellen Motiven zusammen: in vorreformatorischer Zeit mit dem Bildungsniveau der Pfarrerschaft, in der Alten Kirche mit der Bekanntheit mit antiker Rhetorik oder in der Reformationszeit mit dem Interesse an der Bildung der Gemeindemitglieder, an deren mündigen Christsein.

Heute ist (nach dem II. Vaticanum gilt dies auch für die katholische Kirche) ein Gottesdienst ohne Predigt kaum denkbar. Unterschiedlich ist in den verschiedenen christlichen Konfessionsfamilien ihr Gewicht: nur der orthodoxe Gottesdienst kommt im Wesentlichen ohne Predigt aus; der römisch-katholische hat – erkennbar am Namen „Messe" – seinen konstitutiven Bestandteil in der Eucharistiefeier; die evangelisch-lutherischen Kirchen favorisieren eher einen Gottesdienst, der, herkommend von der katholischen Messe und deren liturgische Gestaltungselemente aufnehmend, das Abendmahl als regulären Bestandteil vorsieht (auch wenn es ausfallen kann), und der Predigt einen ausgewiesenen Raum vor der Abendmahlsfeier gibt. Die evangelisch-reformierten Kirchen haben dagegen mit der Tradition der katholischen Messe gänzlich gebrochen und stattdessen die Tradition des vorreformatorischen, süddeutschen Pronaus (franz. *prône*, lat. *praeconium* =

Verkündigung) aufgenommen, bei der die Feier des Abendmahls als Ausnahme gilt und die Predigt zum entscheidenden Element des Gottesdienstes wird. Letzteres gilt auch für die Liturgie der lutherischen Landeskirche in Württemberg sowie für die meisten Freikirchen.

Die Predigt selbst als Bestandteil des Gottesdienstes zu verwerfen hieße: sich vom Zusammenhang zwischen Glauben und Verstehen zu verabschieden, der in Form der Predigt im Gottesdienst inszeniert wird, und der auf Jesus Christus selbst zurückgeht.

Eine gute Predigt. Die entscheidende Frage lautet dann: Wann ist eine Predigt auch eine *gute* Predigt? Auch diese Frage ist in der Geschichte unterschiedlich beantwortet worden: Soll sie die Hörerinnen und Hörer (auch) etwas lehren? Muss sie sich (nur) die aktuelle Lage der Weltpolitik und das PROPRIUM des jeweiligen Sonntags berücksichtigen? Darf die Predigt politisch sein? Oder *muss* sie geradezu politisch sein? Wie lang sollte sie sein? Zehn Minuten? Zwanzig Minuten? In welchem Verhältnis müssen Zuspruch und Anspruch verwirklicht sein: Darf eine gute Predigt auskommen ohne einen Hinweis, welche Pflichten aus dem Glauben erwachsen? Wie kann sie gleichermaßen männlichen Konfirmanden im Stimmbruch, den Frauen aus dem Seniorenkreis und den fremden Gästen, die nicht zum *inner circle* der Gemeinde gehören, gerecht werden? Muss sie das? Darf der Pfarrer, die Pfarrerin in der Predigt „ich" sagen? Darf der Pfarrer, die Pfarrerin sagen, was Gott will? Woher weiß er oder sie das? Sollte der Pfarrer, die Pfarrerin sich an die vorgeschlagenen Predigttexte aus der Perikopenordnung halten? Dürfen andere Menschen, die nicht durch Theologiestudium und Ordination dazu ausgebildet und beauftragt sind, predigen? Die Vorsitzende der Landfrauen? Oder ein Brigadegeneral im Bundesverteidigungsministerium?

Interessant ist es, auch die zu fragen, die (nicht mehr oder noch) Predigten hören: Was lässt mich zuhören? Was lässt mich gedanklich abschweifen, abschalten oder ärgerlich werden? Was muss passieren, damit ich mich angesprochen fühle? Wie müsste es sein, damit ich denke: „Ja, das war eine gute Stunde, keine vertane Zeit. Ja, mit *dem* Gedanken kann ich etwas anfangen."? Kurz: Wann schmeckt mir die geistliche Speise?

Predigt als Einbahnkommunikation oder als „offenes Kunstwerk". Die herbste Kritik an der Predigt ist im letzten Jahrhundert nicht zufällig in den 70er Jahren formuliert worden. Der Aufbruch der 68er, der autoritäre und hierarchische Strukturen auch in der demokratischen Bundesrepublik Deutschland entlarvte und bekämpfte, musste einhergehen mit scharfer Kritik an jedweder Redeform, die „von oben herab", von der Kanzel, zu sagen vermeinte, wo es langgehen müsse. Die Predigt an sich ist eine Form, bei der sich die Rede des oder der einen an eine Gruppe von Menschen richtet, bei der das Setting so ist, dass kein Gespräch, keine Widerrede möglich und vorgesehen ist. Die Vorstellung einer inzwischen überholten Homiletik, bei der die Predigt einen Gedanken anspricht, den dann die Gemeinde in der Liturgie aufnimmt und ihn sich zu eigen macht (so noch 2003 Klaus-Peter Hertzsch: Die Predigt im Gottesdienst, in: Schmidt-Lauber/Meyer-Blanck/Bieritz (Hg.): Handbuch der Liturgik, Göttingen ³2003, 731–741 [735]), diese Vorstellung einer beinahe naturgesetzlichen Fortführung von Vor-Gedachtem in Nach-Gedachtes verträgt sich nicht mit dem Ernstnehmen der kommunikativen Situation im Gottesdienst, verträgt sich auch nicht mit einem Menschenbild, das die eigenen Gedanken des Kommunikationspartners nicht wertschätzt, sondern stattdessen per se als unpassend oder laienhaft disqualifiziert. Albrecht Grözinger spricht in diesem Zusammenhang vom impliziten Predigthörer, von der impliziten Predigthörerin: „Ich höre Predigten, die mir nach wenigen Sätzen zu sagen wissen: Dich nehme ich ernst, ich interessiere mich für dich. Und dann höre ich auch Predigten, die mir sagen: So ganz ernst nehmen musst Du nicht, was Du von mir hörst. Und noch andere Predigten sagen mir: Du bist einer, der immer wieder ermahnt und belehrt werden muss. Und wieder andere Predigten sehen in mir das trostbedürftige Wesen." (Albrecht Grözinger: Toleranz und Leidenschaft. Über das Predigen in einer pluralistischen Gesellschaft, Gütersloh 2004, 21).

Erste Versuche, das Unvereinbare zu vereinen, bestanden in der Installation von Predigtvorbereitungskreisen und Predigtnachgesprächen. Fraglich ist, ob damit in der Tat *der* Predigthörer erreicht wird oder ob sich in diesen Kreisen und Gesprächen nicht diejenigen wieder finden, die sowieso auch immer in anderen Gemeindekreisen anzutreffen sind. Die Erfahrungen vieler Pfarrerinnen und Pfarrer jedenfalls zeigen, dass Predigtnachgespräche eher von zustimmendem „Abnicken" geprägt sind als von weiterführendem oder diskursivem Gespräch. Und: Besteht nicht im Be-reden auch die Gefahr des Zer-redens?

Konsequenter ist es, die Form der Predigt, der Rede des oder der Einen an die Vielen, nicht ergänzend nachzubessern, sondern ihre Defizite in Kauf zu nehmen und an anderer Stelle, zu einem anderen Text und an anderem Ort im Gemeindeleben einladende Gelegenheiten zum Gespräch zu eröffnen. Das Wort „Bibelgesprächskreis" ist dafür vielleicht nicht die geeignetste Vokabel, weil offene Kreise ein Widerspruch in sich selbst sind, die inhaltliche Arbeit in einem solchen „Forum" böte allerdings ein sinnvolles Gegenstück zur Predigt im Gottesdienst.

Weiterführende Impulse aus der Homiletik gehen in die Richtung, die Position des Predigthörers, der Predigthörerin zu stärken, ohne die Form der Predigt als solche aufzugeben. Zwei Ideen seien im Folgenden stellvertretend genannt: Der „fremde Gast" als impliziter Predigthörer (Albrecht Grözinger) und die Predigt als „offenes Kunstwerk" (Gerhard Marcel Martin in Aufnahme Umberto Ecos):

Die Rede vom fremden Gast als dem impliziten Hörer, der impliziten Hörerin unserer Predigt macht ernst mit der Tatsache, dass im Zeitalter der Globalisierung und Individualisierung alle Selbstverständlichkeiten quasi „verdampfen". Es ist heute in unseren Breiten nicht mehr selbstverständlich, Christ oder Christin zu sein. Wir müssen die geschlechtsspezifischen Rollen und die damit verbundenen Beziehungen zwischen Partnerinnen und Partnern neu erfinden. Engagierte Kirchengemeinderäte stehen der biblischen Tradition oft mit nicht weniger kritischen Fragen gegenüber als die Konfirmandinnen und Konfirmanden. Und auch Pfarrerinnen und Pfarrer müssen ihren Ort erst noch finden in der postsäkularen und postvolkskirchlichen Gesellschaft. Fremd sind wir geworden in dem, was einmal Heimat hieß. Und fremd sind wir uns selbst dabei geworden. Ich warne aber davor, diese lebensweltliche Fremdheit nur als defizitär zu begreifen. Sie ist der Raum, in dem sich heute Leben gestaltet und sich – so schwierig es auch sein mag – lebensfreundlich gestalten lässt. ... Wenn die Predigt den fremden Gästen gilt (und aus solch lebensweltlich fremden Gästen besteht heute auch das, was früher einmal „Kerngemeinde" hieß!), dann muss die Predigt selbst zur gastlichen Predigt werden. Gastliche Predigt will den fremden Gästen Raum gewähren. Deshalb kann gastliche Predigt keine exklusive Predigt sein. Gastliche Predigt darf nicht allein nur kirchliche Milieus bedienen (seien es die evangelikalen oder links-protestantischen Milieus), sondern sie gilt allen – wie nahe oder fern sie der örtlichen Gemeinde auch stehen mögen.

Albrecht Grözinger, Toleranz aus Leidenschaft. ©Chr. Kaiser/Gütersloher Verlagshaus GmbH, Gütersloh

Bestechend an Grözingers Ansatz ist sein Beharren auf einer gesamtgesellschaftlichen Säkularisierung, die die kirchlichen Binnenbereiche einschließt. Dieser Ansatz ermöglicht es, den Fremden als Gast zu sehen und zugleich sich selbst mit ihm in einem Boot. Nicht das Bedienen einer kleinen Schar von Getreuen – wie leicht können daraus sektiererische Strukturen werden! –, sondern Fremdheit als positives Potenzial. Religionslehrerinnen und Religionslehrer können sich schon lange keine Sprache mehr leisten, die nur kirchliche Milieus bedient. Für die Predigt liegt in der Forderung, für den (impliziten) fremden Gast einladend zu predigen, eine große Chance. Die Predigerin, der Prediger muss vor allem sprachlich auf der Hut sein, sich immer wieder fragen, ob auch der „fremde Gast" ihn oder sie verstehen könnte. Nebenbei bemerkt wäre solche Sprache auch ein Gewinn für die „kirchlichen Milieus".

Ähnliches gilt für die Rede von der Predigt als „offenem Kunstwerk":

Nach Eco treffen sich „viele moderne Ästhetiken" in der „Vorstellung", daß „das Kunstwerk ... eine grundsätzlich mehrdeutige Botschaft" ist, eine „Mehrheit von Signifikaten (Bedeutungen), die in einem einzigen Signifikanten (Bedeutungsträger) enthalten sind" – so daß es gerade kein Manko wäre, wenn ein Wort oder ein Bild verschiedene Rezeptionen möglich machte. Dadurch dialogfähig und dialogbereit mit den Zeichen- und Kommunikationswissenschaften, reflektiert das Modell eines Offenen Kunstwerks die „Struktur der Rezeptionsbeziehung" – nämlich „eine Beziehung der Nichteindeutigkeit". Ein Kunstwerk, welches „Offenheitsniveau" es auch repräsentiert, bietet „ein Feld von Relationen", von „konnotativen Signifikaten", eine „konnotative Aura", ein „Suggestivitätsfeld", ein „Reizfeld";

jedes Kunstwerk, auch wenn es nach einer ausdrücklichen oder unausdrücklichen Poetik der Notwendigkeit produziert wurde, (ist) wesensmäßig offen „ ... für eine virtuell unendliche Reihe möglicher Lesarten, deren jede das Werk gemäß einer persönlichen Perspektive, Geschmacksrichtung, *Ausführung* neu belebt." [...] Predigt als offenes Kunstwerk räumte den Hörern selbst die Gelegenheit ein, ihre Situation in das Predigtgeschehen einzubringen.

Martin, 49; Zitate aus Umberto Eco: Das offene Kunstwerk. ©Suhrkamp Verlag Frankfurt 1977

Was in früheren Predigtlehren als Manko beschrieben wird, das Abschweifen der Hörerinnen und Hörer, die Unmöglichkeit, eine Predigt für alle zu halten, ist hier nun gerade Programm. Dass Predigten unterschiedlich rezipiert werden, ja, dass gar nicht verhindert werden kann, dass der Hörer, die Hörerin sich selbst einbringt und aus dem Gehörten „sein oder ihr Ding" macht, ist kein zu vermeidender Schaden, sondern Sinn und Zweck der Predigt. Martin verweist in diesem Zusammenhang auf die Dialektik von Gesetz und Evangelium, wobei das Evangelium nicht nur die „tödliche Logik des Gesetzes" überbietet, sondern auch seinem Wesen gemäß „Eindeutigkeit gerade auf(hebt)" (ebd., 51). Entscheidend (und selbstverständlich) ist dabei, dass Uneindeutigkeit nicht gleichzusetzen ist mit Beliebigkeit. Für die Predigerin, den Prediger bedeutet diese Sicht der Predigt als offenes Kunstwerk, dass sie im besten Fall ein Feld von Erfahrungen eröffnen muss, nicht festlegen darf, die eigene Meinung, das Ich des Redenden, nur so verwenden darf, dass die Hörenden angeregt werden, ihrerseits „ich" zu sagen. Die Predigt wäre *dann* ein deutungsoffenes (aber nicht deutungsbeliebiges) Kunstwerk, wenn die Kunstfertigkeit des Predigers oder der Predigerin nicht in handwerklicher Fertigkeit aufgeht, wenn „Kunst" entsteht und nicht „Kunsthandwerk". Ob das zuviel verlangt ist? Es sei bei dieser Frage an das Beuys'sche Diktum erinnert: Jeder Mensch ist ein Künstler. Beuys spielt damit auf das kreative Potenzial jedes Menschen an – und auf seine Aufgabe, dieses zu pflegen. Dennoch: Die Anforderungen an die Predigt werden im Modell der Predigt als offenem Kunstwerk nicht geringer – auch wenn die eigene Rezeption der Hörenden positiv zur Geltung kommt, unter Umständen dadurch, dass sich der Hörer entscheidet, sie zum einen Ohr hinein, sofort aber zum anderen auch wieder hinaus zu lassen.

Zum Unterricht

Es kann nicht der Sinn des Religionsunterrichts sein, Schülerinnen und Schülern Grundzüge der Homiletik, der Predigtlehre, beizubringen – ganz abgesehen davon, dass „Bei-bringen" per se ein fragliches Unterfangen ist. Wir doppelten dann die eingangs beschriebenen Erfahrungen, die Jugendliche in vielen Fällen mit Predigten selbst gemacht haben, im Religionsunterricht. Wohl aber gehört die Predigt zu den typischen Merkmalen evangelisch gelebter Religion und ihre Relevanz als Thema des Religionsunterrichts ergibt sich von daher. Ziel wäre es, dem Anliegen der Reformation entsprechend, zur Bildung und Mündigkeit der Schülerinnen und Schüler insofern beizutragen, als sie zum Nachdenken „angereizt" werden, was die Kriterien guter Predigt für sie wären und darüber hinaus eigene Erfahrungen mit dem Schreiben zu machen. Auch im Deutschunterricht sitzen nicht ausgewiesene künftige Schriftsteller und Journalistinnen; gleichwohl werden Schülerinnen und Schüler ermutigt, Geschriebenes nicht nur rezeptiv aufzunehmen, sondern kreativ und handlungsorientiert eigene Texte zu produzieren.

Anknüpfungspunkte für die Schülerinnen und Schüler sind ihre Erfahrungen mit und ihre Widerstände gegen die Predigt. Sie sollten deshalb ermutigt werden, ihre Ablehnung (oder Zustimmung) über ein Nein (oder Ja) hinaus zu explizieren. Vorstellbar wären im Anschluss daran auch – auf freiwilliger Basis! – „Predigtexkursionen" in evangelische, katholische, freikirchliche Gottesdienste, die optimalerweise in Gespräche mit dem oder der Predigenden münden würden, bei dem es um deren eigenes Predigtverständnis geht. Es versteht sich von selbst, dass ein solches Gespräch gut vorbereitet sein muss und nicht voraussetzungslos geführt werden kann. Der oder die Predigende müsste selbstverständlich von einer solchen „Exkursion" wissen, damit einverstanden sein und sich entsprechend vorbereiten können.

In einem weiteren Lernschritt könnten die Schülerinnen und Schüler sich eine begründete Meinung zu der Frage bilden, ob die „Predigtnot" (so in einem Aufsatztitel von Karl-Wilhelm Dahm) zu beheben wäre, wenn man – dem Priestertum aller Gläubigen folgend – auch nicht-ordinierte Christen (und Nichtchristen?) auf die Kanzel ließe. Das Rollenspiel bietet dabei (bei zugewiesenen Rollen) eine hervorragende Möglichkeit, über die eigene Meinung hinauszuwachsen.

Schließlich könnten die Schülerinnen und Schüler das, was sie sich in der Auseinandersetzung angeeignet haben, anwenden, um eigene Predigtmeditationen zu schreiben. Sie wären überfordert, wollte man ihnen eine Predigt oder ein „Wort zum Sonntag" abverlangen, denn beides ist die veröffentlichte Auseinandersetzung mit einem Text oder einem Thema, die sich nicht nur auf dem Hintergrund von Kenntnissen zur Text- und Auslegungsgeschichte vollzieht, sondern dem Text auch Relevanz für das Leben und Sterben eines Christenmenschen (und das eigene Leben und Sterben!) unterstellt und zutraut. Dies unterscheidet die Situation einer Predigt verfassenden Pfarrerin fundamental von der eines Schülers, der nicht evangelisch sein muss, um am evangelischen Religionsunterricht teilzunehmen, der auch nicht glauben muss, dass der biblische Text „wahr" ist.

■ Verlauf

Die Aufgaben für die Schülerinnen und Schüler könnten lauten:
- Bitte füllt das folgende Blatt mit Fragen zur Predigt aus.
- Besprecht eure Antworten mit einem Partner und erklärt euch gegenseitig die Gründe, weshalb ihr euch für diese oder jene Antwort entschieden habt.

Fragen zur Predigt

Soll die Predigt die Hörerinnen und Hörer (auch) etwas lehren?

_____

_____

_____

Muss sie (nur) die aktuelle Lage der Weltpolitik und das Proprium des jeweiligen Sonntags berücksichtigen?

_____

_____

_____

Darf die Predigt politisch sein? Oder muss sie geradezu unpolitisch sein?

_____

_____

_____

Wie lang sollte sie sein? Fünf Minuten? Zehn Minuten? Zwanzig Minuten?

_____

_____

In welchem Verhältnis müssen Zuspruch und Anspruch verwirklicht sein: Darf eine gute Predigt auskommen ohne einen Hinweis, welche Pflichten aus dem Glauben erwachsen?

_____

_____

_____

Wie kann sie gleichermaßen männlichen Konfirmanden im Stimmbruch, den Frauen aus dem Seniorenkreis und den fremden Gästen, die nicht zum ‚inner circle' der Gemeinde gehören, gerecht werden? Muss sie das?

Darf der Pfarrer, die Pfarrerin in der Predigt „ich" sagen?

Darf der Pfarrer, die Pfarrerin sagen, was Gott will?
Woher weiß er oder sie das?

Sollte der Pfarrer, die Pfarrerin sich an die vorgeschlagenen Predigttexte aus der Perikopenordnung halten?

Dürfen auch andere Menschen, die nicht durch Theologiestudium und Ordination dazu ausgebildet und beauftragt sind, predigen?
Die Vorsitzende der Landfrauen? Ein Brigadegeneral im Bundesverteidigungsministerium? Oder der Imam von der Moschee nebenan?

Was lässt *mich* zuhören bzw. was würde mich zuhören lassen?
Was muss passieren, damit ich mich angesprochen fühle?

Was lässt mich gedanklich abschweifen, abschalten oder ärgerlich werden?

_____

_____

_____

Wie müsste es sein, damit ich denke: „Ja, das war eine gute Stunde, keine vertane Zeit, das Aufstehen hat sich gelohnt. Ja, mit *dem* Gedanken kann ich etwas anfangen."? Kurz: Wann schmeckt mir die „geistliche Speise" (so hat Origines die Predigt genannt)?

_____

_____

_____

■ Anliegen

In einer Spielszene setzen sich die Schülerinnen und Schüler als „Kirchen-
vorsteher" mit der Frage auseinander: Wer darf bei uns predigen?

■ Verlauf

Die Aufgabe für die Schülerinnen und Schüler könnte lauten:
- In der Kirchengemeinde einer Innenstadtkirche geht es bei der Kirchenvorstandssitzung um die Frage, ob die Gemeinde zu einer Predigtreihe
  einladen soll, bei der „normale" Menschen im Sonntagsgottesdienst
  die Predigt halten sollen.
- Überlegt euch in Gruppen (drei bis fünf) für eine der untenstehenden
  Mitglieder des Kirchenvorstandes, dessen Position mit jeweils einem
  Satz wiedergegeben ist, wie er oder sie seine Position begründen
  könnte und auf welche möglichen Gegenargumente er oder sie sich
  einstellen muss.
- Die Vorbereitungszeit beträgt 25 Minuten.
- Danach wird per Los entschieden, wer aus eurer Gruppe in der
  anschließend gespielten Kirchenvorstandsitzung die Rolle spielt.
- Die Spieldauer sollte 20 Minuten nicht überschreiten.

Den Vorsitz hat „Pfarrer Buning", der auch auf den zeitlichen Rahmen
achten muss. Ob die Entscheidung vertagt wird oder eine Abstimmung
am Ende stattfindet, entscheidet er, sofern nicht ein anderes Mitglied des
Kirchenvorstandes einen Antrag auf Abstimmung stellt.

Jedes Mitglied des Kirchenvorstandes ist in seiner Rolle frei, seine
Anfangsposition im Verlauf der Sitzung beizubehalten oder aufzugeben.

Die Schülerinnen und Schüler sollten die Zusammensetzung ihrer
Kleingruppe selbst festlegen, sie sollten auch alle möglichen Rollen in der
unten stehenden Form kennen.

Die Zuweisung, welche Gruppe sich näher mit welcher Rolle ausein-
andersetzt, sollte jedoch per Los erfolgen, damit der Rollenschutz möglichst groß ist.

Es ist sinnvoll, vorbereitete Namensschilder zu haben, die die Schülerinnen und Schüler dann bei der „Kirchenvorstandssitzung" vor sich hin-
stellen können. Das erleichtert das eigene In-der-Rolle-Bleiben und das
Anreden der anderen in ihrer jeweiligen Rolle.

Am Ende des Rollenspiels sollte die Lehrkraft sich bei „Pfarrer
Buning" und den anderen „Kirchenvorstandsmitgliedern" bedanken und
sie explizit wieder aus ihrer Rolle entlassen.

Die erste Frage, die dann im Plenum von der Lehrkraft an die Spielerinnen und Spieler gestellt wird, sollte lauten: Wie hast du dich in der Rolle als ... gefühlt? Oder: Wie ist es dir darin ergangen? Oder: Ist es dir leicht oder schwer gefallen, die jeweilige Rolle zu spielen?

Pfarrer Buning:
Das Mindestkriterium für solche Promiprediger wäre, dass sie unseren evangelischen Gottesdienst in allen seinen Teilen ohne eigene Gewissensnot mitfeiern können. Wer das Glaubensbekenntnis nicht mitsprechen kann, hat auf unserer Kanzel nichts zu suchen.

Pastorin Leibold-Winkelmann:
Ich inszeniere doch als gelernte Theologin im Gottesdienst die Begegnung der Gemeinde mit dem lebendigen Gott. Könnten wir nicht Gastprediger in unseren Bibelgesprächskreis statt in den Sonntagsgottesdienst einladen?

Herr Meyer:
Ich weiß nicht so genau: Vielleicht kommen ja dann endlich mal andere Leute in unsere Gottesdienste...

Frau Dr. Wolff:
Ohne Ihnen beiden zu nahe treten zu wollen: Gibt es nicht in unserem evangelischen Glauben das Priestertum aller Gläubigen? Und hat nicht Luther gesagt, dass im Prinzip alle Christen die Bibel auslegen können?

Frau Krämer:
Beim Kirchentag machen doch auch alle möglichen Leute Bibelarbeiten – nicht nur Christen...

Frau Schmidt-Kortenbusch:
Ich bin ganz entschieden gegen den Imam. Wir dürften schließlich auch nicht in der Moschee predigen!

Herr Klostermann:
Ich seh' das Problem irgendwie nicht... Wieso denn nicht?

Frau Groll:
Die Bibel ist doch Gottes Wort. Ich finde, wenn wir andere Leute als unsere Pastoren predigen lassen, dann ist die Predigt keine richtige Predigt mehr.

Frau Anklam:
Ich bin dafür, dass wir als erstes Herrn X einladen. Ich würd' wirklich gern hören, was der als Bauernverbandsfunktionär zum Gleichnis vom reichen Kornbauern sagt!

Frau Ellger:
Der Gottesdienst ist für die da, die hinkommen. Was soll denn immer das Schielen auf die, die nicht kommen? Die bleiben nachher sowieso wieder weg!

■ Verlauf

Die Aufgabe für die Schülerinnen und Schüler könnte lauten:
- Der vorgeschlagene Predigttext für den nächsten Sonntag ist ... (nach-zulesen in kirchlichen Wochenblättern).
- Schreibe eine „Besinnung" zu diesem Text von maximal einer Seite Länge. Dabei solltest du als Leserin eine Pfarrerin vor deinem inneren Auge haben (deine implizite Leserin!), der oder die an der Vorbereitung zu dieser Predigt sitzt.
- Deine Aufgabe ist es, zu Papier zu bringen, was der „fremde Gast" (als impliziter Predigthörer der Pfarrerin!) als Hörer ihrer Predigt mitbringt, welche Fragen er an den Text hat, was er nicht versteht, welchen Gedanken er interessant findet, was ihn befremdet usw.

Spannend wäre es, wenn sich diese so entstandenen Texte ins Gespräch bringen ließen mit einem leibhaftigen Pfarrer oder einer Pfarrerin – vielleicht dem/der, zu dem/der die eingangs angesprochene „Predigtexkursion" unternommen wurde.

Literatur

Gerhard Marcel Martin: Predigt als „offenes Kunstwerk"? Zum Dialog zwischen Homiletik und Rezeptionsästhetik, in: Evangelische Theologie 44 (1984), 46-58.
Michael Meyer-Blanck: Inszenierung des Evangeliums, Göttingen [1]1997, 74-94.
Uta Pohl-Patalong (Hg.): Predigen im Plural. Homiletische Perspektiven, Hamburg 2001.
Eberhard Winkler: Der Predigtgottesdienst, in: Hans-Christoph Schmidt-Lauber, Michael Meyer-Blanck und Karl-Heinrich Bieritz (Hg.): Handbuch der Liturgik, Göttingen [3]2003, 247-267.

F. Bekenntnisse

Beim Abiturzeugnis können Schülerinnen und Schüler entscheiden, ob ihr „Bekenntnis" dort aufgeführt wird oder nicht. „Ev. Bek." steht dann da zum Beispiel – oder auch „Ev.-luth. Bek." bzw. „Ev.-ref. Bek." oder eben nichts. Was ist das für ein Bekenntnis? Wozu bekennen sich die Schülerinnen und Schüler? Und was bekennen sie, wenn sie sich gegen die Aufnahme ihres Bekenntnisses entscheiden?

Das Wort Bekenntnis hat in der deutschen Umgangssprache oftmals einen entschuldigenden Nebenton (das Bekenntnis einer Übergewichtigen zur Lieblingsspeise Eis) oder auch einen verteidigenden (das Bekenntnis des homosexuellen Politikers zu seinem Lebensgefährten). In missionarisch geprägten Freikirchen aus der Tradition der Erweckungsbewegung ist das Bekenntnis (zu Jesus Christus, den man ‚als seinen Herrn angenommen' hat) die Eintrittskarte ins „richtige" Christentum.

All dies ist nicht gemeint, wenn hier von „Bekenntnissen" im Plural die Rede ist. Der Plural zeigt Differenzierungen auf zwei Ebenen an: auf der formalen Ebene (des Abiturzeugnisses oder auch der Steuerkarte) gibt es verschiedene Bekenntnisse. Sie regeln, wohin meine Kirchensteuern gehen oder an welchem Religionsunterricht ich teilnehme. Für diese Ebene hat sich das Fremdwort Konfession eingebürgert. Daneben gibt es die Ebene des persönlichen Bekenntnisses. Formale Konfessionszugehörigkeit und persönliches Bekenntnis können soweit voneinander abweichen, dass die Schnittmenge zwischen beiden extrem gering wird. Die dritte Ebene ist das, was inhaltlich mit dem formalen Begriff der Konfessionszugehörigkeit verbunden ist. Es ist ein „Statement des Glaubens", das zu irgendeinem Zeitpunkt der Geschichte formuliert wurde – meist in einer Situation der Bedrängnis und Abgrenzung – und das über den individuellen Rahmen hinausgeht. Diese dritte Ebene wird durch „Bekenntnisschriften" oder „Dogmen" ausgefüllt. Sie ist nicht deckungsgleich mit dem persönlichen Bekenntnis; sie ist auch nicht immer deckungsgleich mit der Konfession, weil die Konfessionen ihre Bekenntnisschriften auf unterschiedliche Weise kanonisiert haben und ihnen unterschiedliche Verbindlichkeit zuerkennen. Auf die altkirchlichen Bekenntnisse (vor allem das Apostolische und Nicänische Glaubensbekenntnis) beziehen sich evangelische, katholische und orthodoxe Christen gleichermaßen.

Für Schülerinnen und Schüler spielt in der Regel nur die zweite Ebene, die des *persönlichen* Bekenntnisses eine Rolle. Manchmal wissen sie gerade noch, ob sie katholisch oder evangelisch sind (oder nicht getauft), aber sie wissen nicht mehr, was „dahinter ist". Zumindest können sie es nicht oder kaum verbalisieren. Bei näherem Zusehen treten dann doch konfessionelle Prägungen zutage, die den Schülerinnen und Schülern oft selbst nicht bewusst ist. Die Erfahrungen mit dem „Organisationserlass für den Religionsunterricht" in Niedersachsen, der konfessionell-kooperativen Religionsunterricht ermöglicht, zeigen, dass auch vielen Fachkolleginnen und -kollegen erst durch die im Erlass geforderten „Konsensgespräche" (gemeint ist: es muss ein gemeinsames schulinternes Curriculum für den RU vorgelegt werden) bewusst wird, *wie* evangelisch sie eigentlich sind.

Einen Religionsunterricht als rekonfessionalisierend zu brandmarken, der Konfessionalität nicht unter den Teppich kehrt, ist insofern unpädagogisch als es ja gerade die Aufgabe von Schule und Unterricht ist, zur Identitätsbildung beizutragen. Identität ist aber nie konturlos, sondern hat Ecken und Kanten. Die Sehnsucht nach ganzheitlicher Harmonie ist eher ein Ausdruck infantiler symbiotischer Fantasien denn eine erwachsene Haltung, die auch das Benennen von (bleibenden) Differenzen aushält. Vielleicht ist es ja so, dass jede Konfession (ebenso wie übrigens die Freikirchen!) eine Seite von Kirche pointiert und akzentuiert, die sonst im nichts sagenden Einerlei verloren ginge, eine Seite, die das jeweilige Korrektiv der anderen Seite bildet, und die wichtig ist, damit die Spannung erhalten bleibt: die Spannung zwischen Weltkirche und lokaler Begrenztheit, die Spannung zwischen Amtsanmaßung und individueller Beliebigkeit, die Spannung zwischen Ritualisierung und Verkopfung, die Spannung zwischen kirchlichem Lehramt und pädagogischer Unverbindlichkeit.

Kontexte. Die Bekenntnisschriften der evangelischen Kirchen spielen im Leben ihrer Mitglieder in ihrer Funktion als Bekenntnisschrift kaum eine Rolle – mit zwei entscheidenden Ausnahmen: Die eine Ausnahme ist die Einführung von Kirchenvorsteherinnen und -vorstehern in lutherischen Kirchen (im Unterschied zur Einführung von Presbyterinnen und Presbytern in reformierten Kirchen), die andere Ausnahme ist das Sprechen des (Apostolischen) Glaubensbekenntnisses, das in lutherischen Gottesdiensten jeden Sonntag seinen festen Platz nach der Predigt hat, und in reformierten Gemeinden fester Bestandteil der Taufliturgie ist. Neben dem Apostolicum findet an besonderen Festtagen auch das Nicänische Glaubensbekenntnis (Nicänum) im Gottesdienst Verwendung, alle anderen Texte der lutherischen Bekenntnisschriften dagegen nicht. Bekannt ist deshalb vor allem das Apostolische Glaubensbekenntnis, das Credo (lat. *ich glaube*). Dies gilt im Allgemeinen für die lutherischen Bekenntnisschriften als Ganzes nicht. Deshalb zunächst ein kurzer Überblick in Tabellenform (vgl. Lexutt, 30-40):

Inhalt	entstanden	Kommentar
Apostolicum (Credo)	8. Jh.	geht zurück auf ein altrömisches Taufbekenntnis aus der Zeit um 150
Nicänum	325	Ergebnis des Konzils von Nicäa, das das Verhältnis zwischen Gott-Vater und Gott-Sohn „festgeschrieben" hat, die endgültige Formulierung erfolgte 381 auf dem Konzil von Konstantinopel
Athanasium	6. Jh.	aus Spanien stammend, befestigt in sehr dogmatischer Sprache trinitarische und christologische Grundüberzeugungen
Das Augsburger Bekenntnis (Confessio Augustana; CA)	1530	verfasst von Philipp Melanchthon unter Verwendung mehrerer lutherischer Vorlagen im Auftrag des sächsischen Kurfürsten Friedrichs des Weisen zur Verlesung auf dem Augsburger Reichstag
Die Apologie	1531	verfasst von Philipp Melanchthon zur Erläuterung, Ergänzung und Pointierung der CA
Die Schmalkaldischen Artikel	1537	verfasst von Martin Luther im Auftrag Friedrichs des Weisen als Verhandlungsgrundlage für ein päpstliche Konzil, an dem die Protestanten dann nicht teilnahmen
Der Traktat über die päpstliche Gewalt und Vorherrschaft	1537	verfasst von Philipp Melanchthon, später Luther zugeschrieben
Der Große Katechismus	1529	verfasst von Martin Luther zur Verwendung für Pfarrer
Der Kleine Katechismus	1529	verfasst von Martin Luther zur Verwendung für „Hausväter", erschien zunächst auf Tafeln, die in Schulen und Kirchen aufgehängt wurden
Die Konkordienformel	1577	zustande gekommen unter Verwendung mehrerer Vorlagen auf Betreiben des Tübinger Theologen Jakob Andreä; hält orthodox-lutherische Positionen gegen liberalere Strömungen (Melanchthon) und gegen Calvin und Zwingli fest

Fragen. Die Bekenntnisschriften spielen im kirchlichen Leben nur in ganz bestimmten Fällen eine Rolle. So lautet etwa im Bereich der lutherischen Kirchen die Verpflichtungsfrage an die künftigen Kirchenvorsteherinnen und -vorsteher:

> So frage ich euch:
> Wollt ihr das Amt von Kirchenvorstehern/Kirchenältesten
> in dieser Gemeinde N. führen
> gemäß dem Evangelium von Jesus Christus,
> wie es in der Heiligen Schrift gegeben
> und im Bekenntnis der evangelisch-lutherischen Kirche bezeugt ist,
> und seid ihr bereit, Verantwortung zu übernehmen
> für den Gottesdienst,
> für die diakonischen und missionarischen Aufgaben
> sowie für Lehre, Leben und Ordnung der Kirche,
> so [reicht mir die Hand und] antwortet:
> Ja, mit Gottes Hilfe.
>
> Agende IV der VELKD 1987, 93

Die entsprechende Frage, als „Einführungsfrage" (statt als „Verpflichtungsfrage") gekennzeichnet, in reformierten Kirchen lautet:

> Nach der Ordnung unserer Kirche haben Presbyter und
> Presbyterinnen folgendes Versprechen abzulegen:
> Ich verspreche vor Gott und dieser Gemeinde,
> dass ich das mir übertragene Amt,
> gehorsam dem Wort Gottes,
> mit gewissenhafter Sorgfalt
> und in Treue gegenüber den Ordnungen der ... Kirche und dieser
> Gemeinde wahrnehmen will.
> Wollen Sie dieses versprechen,
> so antworten Sie Ja,
> und reichen mir darauf die Hand.
>
> Reformierte Liturgie 1999, 534

In beiden Fällen versprechen die mit der Leitung der Gemeinde Beauftragten sich auf *zwei*erlei zu beziehen (markiert durch das Wörtchen *und*): „gemäß dem Evangelium von Jesus Christus, wie es in der Heiligen Schrift gegeben *und* im Bekenntnis der evangelisch-lutherischen Kirche bezeugt ist" bzw. „gehorsam dem Wort Gottes ... *und* in Treue gegenüber den Ordnungen der ... Kirche".

Markanter als diese Gemeinsamkeit sind jedoch die Unterschiede: Während reformierte Christen dem „Wort Gottes" gehorsam zu sein versprechen, also das Ganze der Bibel im Blick haben, wirkt sich in der lutherischen Formulierung das *solus Christus* der Reformation aus: Luther hatte mit seiner reformatorischen Entdeckung des gnädigen Gottes zugleich die Mitte der Schrift als das bestimmt, „was Christum treibet", was also „die Sache Jesu" vorantreibt, was von Jesus Christus als dem *einen* Wort Gottes handelt (wie es in der Barmer Theologischen Erklärung heißt). Das bedeutet im Umkehr-schluss: Die verschiedenen biblischen Bücher haben für Luther ein unter-schiedliches Gewicht: Das *Evangelium* wiegt schwerer als das *Gesetz* – wobei mit Evangelium durchaus (auch) die Evangelien gemeint sind, mit Gesetz aber nicht das Alte Testament, sondern alles in der Bibel, was nicht froh machende Botschaft (griech. *euangelion*) ist. Die reformierte Formulierung betont dagegen das *Ganze* der Heiligen Schrift.

Beide Akzentsetzungen haben allerdings ihre Tücken: die lutherische droht Luthers Erfahrung des „tötenden Gesetzes" so zu verallgemeinern, dass das Alte Testament eben doch mit „Gesetz" gleichgesetzt wird und die Grenze zum Antijudaismus gefährlich nahe rückt; der reformierten droht gerade im Dialog mit dem Judentum zuweilen aus dem Blick zu geraten, dass *Christus* die Mitte der Schrift und des christlichen Glaubens ist.

Nur am Rande sei erwähnt, dass sich die lutherische Betonung der Unter-scheidung zwischen Gesetz und Evangelium bis in die Gestaltung des Beff-chens am Talar auswirkt: Bei lutherischen Pastorinnen und Pastoren ist es bis oben geschlitzt, bei reformierten sind beide Teile zusammengenäht, in unier-ten Kirchen ist das Beffchen in der oberen Hälfte zusammengenäht, in der unteren geschlitzt.

Interessant ist im Vergleich der beiden Erklärungen die Stellung dessen, was nach dem *und* folgt: Das „lutherische Bekenntnis", das mit den lutheri-schen Bekenntnisschriften identifiziert wird (Grünwaldt, 19f.), steht nicht gleichrangig neben der Bibel (anders als im Katholizismus, wo Tradition und Bibel gleiches Gewicht haben), sondern sie sind ihr untergeordnet: sie *bezeu-gen*, was vom Evangelium in der Heiligen Schrift gegeben ist. Sie sind eine nähere Erklärung, ein „Schlüssel" für das evangelische, das heißt evangeli-umsgemäße Lesen der Bibel, vereinfacht gesagt: für das Lesen der Bibel als einer den Menschen befreienden Botschaft und nicht als einer ihn knechten-den. In den Bekenntnisschriften sind demzufolge auch Abgrenzungen und sogar Verwerfungen enthalten, weil sie die „rechte Lehre" des Evangeliums sichern wollten und in ihren Zeiten auch sichern mussten. Zweierlei folgt daraus: Der Inhalt der Bekenntnisschriften muss sich (immer wieder neu) messen lassen an der Heiligen Schrift selbst. Und: Wenn schon nicht die Bibel „gesetzlich" verstanden werden soll, dann können auch die sie erschließenden Bekenntnisschriften nicht gesetzlich verstanden werden – auch wenn ihre Texte manchmal so klingen.

Die reformierte Formulierung redet von „*Treue* gegenüber den *Ordnun-gen*" statt von *Bekenntnis*. Es mag dahingestellt bleiben, ob durch die Diffe-renzierung zwischen *Gehorsam* und *Treue* die Gewichtungen zwischen Bibel und dem „zweiten Bezugspunkt" klarer zum Ausdruck kommen. Das Wort *Bekenntnis* allerdings wird ganz bewusst vermieden, weil nach reformierter Auffassung alle Bekenntnisformulierungen und Bekenntnisschriften sowieso nur unter Vorbehalt gelten. Wenn ein Bekenntnis „schriftgemäß" sein soll, dann bedeutet das, dass aus der Schrift auch neue Erkenntnisse gewonnen werden können, die dann in das Bekenntnis einfließen müssen. Es gibt demzufolge eine Reihe reformierter Bekenntnisschriften, die mit dem Zusatz versehen sind „vorbehaltlich neuerer Erkenntnisse aus der Heiligen Schrift". So fein sich dieser Vorbehalt in der Theorie anhört, so muss doch auch daran erinnert werden, dass der Vorbehalt das Formulieren neuer (politisch motivierter) „Bekenntnisse" sowie damit zusammenhängend das Ausrufen des *status confessionis* (des Bekenntnisnotstands) zu einer kaum überschaubaren Menge von Bekenntnissen unterschiedlichster Art geführt hat. Auf der anderen Seite hat auch die Revision *alter* Bekenntnistexte aufgrund neuerer Einsicht zuweilen ein paar hundert Jahre gedauert (vgl. die im Kapitel „Abendmahl" beschriebene Zurücknahme der Verwerfung der „päpstlichen Messe" im Heidelberger Katechismus). Vor diesem Hintergrund ist die Beschränkung auf „Treue gegenüber den Ordnungen" ein sehr angemessener Ausdruck des reformierten Bekenntnisses zum *sola scriptura* (allein die Schrift).

Credo. Während die Verpflichtungsfragen nur diejenigen Menschen betreffen, die haupt- oder ehrenamtlich in der Kirche Aufgaben übernehmen, begegnet das Glaubensbekenntnis zumindest lutherischen und katholischen Kirchgängern sonntäglich. Es unterscheidet sich nur in der Übersetzung des lateinischen *catholicam* (dt. allgemeine) zwischen den Konfessionen: Die Katholiken lassen es unübersetzt (ich glaube ... an die *eine* heilige *katholische* Kirche), Luther übersetzte mit „christlich" (ich glaube ... an die heilige *christliche* Kirche) und die Reformierten wollten sowohl dem Wortlaut als auch Luther gerecht werden (ich glaube ... an die heilige *allgemeine christliche* Kirche). Ein inhaltlicher Unterschied ist damit also nicht markiert; deshalb ist das Credo (wie auch das Nizänum) das Bekenntnis, das alle Christen miteinander sprechen können und das sie auch liturgisch miteinander verbindet.

Ein weit schwierigeres Kapitel ist allerdings das Verhältnis dieses *allgemeinen* Bekenntnisses „unseres" Glaubens zum je *persönlichen* Glauben der Bekennenden. Nicht nur Jugendliche haben Schwierigkeiten mit so mancher Zeile: *empfangen durch den Heiligen Geist ... geboren von der Jungfrau Maria ... hinabgestiegen in das Reich des Todes ... aufgefahren in den Himmel*. Viele Entwürfe aus dem Bereich der Konfirmandenarbeit versuchen den „garstigen Graben" zwischen der Alten Kirche und den Jugendlichen heute zu überbrücken, indem sie die Differenzen ausdrücklich thematisieren. In die Agende III für die Konfirmation der VELKD und EKU von 2001 hat dieses Verfahren insofern Eingang gefunden als fakultativ vorgesehen ist, dass „vor dem Apostolischen Glaubensbekenntnis die im Unterricht erarbeiteten Glaubensaussagen aus der Konfirmandengruppe selbst vorgetragen werden" (S. 152). Meyer-Blanck schlägt vor, diese Möglichkeit des Nebeneinanders von alt und neu auch über den Anlass der Konfirmation hinaus zu nutzen, um deutlich zu machen, dass wir Gott *offen* antworten können und keine vorgegebenen Antworten nachsprechen müssen (Meyer-Blanck, 90).

In der „Reformierten Liturgie" steht dagegen ein wenig schroff: „Das *Apostolische Glaubensbekenntnis* und das *Glaubensbekenntnis von Nizäa-Konstantinopel* verbinden die Gottesdienst feiernde Gemeinde mit der Alten Kirche und mit den Schwesterkirchen der Gegenwart. Diese Funktion können *neue Formulierungen von Glaubensbekenntnissen* nicht wahrnehmen" (S. 185). Vielleicht ist diese Schroffheit nur dadurch möglich, dass die Bekenntnisse per se unter Vorbehalt stehen.

Auf katholischer Seite sind die Differenzen zwischen alt und neu vor wenigen Jahren von der (kritisch-)katholischen Zeitschrift „Publik-Forum" sehr öffentlichkeitswirksam inszeniert worden. Sie hat 1999 ein „Credo-Projekt" ins Leben gerufen, das seither eine erstaunliche Resonanz hat. Den Ausgangspunkt bildete das 1993 erstmals veröffentlichte Buch von Hans Küng „Credo. Das Apostolische Glaubensbekenntnis, Zeitgenossen erklärt". Von diesem Buch verfasste 1999 Jean-Lois Gindt eine Kurzfassung, die unter dem Titel „Credo. Für Zeitgenossen des 21. Jahrhunderts" als Publik-Forum-Dossier erschien und – angestoßen durch das „Credo-Projekt" der Zeitschrift – die Einsendung von inzwischen über zweitausend persönlicher Glaubensbekenntnisse zur Folge hatte. Eine kleine Auswahl daraus sind in den Jahren 1999 bis 2001 in inzwischen drei Bänden von Peter Rosien unter dem Titel „Mein Credo. Persönliche Glaubensbekenntnisse. Kommentare und Informationen" herausgegeben worden. Am 30. April 2004 fand die „Credo-Uraufführung" eines multimedialen Musiktheaters am Badischen Staatstheater Karlsruhe statt.

Von der Kraft der Subjekte. Bekenntnisse erfüllen mehrere Funktionen. Sie dienen in ihrer Zeit der Selbstvergewisserung des eigenen Standpunktes. Oftmals handelt es sich dabei um Konsenspapiere von Gruppen, die ihren Standpunkt gegen eine Infragestellung von außen formulieren und niederlegen wollten und sind von daher auch „Kinder ihrer Zeit". Die Bekenntnisse aus der Anfangszeit des Christentums und aus der Zeit der Reformation haben insofern einen anderen Stellenwert als Bekenntnisse unseres Jahrhunderts, als es damals um die Existenz des jeweils neuen Glaubens ging und in diesem Sinne in besonderem Maße um „richtig" und „falsch": Bekenntnissen ist es eigen, dass sie, weil sie *Stand*punkte formulieren, gerade nicht flexibel sind, sondern *fest*legen. Diese Eigenart ist es, die so schlecht in die heutige Zeit zu passen scheint, in der Flexibilität und Authentizität einen hohen Stellenwert haben: Wir mögen nicht mehr *nach*sprechen, was wir nicht wirklich selbst glauben. Fulbert Steffensky hat dies „protestantische Magersüchtigkeit" genannt und plädiert für ein Leben und Lernen von außen nach innen: „Die Christen, die an den Quatembertagen beichten gehen, gehen nicht, weil es ihrer augenblicklichen Gestimmtheit entspricht. Sie gehen, weil es Quatemberzeit ist. Sie lassen sich durch die Zeit erinnern. Sie bauen sich von außen nach innen. Das ist eine Art produktiver Entexistenzialisierung des Glaubens, welche Katholiken anders geläufig ist als Protestanten. Protestanten leiden oft an magersüchtiger Ehrlichkeit, in der sie nur das tun wollen, wo sie authentisch, unmittelbar und in voller Redlichkeit dabei sind. Aber sie übersehen, dass die Kraft der Subjekte gering ist und dass sie bald der eigenen Kraftlosigkeit verfallen." (Steffensky, S. 131)

Diese Erinnerung daran, dass die „Kraft der Subjekte gering ist", könnte zugleich ein Plädoyer dafür sein, (altkirchliche) Bekenntnisse nicht auf die Goldwaage des modernen Existenzialismus zu legen, sie mitzusprechen oder mitzuhören, weil alle sie sprechen und weil ich mit ihnen „eintauchen" kann in eine größere Gemeinschaft, die mich auch dann trägt, wenn mein eigener Glaube mich gerade nicht trägt – so wie ich aufgehen kann im Singen und Musizieren einer Bach-Kantate, deren Texte auch nicht dem Stil meiner eigenen Frömmigkeit und Theologie entsprechen.

Wenn ich *weiß*, dass ich dies so handhabe, dann tauche ich gerade nicht in das unreflektierte „Bad in der Menge" ab, sondern schwimme eine Weile mit und weiß, dass dies nur *eine* meiner Möglichkeiten ist. Die andere ist die der reflexiven Distanzierung, der Beschäftigung mit den Kontexten, dem Lernen, wer wann was zu wem gesagt hat und was ich heute sage.

Zum Unterricht

Das Bekenntnis als Teil der liturgisch-kirchlich gelebten Religion ist etwas anderes als der Text des Bekenntnisses auf einem Arbeitsblatt (oder gar auf einem „Zettel"!). Lernerfahrungen, die nicht selbst bereits reflexive Distanzierungen sind, zu ermöglichen, sondern die anschließend reflexiv bearbeitet werden, ist nicht ganz einfach und ihr Gelingen hängt davon ab, ob den Schülerinnen und Schülern der experimentelle Charakter der inszenierten Erfahrung ausreichend deutlich wird.

Wenn das *Experiment* den Ausgangspunkt bildete, könnte die These zu *„Kirche: die anderen und ich"* von Fulbert Steffensky mit eigenen Erfahrungen verbunden werden und so in einem umfassenderen Sinn religiöses Lernen ermöglichen.

■ Verlauf

Der Lehrer, die Lehrerin könnte zur Einführung etwa Folgendes sagen: „Das Glaubensbekenntnis, das ihr aus dem Gottesdienst kennt oder auch nicht kennt, geht zurück auf ein altrömisches Taufbekenntnis aus dem zweiten Jahrhundert. Im vierten Jahrhundert entstand der jetzige Wortlaut, im Gottesdienst wird es seit dem sechsten Jahrhundert im Osten (Konstantinopel) bzw. seit dem zwölften Jahrhundert im Westen (Rom) verwendet. Ich möchte mit euch in dieser Stunde nicht nur den Text des Bekenntnisses besprechen, sondern auch ein Experiment machen. Wir gehen dabei so vor wie ihr das aus dem Chemieunterricht kennt, nämlich in drei Schritten: *Durchführung, Beobachtung, Deutung*. Die Durchführung besteht darin, dass wir das Bekenntnis gleich im Stehen gemeinsam laut lesen. Texte verteile ich gleich. Wer es auswendig kann, kann es natürlich auch auswendig sprechen. Wer von euch hat eine gut hörbare Sprechstimme und könnte das gemeinsame Sprechen anstimmen?"

Nach der *Durchführung*, bei der alle Sprechenden in eine Richtung gucken sollten (das Falten der Hände wird durch das Halten der Textblätter vermieden – und soll auch vermieden werden!), setzen sich Schülerinnen, Schüler und Lehrkraft und tragen ihre Beobachtungen zusammen.

Die Tafel muss zu diesem Zweck vorbereitet sein: Als Überschrift könnte dort stehen: „Experiment: Glaubensbekenntnis".

Als *Durchführung* steht beispielsweise: Das apostolische Glaubensbekenntnis wird im Stehen chorisch gesprochen.

Als *Beobachtung* sollte stichwortartig gesammelt werden, was das folgende Unterrichtsgespräch austrägt. Diesem sollte zunächst eine Phase vorgeschaltet sein, die dem unmittelbar Erlebten Raum zum Ausdruck gibt.

Folgende Fragen könnten im weiteren Verlauf hilfreich sein, um die eigenen Beobachtungen zu formulieren:

- Welche Wirkung hat das laute Sprechen im Gegensatz zum reinen Lesen?
- Welche Wirkung hat das gemeinsame Sprechen?
- Welche Wirkung hat das Stehen im Gegensatz zum Sitzen?
- Wie haben sich Sprechen und Verstehen zueinander verhalten?
- Welche Textstellen sind euch besonders in Erinnerung geblieben?
- Hat sich euch beim Sprechen die Struktur des Textes erschlossen?
- ...

Im Chemieunterricht ist das Unterscheidungskriterium zwischen *Beobachtung* und *Deutung* die Frage, ob sich das Gesagte als Wahrnehmung (mit den fünf *Sinnen*) beschreiben lässt oder als das Ergebnis eines *Denk*prozesses. Entsprechend sollte hier differenziert werden. Anders als im Chemieunterricht werden die Deutungen je nach Lesart individuell differieren, weil unter anderem die Vorerfahrungen mit darüber entscheiden, wie die Dinge interpretiert werden. Aber auch die Wahrnehmungen werden eine höhere Variationsbreite aufweisen. Es ist deswegen „richtig", wenn mehrere *Deutungen* an der Tafel stehen und wenn diese nicht allgemeingültig formuliert werden, zum Beispiel: Das chorische Sprechen lässt bei einigen Menschen das Gemeinschaftserleben in den Vordergrund treten. Oder: Das Glaubensbekenntnis ist für die meisten kein Gebet, weil es keine Gebetsanliegen und keine Gebetsanrede enthält. Oder: Das Stehen kann einen feierlichen Charakter haben. Oder: Das gemeinsame Sprechen kann etwas Zwanghaftes haben (wie ein öffentliches Gelöbnis). Oder: Das laute Sprechen lässt bei vielen Menschen den Text selbst zurücktreten, weil man gleichzeitig etwas anderes denken kann.

In einem zweiten Schritt könnten dann die theologischen Aussagen des Credo exemplarisch erarbeitet werden. Dazu könnte man die einzelnen Aussagen groß auf Kartonstreifen schreiben, in der Mitte des Klassenraums auslegen und die Schülerinnen und Schüler bitten, sich eine Aussage auszusuchen, die sie besonders anspricht, und sich dann entsprechend ihrer Nähe oder Distanz zu dieser Aussage zu positionieren. Ihre Position sollen sie dann in einem kurzen Statement erläutern. Anschließend werden Arbeitsgruppen gebildet, die sich mit den Aussagen befassen, die die größte Distanz ausgelöst haben oder bei der die meisten Schülerinnen und Schüler auf Distanz gegangen sind. Die Arbeitsgruppen werden mit Material versorgt (zum Beispiel aus Hans Küng, Credo); sie stellen nach der Gruppenarbeitsphase ihren Mitschülerinnen und –mitschülern vor, was sie durch die Beschäftigung mit erläuternder Literatur gelernt haben.

■ Anliegen

Grundlage der Arbeit bildet eine Aussage aus dem Aufsatz von Fulbert Steffensky „Glaube und Biographie" – die Jugendlichen werden aufgefordert, sich an den Sinn heranzutasten, der sperrigen Aussage Eigenes entgegenzusetzen und Neues abzugewinnen.

Ich kann glauben, weil ich viele glauben sehe. Ich will Folgendes damit sagen: Ich muss nicht für alles stehen, nicht einmal für meinen Glauben muss ich völlig stehen. Ich kann den Glauben meinen Geschwistern, die ich beten und singen sehe, von den Lippen ablesen. Glaube ist schwer. Ich will meinen halben Glauben nicht zum Maßstab dessen machen, was ich sagen und singen kann. Ich habe Geschwister, die weiter sind als ich. Ich habe eine Tradition, und ich habe Tote, die weiter sind als ich selber. Zumindest alle zusammen sind wir weiter als jeder einzelne für sich ist.

Aus: Fulbert Steffensky: Glaube und Biographie, in: Dorothee Sölle und Fulbert Steffensky: Zwietracht in Eintracht, Zürich 1996

Mögliche Aufgaben:
– Was nützen, nach Steffenskys Meinung, die anderen?
– Was meint er mit „mein halber Glaube" – und wie kommt er auf die Idee, dass „alle zusammen ... weiter" sind?

■ Anliegen

Das bisher Erfahrene und Erarbeitete könnte einfließen in eine eigene, differenzierte Stellungnahme zum Glaubensbekenntnis.

■ Verlauf

Inszeniert wird eine Pro- und Kontra-Diskussion. Zwei Gruppen erhalten je drei Thesen-Karten; die Thesen stellen die Stellungnahme der Gegenpartei dar, gegen die sie antreten sollen. Sie entwickeln eine Strategie. Am Ende der Vorbereitungsphase wird die Auseinandersetzung geführt. Ein Unparteiischer moderiert. Zum Schluss stimmen alle ihrer persönlichen Meinung gemäß ab.

Thesenkarten:

Das Glaubensbekenntnis muss abgeschafft werden, weil keiner mehr versteht, was er da sagt.	Das Glaubensbekenntnis muss beibehalten werden, weil so viele Menschen in aller Welt es kennen und sprechen.
Das Glaubensbekenntnis muss abgeschafft werden, weil ich nicht mitsprechen will, was andere mir vorsagen.	Das Glaubensbekenntnis muss beibehalten werden, weil es doch blöd ist, wenn jeder seine eigenen Worte finden muss.
Das Glaubensbekenntnis muss abgeschafft werden, weil heute falsch sein muss, was damals richtig war.	Das Glaubensbekenntnis muss beibehalten werden, weil ich es mühsam auswendig gelernt habe.

■ Zusatzaufgaben:

– Lies verschiedene neu formulierte Glaubensbekenntnisse im Internet nach (http://www.publik-forum.de unter Projekte/Credo-Projekt/Persönliche Credos) und suche dir eines aus, das dir besonders gefällt. Notiere, ob du es auch für eine Verwendung im Gottesdienst für geeignet hältst. Alternativ: Schreibe mit einem Mitschüler oder einer Mitschülerin ein eigenes Glaubensbekenntnis. Notiert, ob ihr es auch für eine Verwendung im Gottesdienst für geeignet haltet.
– Verfasse eine eigene Stellungnahme zur Frage: „Das Glaubensbekenntnis ändern?", in der du Argumente aus der Pro- und Kontra-Diskussion aufnimmst, die dir einleuchten oder die du ablehnst.

Literatur

Dorothee Sölle/Fulbert Steffensky: Zweitracht in Eintracht. Ein Religionsgespräch, Zürich 1996. Darin: Fulbert Steffensky: Glaube und Biographie, 120–142.
Michael Meyer-Blanck: Inszenierung des Evangeliums. Ein kurzer Gang durch den Sonntagsgottesdienst nach der Erneuerten Agende. Göttingen 1997, 74–94.
Hans Küng: Credo. Für Zeitgenossen des 21. Jahrhunderts. Zusammengefasst von Jean-Lois Gindt, Publik-Forum-Dossier, Oberursel 1999 (Originalausgabe unter dem Titel: Credo. Das Apostolische Glaubensbekenntis – Zeitgenossen erklärt, München [1]1993 (München/Zürich [2]2000)
Athina Lexutt: Die lutherischen Bekenntnisschriften – eine kurze historica Einführung, in: Klaus Grünwaldt (Hg.): Konfession: Evangelisch-lutherisch. Die lutherischen Bekenntnisschriften für Laien erklärt, Gütersloh 2004, 29–43.

G. Segen

„Halt's Maul, jetzt kommt der Segen!“, bedeutete Gianni ihrer Mitschülerin Veronika vor dem Schlussritual einer Unterrichtsstunde – der Spruch hat einem Buch aus dem Jahr 1999 den Titel gegeben. Er zeigt gleichzeitig an, dass es mit dem Segen etwas Besonderes auf sich hat. Der Segen geht über das Alltägliche hinaus und teilt sich auch Jugendlichen mit, die mit Glaubensdingen und kirchlichen Formen sonst wenig anfangen können.

Segen als Energiefluss? Eine Problemanzeige. Das Besondere am Segen wird zuweilen als eine göttliche Kraft oder universelle Energie beschrieben, die sich – durch einen „(Ein-)Geweihten“ – auf die Gesegneten übertragen lässt, die quasi per Handauflegung durch den Leib hindurchfließt. Ein solches Verständnis macht den Segen zu einer im wahrsten Sinne des Wortes manipulierbaren, zu einer handhabbaren Sache, bei der es auf die richtige Methodik ankommt und darauf, dass der Mittelsmann zwischen Universum und Individuum richtig eingeweiht ist. Segen und Segnen unterscheidet sich dann auch nicht mehr von „Reiki“ und „Reiki geben“. Ein grundsätzliches Problem liegt in der Verwendung von Metaphern aus dem physikalischen Bereich: Energie, fließen, Kraft usw. Abgesehen davon, dass ein solches Energieverständnis jeder naturwissenschaftlichen Grundlage entbehrt, führen physikalische Metaphern in Bezug auf den Segen zu einer Verdinglichung und magischen Aufladung. Es ist viel sprachliche Genauigkeit und liturgische Bedachtsamkeit gefordert, um genau dieses Missverständnis von Segnen als magischer Handlung zu vermeiden.

Lutherische Reformen. Martin Luther fand eine Segenspraxis vor, bei der das Gesegnete oder Geweihte als substanziell verändert galt – ganz ähnlich wie die Transsubstantiationslehre von einer Veränderung der Substanz von Brot und Wein durch die Konsekration ausgeht. So wie Luther die Abendmahlsliturgie auf das Vaterunser und die Einsetzungsworte beschränkte, so entdinglichte er die mittelalterliche Segenspraxis. Man könnte auch sagen: Luther ersetzte magisches Denken durch modernes Denken. Der Glaube des Einzelnen entscheidet über die Wahrheit der Verheißung. Beim Segen wie bei den Einsetzungsworten ereignet sich keine Veränderung an der Sache (Magie), sondern das Subjekt verändert seine Sicht auf die Sache. Deswegen stehen in evangelischen Kirchen keine Weihwasserbecken, deswegen werden auch die Gläubigen zu keinem Zeitpunkt mit Weihwasser besprengt, deswegen werden in evangelischen Kirchen nur Menschen gesegnet, nicht aber Gegenstände. Das heißt umgekehrt auch, dass im Protestantismus die Alltagsdinge alltäglich bleiben, sie können nicht durch religiöse und liturgische Zeichen zu „heiligen" Dingen werden: Brot wird nicht gesegnet, ehe man es anschneidet, und an Epiphanias/am Dreikönigstag (6. Januar) wird nicht das Haus mit „C+M+B" (Christus mansionem benedicat: Christus segne dieses Haus) und der Jahreszahl bezeichnet. Das Kreuz ist dabei kein Pluszeichen, schon gar nicht zwischen Caspar, Melchior und Balthasar, sondern das christliche Kreuzzeichen.

Segen-Weihe-Benediktion. Das deutsche Wort „segnen" kommt vom lateinischen „signare" und meint damit so viel wie „bezeichnen" (mit einem Kreuzzeichen versehen). Luther hat bei seiner Bibelübersetzung mit „Segen" sowohl das griechische *eulogia* (wörtlich: Gutsagung, lat. *benedictio*) wiedergegeben als auch das hebräische *barach.* „Weihen" kommt dagegen aus dem Mittelhochdeutschen und bedeutet soviel wie „heilig machen", liegt also sprachlich in größerer Nähe zu einem verdinglichenden Verständnis. Während im katholischen Sprachgebrauch beide Wörter synonym verwandt werden können, wird im evangelischen Bereich der Begriff „Weihe" eher vermieden: Priester werden nicht geweiht, sondern Pfarrerinnen werden ordiniert. Bei der „Weihe einer Kirche" ist diese Position in der Agende IV der VELKD von 1987 sprachlich nicht konsequent durchgehalten: Auf Seite 129 heißt es unter „Weihe des Altars": „Dieser Altar *sei dem Dienst Gottes geweiht/wird in den Dienst Gottes gestellt.* Er soll der Gemeinde als Tisch für das heilige Abendmahl dienen und Stätte des Gebetes und des Segens sein." (Hervorhebungen im Original) Dennoch wird auch an dieser Formulierung deutlich, dass der Altar nicht in einen geweihten *Zustand* versetzt, sondern einem bestimmten Gebrauch gewidmet wird – so wie eine Pfarrerin „nur" zu einem bestimmten Dienst berufen wird, nicht aber vom „Laienstand" in den „Stand der Geweihten" versetzt wird.

Kontexte in der Bibel. In der Bibel gibt es eine Vielfalt von Vorstellungen, die mit dem Segen verbunden sind, und die keineswegs alle für die theologische Modernität Luthers in Anschlag zu bringen sind.

In Gen 1,22.28 segnet Gott Tiere und Menschen und spricht „Seid fruchtbar und mehret euch...". Gottes Segen gilt allen seinen Geschöpfen, in Gen 2,3 segnet er auch den siebten Tag seiner Schöpfung. Die Verknüpfung von Segen und Fruchtbarkeit zeigt die sehr leibliche Dimension des Segensverständnisses an.

In Gen 27 erzählt die Geschichte vom Segen Isaaks, der Esau, dem Erstgeborenen gelten sollte, und den Jakob sich erschlich. Hier ist wohl die deutlichste Überlieferung eines sehr alten Segensverständnisses zu finden, das davon ausgeht, dass der Segen wie ein materieller Besitz nur ein Mal zu vergeben ist und der dann auch nicht mehr rückübertragen werden kann. Gott spielt bei diesem Segen keine Rolle, vielmehr hat Isaaks Segen ausschließlich im Sippenverband seinen Sitz im Leben.

Gen 32,24-29 schließlich erzählt von Jakobs Kampf am Jabbok, bei dem der Segen des Mannes, mit dem er die Nacht über kämpft, beinahe erpresserisch (und erfolgreich) eingefordert werden kann: „Ich lasse dich nicht, du segnest mich denn". Hier liegt ein Segensverständnis vor, bei dem der Segen so etwas wie eine göttliche Kraft ist, derer man sich durchaus, wenn auch nicht ohne Blessuren, bemächtigen kann.

Ein durchgängiges Motiv im Alten Testament ist die enge Verbindung von Segen und Gruß, und zwar hinsichtlich seines Ortes beim Abschied und bei der Begegnung, hinsichtlich der Begleitung durch eine Geste und hinsichtlich des Vokabulars. Gruß und Segen sind schließlich auch hinsichtlich ihres Ursprungs in vorkultischer und vortheologischer Zeit verbunden. Bei dieser Verbindung von Gruß und Segen liegt ein Anknüpfungspunkt in der Alltagswelt der Schülerinnen und Schüler.

Erstaunlich an all den unterschiedlichen Erzählungen und Vorstellungen vom Segen ist, dass man zwar im Verlauf der Entstehung des Alten Testaments eine Theologisierung des Segens feststellen kann, dass dies aber nicht heißt, dass das jeweils Neue verabsolutiert würde: „....die vergangenen, ‚überwundenen' Konzeptionen werden nicht zum Schweigen gebracht, sondern behalten im Traditionsvorgang ihre Stimme, die auch von der Nachwelt vernommen werden soll" (Westermann, S. 60). Überträgt man dieses (biblische) Prinzip des Umgangs mit der Tradition, so hieße das, auch einem magischen Verständnis von Segen mit Gelassenheit seinen Platz zu lassen. Dennoch: Kirchliches Handeln muss auch die Verweigerung von Segen als Handlungsoption im Blick behalten, wenn damit in der Öffentlichkeit Fragwürdiges „abgesegnet" werden soll. Dazu zählen nicht allein Waffensegnungen, sondern beispielsweise auch die „Einweihung" des neuen Münchner Großflughafens Anfang der 1990er Jahre – ganz abgesehen davon, dass es sich in beiden Fällen nicht um Menschen, um *Geschöpfe Gottes* handelt, sondern um Dinge, an die sich bestimmte (politische) Interessen knüpfen.

Im Neuen Testament hat vor allem die synoptische Überlieferung von der Kindersegnung die Tradition Jesu eigenen Segenshandelns bewahrt. Mk 10,16 heißt es: „Und er umarmte sie und segnete sie, indem er ihnen die Hände auflegte." Die Geschichte von der Kindersegnung steht in engem Zusammenhang mit Jesu Mahnung, das Reich Gottes anzunehmen wie ein Kind, das heißt mit der Kindern eigenen Naivität, die sich Rettung und Wohltat gefallen lässt ohne zu fragen, wofür man sie erhalten habe – geschweige denn, darüber Berechnungen anzustellen. Das Segnen der Kinder ist Verheißung und körperliche Zuwendung zugleich.

Der Herr segne dich und behüte dich. Eine besondere biblische Tradition ist der aaronitische Segen, den jene Schülerin im Sinn hatte, die dafür von ihrer Mitschülerin nicht gestört werden wollte. Luther hat ihn 1526 in seiner „Deutschen Messe" wieder eingeführt, er hat sich im evangelischen Gottesdienst als *der* Segen allerdings erst im 19. Jahrhundert durchgesetzt. Einen (zumeist trinitarischen) Schlusssegen gibt es im christlichen Gottesdienst seit dem 12. Jahrhundert. Der aaronitische Segen lautet im Wortlaut von Num 6,24-26 (Übersetzung der Zürcher Bibel – Luther übersetzt „hebe" statt „erhebe"):

> Der Herr segne dich und behüte dich!
> Der Herr lasse sein Angesicht leuchten über dir und sei dir gnädig!
> Der Herr erhebe sein Angesicht auf dich und gebe dir Frieden!

Dieser Segen ist von zwei Versen Gottesrede eingebettet, die ihn theologisch erläutern: „Und der Herr redete mit Mose und sprach: Rede mit Aaron und seinen Söhnen und sprich: So sollt ihr zu den Israeliten sprechen, wenn ihr sie segnet: ... Wenn sie so meinen Namen auf die Israeliten legen, will ich selbst sie segnen." Der aaronitische Segen stellt das Endstadium eines institutionalisierten Kultes dar – ablesbar daran, dass zwischen den segnenden Priestern als Handelnden und dem segnenden Gott selbst, der als das eigentliche Subjekt des Segnens erscheint, unterschieden wird. Sprachlich ist deswegen die Übersetzung in der Optativ-Form, der des „Anwünschens" passend.

In der gegenwärtigen liturgischen Praxis finden sich häufig Abweichungen vom biblischen Wortlaut:

> *Gott* segne dich und behüte dich...
> ...und gebe dir *seinen* Frieden
> Der Herr segne *euch* und behüte *euch*...
> Der Herr *segnet* dich und *behütet* dich...
> *Herr, segne und behüte uns...*

Der Ersatz von „der Herr" durch „Gott" ist dem Bemühen geschuldet, männliche Redeformen wenn möglich zu vermeiden. Es scheint allerdings fraglich, ob gerade die Änderung *dieses* sehr traditionellen Textes, noch dazu zuungunsten seiner Sprachmelodie, dazu beitragen kann, dass männliche Gottesbilder kritisch reflektiert werden. Auch die (durch keine Agende gedeckte)

Einfügung eines Pronomens vor „Frieden" ist dem Bemühen geschuldet, den Text verständlicher zu machen. Beide Änderungen zeugen von einem geringen Vertrauen in das Gute überlieferter Segensworte:

„Der Segen ist der Ort höchster Passivität. Es ist der tiefste Ort des Nicht-Ich und des Ich. Es ist der Ort, an dem wir werden, weil wir angesehen werden; es leuchtet ein anderes Antlitz über uns als das eigene; es ist ein anderer Friede da als der mit Waffen erkämpfte und eroberte. Der Ausgang und der Eingang sind nicht von den eigenen Truppen bewacht, sie sind von Gott behütet. ... Der Verzicht auf mich selber beim Segen hat eine liturgische Konsequenz: Ich will eine Segensformel und einen Segensgestus, die mir meine Passivität lassen. Ich möchte mich fallen lassen in die Bilder. Ich möchte mich einschmiegen in die wiegende Bewegung der Formel. Ich möchte also nicht gespannt und aufmerksam sein, ich möchte nicht denken, nicht an dieser Stelle." (Steffensky, 29)

„Euch" statt „dich" – diese Anwünschung des Segens Gottes im Plural entspricht zwar der Kommunikationssituation, dass Pfarrer oder Pfarrerin als einzelne einer Gruppe von Menschen, der Gemeinde gegenüberstehen, aber genau dadurch wird die Kommunikationssituation beim Segen auf die Kommunikation zwischen Menschen verkürzt. Der Segen ist aber ein kommunikatives Geschehen, bei dem sich zwei Kommunikationspartner (deswegen sollte er singularisch formuliert werden) auf ein gemeinsames Drittes beziehen oder weniger formal formuliert: bei dem Gott im Spiel ist. Der Singular, der objektiv weniger „richtig" ist, ist genau darum angemessener, weil er durch die nicht ganz korrekte Anrede der Gemeinde mehr Platz lässt für den Segen als „Grundgeste des *Glaubens*". Gerade die Form des Optativs kann keinen Zweifel daran aufkommen lassen, dass hier nicht der Pfarrer oder die Pfarrerin segnet. „Der Herr segne dich" heißt: Der Herr möge dich segnen. Der Herr ist Subjekt, nicht der Pfarrer!

Die indikativische Formulierung, die ebenso wie eine Formulierung im Futur theoretisch als Übersetzung möglich wäre und offenbar auch zuweilen als liturgischer Text in Gebrauch ist, nimmt dem Segen gänzlich sein Geheimnis und löst ihn auf in bloße Verkündigung. Ebenso löst die Bitte um den Segen – so sehr dahinter auch die theologisch löbliche Absicht steht, sich Gottes Segen nicht zu bemächtigen – den Segen in ein Gebet auf.

Sprachlich betrachtet nimmt der Segen eine „Mittelstellung zwischen Gebet und Zuspruch" ein: er ist „ein Zuspruch in Gebetshaltung, aber kein Gebet, oder andersherum: eine Fürbitte, die als persönlicher Zuspruch gestaltet ist, aber mehr beinhaltet als menschlichen Zuspruch" (Meyer-Blanck, 124).

Ob der Segen ganz am Ende des Gottesdienstes stehen sollte, ist umstritten. Es gibt die Tradition eines gemeinsamen Schlussliedes im Stehen, es gibt auch die Tradition eines Orgelnachspiels. Beide Traditionen geleiten mit einem je eigenen Akzent die Gemeinde wieder in den Alltag hinaus. Liturgisch ein Graus ist allerdings der Gottesdienstschluss „Ich wünsche Ihnen einen schönen Sonntag" – respondiert von „Danke gleichfalls!" Dieser Schluss ist keinem *gottesdienstlichen* Akzent verpflichtet, sondern eher der Sehnsucht des Liturgen, seine Rolle schleunigst wieder verlassen zu können.

Gesten oder: Was Segen mit heilsamen Berührungen gemeinsam hat. Am Anfang des Buches „Viel Glück und viel Segen. Glückwünsche und Segensgesten" berichtet der Autor Josef Griesbeck von einer anrührenden Begebenheit mit seinem kleinen Sohn: „Ich erinnere mich an Zeiten, als unser Sohn und ich irgendwo warteten: Er vor mir, wir schauten beide in die gleiche Richtung. Er nahm mit all seiner kindlichen Kraft meine beiden Hände, legte sie sich auf sein Köpfchen und hielt sie dabei mit seinen kleinen Händen fest. So standen wir da, er vor mir und ich hinter ihm. Meine Hände waren wie eine schützende Haube über ihn gelegt, jetzt konnte ihm nichts mehr passieren."

Eine Segensgeste, ohne dass der Gestus ausdrücklich mit diesem Wort belegt wird. Vater und Sohn schauen in dieselbe Richtung, man könnte meinen, diese gemeinsame Aus-Richtung verweise auf das gemeinsame Dritte, das mit „im Spiel" sei. Die Szene sperrt sich jedoch in all ihrer Unausgesprochenheit gegen eine punktgenaue Interpretation und macht gerade darum umso deutlicher, dass etwas vom Zauber der Situation verloren geht, wenn man sie mit Ein-Deutigkeiten versieht. Wie in dieser Szene so lassen sich liturgische Segensgesten beschreiben, sie lassen sich jedoch nicht eindeutig auflösen in Be-Deutungen. Sondern das jeweils individuelle Erleben konstituiert die Bedeutsamkeit der Gesten.

Nicht alle mit „Segen" bezeichneten Worte sind von Gesten begleitet, so ist beispielsweise der Kanzelsegen ein reiner Sprechakt, der allerdings von der Mehrheit der Gottesdienstteilnehmenden vermutlich auch nicht als *Segen* wahrgenommen wird. Dies ist anders bei liturgischen Segenshandlungen, die von Gesten begleitet sind. Im Wesentlichen gibt es zwei Grundformen von Segensgesten: das Kreuzzeichen und die Handauflegung. Als *stilisierte* Handauflegung gelten die erhobenen, am Ellbogen angewinkelten Arme der Pfarrerin oder des Pfarrers am Ende des Gottesdienstes, bei der die Handflächen der Gemeinde zugewandt sind und im Prinzip dieselbe (geschlossene) Form haben wie bei der Einzelsegnung. Der in Unterrichtsmaterialien auf Fotos und in Gottesdiensten zuweilen zu beobachtende „Schwebesegen" (gemeint ist die segnende Handhaltung wenige Zentimeter über dem Kopf des oder der zu Segnenden ohne Berührung) hat mit Handauflegung leider nichts mehr zu tun und ist eher Ausdruck eigener Unsicherheit oder Angst vor Körperkontakt auf Seiten des oder der Segnenden als ein Zeichen für reflektiertes liturgisches Handeln. Es macht das Besondere der Einzelsegnung (bei Trauung, Konfirmation und Ordination, vereinzelt auch: Krankheit) aus, dass der Segen ist kein reiner Sprechakt ist, sondern auch leiblich erfahren werden kann, dass es „heilsame Berührungen" gibt. Ebenso wie im psychoanalytischen Kontext, in dem die Therapie sehr viel mit Sprache und Reflexion zu tun hat, besteht auch im Protestantismus die Gefahr, die leibliche Dimension des Menschseins gering zu achten. Heilwerden muss der kranke

Mensch als Ganzes, mit Seele *und* Leib. Zu „Heil und Segen" gehört neben das Wort *auch* die heilsame Berührung.

„Luthers Abendsegen" wird von ihm mit den Worten eingeleitet: „Des Abends, wenn du zu Bett gehst, kannst du dich segnen mit dem Zeichen des heiligen Kreuzes und sagen: Das walte Gott Vater, Sohn und Heiliger Geist! Amen. Darauf kniend oder stehend das Glaubensbekenntnis und das Vaterunser. Willst du, so kannst du dies Gebet dazu sprechen: ... Alsdann flugs und fröhlich geschlafen." (EG 828). Es ist demnach nicht so, dass das Bekreuzigen ein katholisches Konfessionsmerkmal wäre. Es ist nur im evangelischen Kontext in Vergessenheit geraten und dem liturgischen Handeln des Pfarrers oder der Pfarrerin überlassen worden. In reformiert geprägten Gemeinden ist es auch aus dem liturgischen Repertoire der Pfarrerinnen und Pfarrer verschwunden. Als individuelle Handlung wird das Sich-Bekreuzigen jedoch zunehmend von evangelischen Christen wieder entdeckt. Dabei vollführt die rechte Hand eine Bewegung von der Stirn zur Brust, von dort zur linken (Herz-)Seite, dann zur rechten. Die vertikale Bewegung korrespondiert mit den Worten *Im Namen des Vaters und des Sohnes*, die horizontale mit und *des Heiligen Geistes. Amen.*

Das Kreuzzeichen spielt bei den Katholiken an vielen Stellen ihres Lebens eine Rolle: Bei der Taufe wird dem Täufling und bei der Krankensalbung (katholisch: ein Sakrament) wird dem Kranken mit Salböl ein Kreuz auf die Stirn gezeichnet. Am Aschermittwoch vollzieht sich der gleiche Ritus mit Asche statt Salböl. Und manche katholische Mütter zeichnen ihren Kindern beim Weggang von zu Hause immer noch mit dem Daumen ein Kreuz auf die Stirn. Beim Kreuzzeichen ist am deutlichsten zu sehen, dass Segnen nicht eine liturgische Handlung ist, die „der Geistlichkeit" vorbehalten wäre. Jeder und jede kann einen Segen sprechen, jemandem eine „Gutsagung anwünschen", sich bekreuzigen.

Zum Unterricht

Der Anknüpfungspunkt für Schülerinnen und Schüler ist am ehesten in der Alltagssprache zu finden, die „Segen" sowohl in Glückwünschen und Grußformeln bewahrt hat als auch in Formulierungen, die erahnen lassen, dass manches im Leben nicht machbar ist. Ziel des Unterrichts wäre es, den eigenen Horizont in Bezug auf Segen und Segnen zu erweitern, indem die enge Verbindung zwischen Gruß, Glückwunsch und Segen entdeckt wird, denen die Form der „Anwünschung" gemeinsam ist, und indem eigene Erfahrungen mit solchen „Anwünschungen" gemacht werden, die anschließend im Hinblick auf das Formulieren eines eigenen Standpunktes reflektiert werden. Schließlich gilt es, die verschiedenen biblischen Traditionen, die mit dem Segen verbunden sind, in Anspruch zu nehmen für eine kritische Reflexion des Segenshandelns der Kirche.

■ Verlauf

Den Schülerinnen und Schülern werden die nachfolgenden Spruchkarten (verdeckt) ausgeteilt, so dass jede und jeder eine Karte erhält. Dabei sollte jede Karte mindestens zwei Mal vorhanden sein. Je nach Vorwissen der Lerngruppe könnte es sein, dass den Schülerinnen der Kanzelsegen, der aaronitischen Segen oder auch die Haussegnungsformel ein „Buch mit sieben Siegeln" ist. In diesem Fall sollten sie Gelegenheit haben, ihre Karte zu tauschen. In diesem Fall muss anschließend die Lehrkraft die entsprechenden Informationen ins Plenum eintragen.

Die Aufgabe für die Schülerinnen und Schüler könnte lauten:

– Finde den- oder diejenigen heraus, der/die dieselbe Karte gezogen hat wie du.
– Tauscht euch darüber aus, ob und woher ihr diesen Spruch oder dieses Wort kennt und was bei euch für Assoziationen ausgelöst werden. Falls ihr mit dem gezogenen Spruch überhaupt nichts anfangen könnt, könnt ihr ihn bei eurer Lehrerin oder eurem Lehrer tauschen.
– Überlegt euch eine passende Situation, in der dieser Spruch oder dieses Wort Verwendung findet oder finden könnte. Beschreibt anschließend im Plenum diese Situation möglichst konkret, das heißt auch mit genauen Ortsangaben.

Da liegt kein Segen drauf!	Ein Segen!
Viel Glück und viel Segen auf all deinen Wegen, Gesundheit und Freude sei auch mit dabei.	Grüß Gott!

Der Haussegen hängt schief.	C + M + B
(Gesegnete) Mahlzeit!	Der Friede Gottes, welcher höher ist als alle Vernunft, bewahre eure Herzen und Sinne in Christus Jesus. Amen.
Mögest du warme Worte haben an einem kalten Abend. Und einen Vollmond in einer dunklen Nacht. Mögest du Nahrung und Freude haben, ein weiches Kissen für deinen Kopf. Mögest du 40 Jahre im Himmel sein, bevor der Teufel weiß, dass du tot bist.	Gott behüte dich!
Ich wünsche dir aus Herzensgrund: Bleib immer glücklich und gesund!	Lass es dir gut gehen!
Der Herr behüte dich vor allem Bösen, er behüte dein Leben. Der Herr behüte dich, wenn du fortgehst und wiederkommst, von nun an bis in Ewigkeit.	Gute Besserung!

Absegnen	Der Herr segne und behüte dich! Der Herr lasse sein Angesicht leuchten über dir und sei dir gnädig! Der Herr erhebe sein Angesicht auf dich und gebe dir Frieden!

In der Auswertung sollten folgende Fragen zur Sprache kommen und geklärt werden:

- Welche der Sprüche kann man jemandem zu*sprechen*? Sind sie von Gesten begleitet? Welchen? (Erhobene Hände, Kreuzzeichen, Handschlag, ggf. Umarmung)
- Welcher Unterschied besteht zwischen *Gesegnete Mahlzeit!* und *Mahlzeit!*?
- Welcher Unterschied besteht zwischen *Happy Birthday to you* und *Viel Glück und viel Segen...*?
- Auf welche Weise kommt bei einzelnen Sprüchen Gott ins Spiel? (Wer ist das sprechende Subjekt und wer ist der eigentlich Segnende?)
- Welche Sprüche stammen aus der Bibel?
- Welche kommen im Gottesdienst vor?
- Gibt es Situationen im Leben, wo man besonders „segensbedürftig" ist? Wodurch zeichnen sie sich aus? (Schwellensituationen)
- Welche Segensformulierungen gefallen euch gut, welche nicht? Könnt ihr sagen, warum?

■ Anliegen

Benediktionen sind Segensformulierungen, „Gutsagungen", für die nicht ich als Subjekt gerade stehe, sondern bei denen ich mich auf Gott beziehe.

■ Verlauf

Es ist bei dem folgenden Schritt wichtig, dass es sich „nur" um das Probieren von Sprechakten handelt, nicht aber um den persönlichen (Nicht-) Glauben.

Die Schülerinnen und Schüler sollen gezielt und methodisch kontrolliert experimentieren.

Die Lehrkraft muss „Lose" mit den jeweiligen Namen aller Schülerinnen und Schüler sowie Kopien oder Bücher mit (zum Beispiel irischen) vorformulierten Segenswünschen vorbereiten.

Muslimischen Schülerinnen und Schülern sollte bei Aufgabe drei die Formulierung „Allah" erlaubt werden.

1. Sucht euch zwei Partner, mit denen ihr gut zusammen arbeiten könnt.
2. Zieht drei Lose; darauf stehen die Namen derjenigen Mitschülerinnen oder Mitschüler, denen ihr einen Segenswunsch zusprechen sollt. Dies kann für alle drei gleichzeitig oder für jeden einzelnen getrennt geschehen.
3. Überlegt und formuliert dann ein bis drei Segenswünsche. Diese Wünsche müssen formal beginnen mit „Der Herr" oder „Gott", das Verb muss in der Wunschform stehen (behüte dich/euch oder möge dich/ euch behüten). Die Wünsche sollten so kurz sein, dass ihr sie nachher auswendig zusprechen könnt.
4. Entscheidet euch, wer welchen Segenszuspruch wem zuspricht.

Im Anschluss an diese Gruppenarbeitsphase soll jede Gruppe ihren Segenswunsch oder ihre Segenswünsche denjenigen zusprechen, die sie ausgelost haben. Die Sozialform für diesen Abschnitt sollte ein halbgeöffneter Stuhlkreis sein, so dass vorne eine Art „Bühne" entsteht, auf der die Sprechakte inszeniert werden können. Beide Gruppen sollten stehen: die drei Ausgelosten und die, die den Segenszuspruch sprechen. Es ist von der Lehrkraft darauf zu achten, dass die Zusprüche nicht kommentiert werden und dass ein zügiger Wechsel der Gruppen stattfindet. Am besten ist es, wenn dafür die Arbeitsgruppen schon während der Arbeitsphase nummeriert werden und dann in dieser Reihenfolge auch auftreten. All diese Regieanweisungen müssen gegeben werden, bevor die Segenszusprüche vorgetragen werden.

Hieran schließt sich (im geschlossenen Stuhlkreis) eine Gesprächsrunde an, bei der folgende Fragen thematisiert werden:

- Wie war das für euch, einen Segen zugesprochen zu bekommen?
- Wie erging es euch damit, einen Segenswunsch zu formulieren?
- Kann man auch dann sagen „Gott behüte dich!" oder „Gott möge dies und das tun", wenn man selbst nicht an Gott glaubt?
- Welchen Sinn könnte es haben, den Segen am Ende eines Gottesdienstes „mitzubekommen"?
- Inwieweit haltet ihr es für richtig, dass Segnen nicht nur eine Aufgabe für Pfarrerinnen und Pfarrer ist?
- Hättet ihr gern neben dem Sprechakt auch eine Geste der Zuwendung erhalten? Welche?
- Hättet ihr gern neben dem Sprechakt auch eine Geste der Zuwendung vollzogen? Welche?
- Wovon hängt es ab, ob solche Gesten stimmig sind? Ist eher eine freundschaftliche oder eine neutrale Beziehung hilfreich?

In dieses Unterrichtsgespräch könnte die Lehrkraft entsprechendes liturgisches Hintergrundwissen eintragen.

■ Anliegen

Das bisher Erfahrene und Erarbeitete kann in die Untersuchung einfließen, welche verschiedenen Vorstellungen es vom Segen in der Bibel gibt und was daraus für die kirchliche Segenspraxis zu folgern wäre.

Folgende Stellen bieten sich für die Erarbeitung an:

Gottes Segen	Gen 1,22; 2,3; 5,2; 9,1; 14,19; 17,16
Isaaks Segen	Gen 27,1-41*
Der gesegnete Jakob	Gen 32,1-29
Jakobs Segen	Gen 47,7.10; 48,14-16; 49,28b
Aarons Segen	Num 6,22-27
Josuas Segen	Jos 22,1-6*
Jesu Segen	Mk 10,13-16*
Paulus' Segen	Phil 4,4-7
Ermahnungen	Röm 12,14; Mt 5,44; Lk 6,28

Zur Auswertung könnte ein vorbereitetes Tafelbild dienen, parallel dazu ein Arbeitsblatt, in das die Ergebnisse eingetragen werden können. Da viele Schülerinnen und Schüler nicht trainiert sind im Umgang mit der Bibel, bietet es sich an, die Erarbeitung der Stellen in Gruppenarbeit zu erledigen, damit die Schülerinnen und Schüler sich untereinander helfen können. Für die Gruppeneinteilung sollten entweder leistungsheterogene Gruppen vorgegeben werden oder leistungshomogene mit zugeteilten Bibelstellen (die mit einem Sternchen versehenen Stellen eignen sich für leistungsschwächere Schülerinnen und Schüler).

Die Stellen sollten unter folgenden Fragestellungen bearbeitet werden:

– Wer segnet oder soll segnen?
– Wer wird gesegnet oder soll gesegnet werden?
– Wodurch zeichnet sich der Gesegnete aus?
– Welche Rolle spielt Gott?
– Ist der Segen von einer Geste begleitet?
– Wenn ja, welcher?
– Hat der Segen einen bestimmten Zeitpunkt?
– Wenn ja, welchen?

Nach dem Zusammentragen der Ergebnisse und dem Ausfüllen des Arbeitsblattes sollte noch einmal in Worten zusammengefasst werden, dass es in der Bibel verschiedene Vorstellungen von Segen gibt, die die späteren Überarbeiter *nicht angeglichen* haben, sondern in ihrer Widersprüchlichkeit stehen gelassen haben. Ferner sollte formuliert werden, dass Segen oft bei *Abschieden und Grüßen* eine Rolle spielt: am Ende eines Briefes, am Ende eines Lebens, am Ende eines gemeinsamen Weges, bei der Begegnung. Segnen ist darüber hinaus oft von *Gesten* der Zuwendung begleitet und *Kindersegen* gilt als Zeichen für Gottes Segen. Es gibt auch Überlieferungen, die davon berichten, dass ein Segen erschlichen werden kann. Gesegnet werden in der Bibel *nur Geschöpfe Gottes* (einschließlich des siebten Schöpfungstages).

Weiterführend könnte dann die Frage diskutiert werden, wie kirchliche Mitarbeiter angesichts dieses biblischen Befundes mit der Anfrage umgehen sollten, ob nicht beispielsweise bei der Einweihung eines neuen Hotels oder eines Bahnhofs die Pfarrerin oder der Pfarrer einen Segen sprechen könnte. Kritisch zu bedenken ist in diesem Fall die Frage, ob Dinge (statt Personen) (ab)gesegnet werden können (dies wird in der katholischen Kirche praktiziert, in der evangelischen nicht), wie sich Segen und Fürbitte zueinander verhalten und ob der Anfrage zu segnen mit dem Angebot, Fürbitten zu sprechen, begegnet werden könnte.

Die Schülerinnen und Schüler könnten abschließend einen Text verfassen unter der Überschrift „Segen und Segnen – Was ich zu diesem Thema gelernt habe". Vorgaben sollten hierbei nur in Bezug auf die Länge (etwa: mindestens eine Seite) gemacht werden. Auch wenn ein solcher Text keine Leistungskontrolle im engeren Sinne ist, so macht er die Schülerinnen und Schülern doch darauf aufmerksam, wo ihr „persönlich bedeutsames Lernen" stattgefunden hat. Der Lehrkraft, die diese Texte lesen sollte, könnten sie als Vorbereitung dienen, eine Lernkontrolle zum Thema zu konzipieren, bzw. zu reflektieren, was von ihren eigenen Unterrichtszielen bei den Schülerinnen und Schülern angekommen ist.

Literatur

Claus Westermann: Der Segen in der Bibel und im Handeln der Kirche, München 1992 (1968)

Michael Meyer-Blanck: Inszenierung des Evangeliums. Ein kurzer Gang durch den Sonntagsgottesdienst nach der Erneuerten Agende. Göttingen 1997, 117–137.

Fulbert Steffensky: Die Grundgeste des Glaubens – Der Segen, in: ders.: Das Haus, das die Träume verwaltet, Würzburg [8]2004 (1998), 28–41.

Julia Junge: „Der Herr segne und behüte dich". Ein Unterrichtsbaustein für die Sek. II, in: Loccumer Pelikan 3/2003, 125–133.

Josef Griesbeck: Viel Glück und viel Segen. Glückwünsche und Segensgesten, München 1992.

2. Sakramente

A. Taufe

Fragt man heute evangelische Kirchenchristen, was für sie im Mittelpunkt des Gottesdienstes steht, dann bekäme man als Antwort „die Predigt". Im Mittelalter hätte man wahrscheinlich geantwortet „die Eucharistie", dagegen hieße es in der Alten Kirche mit Sicherheit „die Taufe". In einer dem römischen Bischof Hippolyt (gest. 235 n. Chr.) zugeschriebenen Kirchenordnung stellt sich die Taufliturgie als eine überaus reich ausgestaltete Ritenfolge dar. Dies lässt auf den hohen Stellenwert schließen, den der Übergang vom heidnischen zum christlichen Leben für die Christen in der Antike hatte. Indem man sich bekreuzigte, konnte man sich im Alltag immer wieder an diesen einmaligen Vollzug erinnern: Man hauchte einfach in die Hände, bezeichnete sich mit dem Kreuz und vergegenwärtigte sich dadurch des „Geschenkes des Geistes und des Wassers des Bades" (Traditio Apostolica, Kap. 41).

In der volkskirchlichen Situation, die immer noch weitgehend von der Praxis der Kindertaufe bestimmt ist, gilt die Taufe (in Westdeutschland) unter kirchlich Gebundenen als nahezu selbstverständlich. Doch sieht man in ihr weniger einen genuin gottesdienstlichen Anlass, als vielmehr eine kirchlich dekorierte Familienfeier. Im Unterschied zum Abendmahl, das seinen festen Ort im Gottesdienst hat, führt das Sakrament der Taufe eine liturgische Nischenexistenz. Man feiert sie vor oder nach dem Hauptgottesdienst, nicht selten auch auf Bitten der Familien an einem Samstag. Als KASUALIE rangiert sie damit in der öffentlichen Wahrnehmung – ungeachtet ihrer theologischen Bedeutung – auf derselben Ebene wie Trauung, Konfirmation und Beerdigung. Trotz dieser für die Bedeutung des Taufsakraments nicht unerheblichen Verschiebung zeigt sich die Besonderheit der Taufe vor allem darin, dass sie als einziger kirchlicher Schwellenritus keine zivilreligiöse Konkurrenz bekommen hat. Die Konfirmation kann, v. a. in Ostdeutschland, durch die Jugendweihe ersetzt, die kirchliche Trauung kann durch die standesamtliche Zeremonie aufgehoben und die christliche Trauerfeier durch eine weltliche Beisetzung umgangen werden. Die Alternative zur Taufe ist die Nicht-Taufe und nicht etwa eine säkulare „Namensweihe", wie man sie im Nationalsozialismus und in der DDR erfolglos propagierte.

Beide Phänomene – die Tendenz zur Kasualisierung und die Praxis der Kindertaufe – machen die Taufe liturgiedidaktisch nicht gerade zu einem Selbstläufer, auch wenn hier anders als bei den nicht-sakramentalen Elementen des Gottesdienstes handlungsorientierte bzw. symboldidaktische Zugänge eine erfahrungsnahe Erschließung verheißen. Taufe fällt für Jugendliche – und nicht nur für sie – in den Bereich privater Entscheidung (d.h. sie ist nur bedingt veröffentlichungsfähig), und sie liegt in der Regel biographisch weit zurück (d.h. sie ist nur bedingt erfahrungskongruent). Zwar rückt die Taufe in letzter Zeit statistisch mehr und mehr von Zeitpunkt der Geburt weg, aber die so genannten Spät- oder Konfirmandentaufen wiegen dieses Erfahrungsdefizit noch nicht auf. In Ostdeutschland ist die Taufe im öffentlichen Bewusstsein kaum mehr präsent ist; sie gilt keineswegs als ein selbstverständlicher Ritus. Sich taufen zu lassen setzt vielmehr eine bewusste Entscheidung und die Zugehörigkeit zu einer kulturellen Minorität voraus.

Immer wichtiger werden darum für die alltagsweltliche Wahrnehmung – und somit indirekt auch für Lehr-Lern-Prozesse – die durchaus nicht wenigen medialen Darstellungen der christlichen Taufe.

„Ein Halleluja auf Julchens Taufe". In der Werbung für ein Geschirrspülmittel scheint die Taufe als reine Privatsache, eine Familienfeier im kleinen Rahmen: Man sieht einige wenige gestapelte Teller bereitgestellt, darauf vier Kuchengabeln, daneben zwei strahlend saubere Sektgläser und im Vordergrund ein weißes Schühchen mit rosa Schleifenband, das offensichtlich zur Taufbekleidung gehört. Im Text zur Werbung heißt es: „Ein Halleluja auf Julchens Taufe". Nach der Kirche sind Paten, Großeltern, und Geschwister in „Julchens" Elternhaus zum Festessen eingeladen. Erst hier scheint das „Halleluja" (hebräisch: Lobt Gott!) angebracht zu sein. Wie sich die Taufgemeinde im kirchlichen Ritus ihres religiösen Grundes vergewissert, vergegenwärtigen sich die Familienbande im Ritus des gemeinsamen Mahls.

Sowohl der kirchliche wie auch der familiäre Ritus unterliegen im Hinblick auf ihre Erscheinungsformen und Begründungen gewissen Konventionen. Tauf- wie Festagende legen fest, wie jeweils zu verfahren ist bzw. was für die Teilnehmenden erwartbar ist. In zivilreligiöser Perspektive erscheint „Julchens Taufe" als ein zweifach gestufter Anlass. Die Feier hat gleichsam zwei Brennpunkte mit entsprechenden Inszenierungsverpflichtungen: das „Bad der Wiedergeburt und Erneuerung kraft des Heiligen Geistes" (Tit 3,5) im öffentlichen Raum der Kirche und die häusliche Mahlgemeinschaft im privaten Raum der Familie („Essen macht Spaß"). Hier ein sakramentaler Vollzug mit Bekreuzigung, Handauflegung, hörbarem wie sichtbarem Wort (Verheißung bzw. Übergießen mit Wasser) – dort ein festlicher, die verwandtschaftliche Zugehörigkeit darstellender Akt mit Empfang (Besuch, Gäste), Gabendarreichung (Geschenke) und Festessen (mit mehren Gängen; siehe Anzeige).

Diese für die spätmoderne Religionspraxis typische Doppel-Liturgie findet im altkirchlichen Brauch der *Taufeucharistie* eine interessante Parallele. Denn anders als heute üblich war das Abendmahl lange Zeit ein selbstverständlicher Bestandteil des Taufritus. Die (erwachsenen) Täuflinge hatten die Gaben für die Eucharistie sogar selbst mitzubringen: außer Wein und Brot noch Milch, Honig und Wasser. In der eingangs zitierten „Traditio apostolica" heißt es in Kapitel 21: „Und dann soll dem Bischof von den Diakonen die Opfergabe gereicht werden. Er soll segnen: das Brot als Abbild des Leibes

Christi und den Kelch mit dem gemischten Wein als Abbild des Blutes (vgl. Joh 19,34), das für alle vergossen wurde, die an ihn glauben, das Gemisch aus Honig und Milch, um darauf hinzuweisen, dass sich die den Vätern gegebene Verheißung erfüllt hat, die von dem Land spricht, in dem Milch und Honig fließen (vgl. Dtn 31,20) – das hat Christus uns gegeben, nämlich sein Fleisch, wodurch die Glaubenden und wie die kleinen Kinder genährt werden, indem er die Bitterkeit ihres Herzens durch die Süßigkeit seines Wortes in Süße verwandelt, das Wasser aber zur Darbringung, um das Bad (der Taufe) anzudeuten, damit der innere, geistige Mensch Ähnliches erhält wie der Leib. All das soll der Bischof denen erklären, die die Kommunion empfangen."

Die Taufgemeinschaft findet in der Mahlgemeinschaft ihre endgültige Bestätigung, das Abendmahl besiegelt den Taufakt. Bis zur Taufe befand man sich in einem kirchlichen Wartestand, nur Getaufte galten als vollgültige Mitglieder der Gemeinde mit allen Rechten und Pflichten. Ausdruck dieser „Vollmitgliedschaft" ist die eucharistische Gemeinschaft. Bei dem oben bereits erwähnten Bischof Hippolyt wird eine Katechumenenzeit von etwa drei Jahren Dauer vorausgesetzt. So sehr dabei der Vollzug der Taufe als einmaliger Akt im Zentrum des liturgischen Vollzugs stand, so sehr war er in der Alten Kirche Teil eines Weges mit mehreren Stationen der Vorbereitung (Katechumenat), der Einübung (Teilnahme nur am Eingangsteil des Gottesdienstes) und der Befestigung (Taufeucharistie). Das Abendmahl direkt nach der Taufe diente dem Ziel einer Vergemeinschaftung mit der Gemeinde aller Getauften.

Dem religiösen Weg zwischen Taufe und Eucharistie entsprach in der Frühzeit der Kirche die räumliche Trennung von Tauf- und Gottesdienstraum. War in der Urkirche die Taufe im Freien die Regel, z.B. im Jordan nach dem Vorbild Jesu, so ging man nach dem Bau bzw. dem Umbau von Hauskirchen und Gemeindehäusern dazu über, für die Taufe eigene Räumlichkeiten einzurichten, so genannte BAPTISTERIEN. In ihnen gab es Aus- und Ankleideräume sowie einen besonderen Raum für die die Taufe rahmenden Salbungen (latein. confirmatio – Befestigung, „Konfirmation").

Die in der Spülmittel-Reklame vorausgesetzte Doppel-Liturgie hat also durchaus (Kirchen-)Geschichte. Mag die Strukturanalogie zwischen altkirchlicher und zivilreligiöser Praxis auch rein zufällig sein, so zeigt sie doch an, wie sehr die Taufe des Einzelnen zugleich auch ein seine sozialen Bindungen fordernder Akt ist, der sich auf verschiedene Räume mit unterschiedlichen Handlungsverpflichtungen verteilt.

Wird in der Spülmittel-Werbung ganz explizit auf die Taufe Bezug genommen, so lässt die Printwerbung eines Modedesigners eine Tauf-Szene allein durch ihre bildlichen Mittel assoziieren: Im Zentrum des Bildes stehen zwei junge Männer, von denen einer den anderen mit Wasser aus einer Plastikflasche übergießt. Rechts und links davon sind im Profil zwei weitere, eher unbeteiligt wirkende junge Männer zu sehen. Mit der sparsam ausgeleuchteten Staffage, den Arbeitshandschuhen und dem Eisenträger in den

Armen des Jungarbeiters rechts im Bild wird ein Baustellenambiente angedeutet. Beide Protagonisten, der „Täufer" und der „Täufling" im Vordergrund
wirken konzentriert bei der Sache. Ihre Mimik und der Gestus des Über-
gießens transzendieren die alltagsästhetische Episode: Hier wird ein Ritus in
Szene gesetzt. Den aktiven Part spielt dabei der etwas erhöht stehende „Täufer", dessen rechte Hand auf der Schulter des „Täuflings" liegt und der in seiner Linken die ausströmende Wasserflasche hält. Sein Gegenüber nimmt
dagegen mit geschlossenen Augen und gesenktem Haupt eine eher passive
Haltung ein.

Diese stimmungsvolle Momentaufnahme lebt von einem harten Hell-
dunkel-Kontrast. Vor den überwiegend dunklen Flächen (Kleidung der Männer, Stahlträger) heben sich deutlich das weiße Unterhemd des „Täuflings",
der vom Licht der untergehenden (?) Sonne erleuchtete Himmel und das
Markenlogo (!) ab. Das Licht des Hintergrunds bricht sich im Wasserstrahl,
der sich über den „Täufling" ergießt. Hellgrau hebt sich auch das auffällige
Totenkopf-Dreigestirn auf dem schwarzen Shirt des „Täufers" ab (möglicherweise ein makabres Bild-Zitat der trinitarischen Taufformel: „...im Namen
des Vaters und des Sohnes und des Heiligen Geistes"; Mt 28,18-20).

Die Dichte der szenischen Darstellung und die Fülle der Anspielungen
legt hier zwar eine taufästhetische Lesart nahe, dennoch sperrt sich die
Offenheit der Zeichen gegen eine eindeutige Zuordnung von Bild- und Sach-
hälfte. Die Pointe dieser Werbung besteht darin, unter anderem eben *auch* als
ein postmoderner Ausdruck der neutestamentlich bestimmenden Taufszenen
gesehen zu werden: Johannes und Jesus (Mk 1), Philippus und der Kämmerer
(Apg 8), Ananias und Paulus (Apg 9), Paulus und Lydia (Apg 16).

Die biblische Lesart dieser Werbe-Ikone ließe die Kontrastgebung zu
einem Zeichen werden für das Motiv der Lebenswende, die für die genannten
Taufberichte charakteristisch ist: der Übergang vom Dunkel eines von Sünde
und Tod bestimmten Lebens ins Licht der Verheißung und Vergebung. Das
Leben des Christenmenschen erhält mit der Taufe eine neue Richtung; sie
ostet, „orientiert" es gleichsam. Christus-Bekenntnis und Buße sind Ausdruck
dieser Umkehr. „Ist jemand in Christus, so ist er eine neue Kreatur; das Alte
ist vergangen, siehe, Neues ist geworden" (2Kor 5,17). Stellt man die Life-
style-Werbung des Modedesigners in diesen Deutungszusammenhang, dann
macht es Sinn, dass der „Täufling" als einzige der abgebildeten Personen ein
weißes (Unter-)Hemd trägt. Es entspricht zumindest christlicher Sitte, mit
einem weißen Taufkleid die neu gewonnene Reinheit und das Überkleidet-
werden mit dem Wesen Christi auszudrücken (vgl. Eph 4,24).

Taufzeichen. Die liturgische Gestalt der Taufe bringt eine ganze Reihe theo-
logischer Grundbestimmungen zeichenhaft zur Darstellung. Die Taufriten
bebildern gleichsam die Sinngebung. So dichtet schon Luther in seinem
Tauflied (EG 202,3): „Solchs hat er uns gezeiget klar, mit Bildern und mit
Worten." Bei dem, was Luther „Bilder" nennt, ist das mit der trinitarischen
Taufformel begleitete dreimalige Übergießen mit Wasser der Handlungskern.

Alle christlichen Kirchen taufen in dieser Weise. Es haben sich jedoch an diesen ökumenischen Grundbestand auch andere Riten mit je eigener Bedeutung angelagert. Das „Taufbuch" der Evangelischen Kirche der Union (Berlin/Bielefeld 2000) nennt insgesamt sieben *Sinnzeichen,* mit denen im Taufgottesdienst die Bedeutung dieses Sakraments zur Darstellung gebracht werden kann (S. 14f.):

1. Wird jemand getauft, dann ist er „durchs Wasser hindurch" gerettet: *Taufe durch Untertauchen.* Dieser v.a. in den orthodoxen Kirchen, aber auch bei den Baptisten geübte Brauch der Submersion gibt dem von alters her mit der Lebenswende verbundenen Machtwechsel am sinnfälligsten Gestalt. Der „alte Adam" wird regelrecht ersäuft, und zum Vorschein kommt ein „neues Geschöpf", das damit in den Machtbereich des gekreuzigten Gottes eingetreten ist. Für Paulus gibt die Taufhandlung ganz unmittelbar Anteil an Tod und Auferstehung Christi (Rö 6); mit der Taufe wird gewissermaßen das einmalige Heilsgeschehen im Leben jedes einzelnen Christenmenschen re-inszeniert. Das Untertauchen symbolisiert das Verweilen im Tode („mit Christus begraben"; Rö 6,4a) und das Auftauchen das Osterereignis (mit Christus „in einem neuen Leben wandeln"; Rö 6,4b). Der erste Petrusbrief (1Petr 3,20f.) bringt das Untertauchen sogar in einen Zusammenhang mit der Sintflutgeschichte: „Gott hatte Geduld zur Zeit Noahs, als man die Arche baute, in der wenige, nämlich acht Seelen, gerettet wurden durchs Wasser hindurch. Das ist ein Vorbild der Taufe, die jetzt auch euch rettet."

2. Wird jemand getauft, dann ist er reingewaschen: *Taufe durch Übergießen.* Rituelle Waschungen begegnen vielfach auch schon im Alten Testament. Sie dienten dazu, die kultische Reinheit zu gewährleisten. Im Judentum gehörte eine Form des Reinigungsbades zur vorgeschriebenen Übertrittspraxis; der volle Ritus umfasste allerdings auch noch die Beschneidung und ein entsprechendes Opfer. Paulus räumt dem „Abgewaschenwerden" einen hohen Rang ein – er rückt es in 1Kor 6,11 sogar neben die Heiligung und die Rechtfertigung. Von den Anfängen bis heute beruft sich das Christentum bei seiner Taufpraxis auf die Taufe Jesu durch Johannes „den Täufer" (Mk 1 par.). Jesus nahm zwar dessen Umkehrpredigt auf, nicht jedoch auch dessen Taufpraxis. Vermutlich haben auch seine Jünger zeit seines Wirkens nicht getauft; die kurze Notiz in Joh 3,22 bzw. 4,1f. gilt nicht als historisch.

   Charakteristische Merkmale der Johannes-Taufe waren die Verbindung mit der Aufforderung zur Umkehr („Tut Buße!"), ihre Einmaligkeit und die Begabung mit dem Heiligen Geist („herabschwebende Taube"). Rituell wurden diese Motive in der Alten Kirche durch die Taufeucharistie (s.o.) bzw. durch die Salbung der Täuflinge symbolisiert. In der Salbung kommt auch noch ein weiteres Moment der Christus-Reinszenierung zum Ausdruck: Wie der Herr zum König gesalbt wurde („Messias" = der Gesalbte), so erhält jeder Christenmensch in der Salbung vor und nach der Taufe Anteil an der messianischen Würde. Urheber beider Salbungen ist nach 2Kor 1,21f. Gott, „der uns fest macht und gesalbt hat und in unsere Herzen als Unterpfand den Geist gegeben hat". Die Salbung, verbunden mit dem Gestus der Handauflegung (s.u.), hat sich dann im katholischen Sakrament der Firmung verselbständigt.

3. Mit der Taufe wird der neue Mensch „versiegelt": *Bezeichnung mit dem Kreuzeszeichen.* Wie auch das Untertauchen (Karfreitag) und die Salbung (Messias), so hat auch die *signatio crucis* die Funktion, die Christus-Nähe der Taufe zu wahren. Der Getaufte gehört fortan zu Jesus, dem Gekreuzigten. Da dies natürlich kein exklusiver Status ordinierter Geistlicher ist, kann das Kreuzeszeichen im Gottesdienst auch von den (getauften) Angehörigen oder Paten ausgeführt werden. Diese Praxis beruft sich hier u.a. auf 2Tim 2,19: „Der feste Grund Gottes besteht und hat dieses Siegel: Der Herr kennt die Seinen; und: Es trete ab von Ungerechtigkeit, wer den Namen des Herrn nennt."

4. Täuflinge werden mit dem Heiligen Geist begabt: *Handauflegung.* Das Auflegen der Hände auf das Haupt des Täuflings als ein Zeichen der Stärkung und Bewahrung ist schon in neutestamentlicher Zeit belegt: als Paulus in Act 19 die 12 Johannesjünger tauft und ihnen die Hände auflegt, „kam der Heilige Geist auf sie, und sie redeten in Zungen und weissagten". Das Auflegen der Hände nach der Taufe bezeichnet in diesem Falle die Eingliederung in die apostolische Kirche. Der Gestus selbst ist jedoch mehrdeutig; er bedarf bestimmter Deutungsworte, um ihn eindeutig zu machen. Die Agende schlägt hier als Votum vor: „Der allmächtige Gott und Vater stärke dich durch seinen Heiligen Geist. Er erhalte dich in der Gemeinde Jesu Christi und bewahre dich zum ewigen Leben."

   Im Protestantismus geschieht die Handauflegung außer bei der Taufe noch bei der Konfirmation, bei der Trauung und bei der Ordination.

5. Wer getauft ist, zählt zu den „Kindern des Lichts": die *Taufkerze.* Das Überreichen einer Taufkerze ist in den meisten Gemeinden liturgischer Standard. Die Taufkerze wird an der Osterkerze bzw. ersatzweise an einer Altarkerze nach erfolgter Taufe entzündet. Für den Täufling ist das flackernde Licht Zeichen des Hineingenommen-Seins in das Auferstehungsgeschehen: „Wach auf, der du schläfst, und steh auf von den Toten, so wird dich Christus erleuchten" (Eph 5,14). In der Alten Kirche war die „Erleuchtung" eine gängige Metapher für die der Taufe vorausgegangene Unterweisung im christlichen Glauben. In den Katechumenen leuchtete nach dem Vertrautwerden mit der christlichen Überlieferung das „Licht der Gotteserkenntnis" auf.

6. Täuflinge haben Christus „angezogen": *das Taufgewand.* Nach dem Überreichen der Taufkerze wird vielerorts dem Täufling auch noch ein spezielles Taufgewand („Westerhemd", „Taufschleier") übergestreift. Der Liturg bzw. die Liturgin deutet diesen Vollzug mit den Worten: „Alle, die auf

Christus getauft sind, haben Christus angezogen. Wie du angenommen hast den Herrn, so lebe auch in ihm" (Taufbuch, S. 55; vgl. Gal 3,27). Das weiße Gewand ist das Zeichen für das an Christus orientierte Leben – das Tragen der ALBE (weißer Talar) im Gottesdienst erinnert also gewissermaßen an die Taufe, sie ist das Grundgewand aller Getauften, die liturgisch in Erscheinung treten. Wer Christus „angezogen" hat, legt die Werke der Finsternis ab (Rö 13,12; Eph 5,8) und wandelt in der Reinheit der „Kinder des Lichts".

7. Wer getauft ist, ist geöffnet für das Hören und Weitersagen des Evangeliums: *Hefata-Ritus.* In seinem „Taufbüchlein" von 1523 sah Luther noch eine Zeichenhandlung am Täufling vor, die heute liturgisch fast in Vergessenheit geraten ist: die Berührung von Ohren und Mund des Täuflings. Er spielt damit an auf die Heilung des Taubstummen (Mk 7,31-37). Die liturgische Handlung wird mit folgenden Worten begleitet: „Wie Jesus, unser Heiland, einem Taubstummen mit dem Ruf ‚Hefata' die Ohren und den Mund geöffnet hat, so öffne er auch dir Ohren und Mund, dass du die Stimme des Guten Hirten vernimmst und den Glauben bekennst vor Gott und den Menschen" (Taufbuch, S. 113). Der Täufling wird zur christlichen „Mündigkeit" berufen, einer Mündigkeit, die aus dem Hören kommt.

Zum Unterricht

Bei kaum einem anderen liturgischen Handlungsvollzug hat der jeweilige *Lernort* religionspädagogisch einen so hohen Stellenwert wie gerade bei der Taufe. *Wo* Taufe gelernt wird, bestimmt mit darüber, *wie* und *wozu* Taufe gelernt wird. Während die Behandlung der Taufe im Konfirmandenunterricht primär vergewissernden (für die bereits als Kinder Getauften) bzw. vorbereitenden Charakter (für die Katechumenen) hat, so geht es im schulischen Religionsunterricht eher darum, anhand der liturgischen Zeichenfolgen zu deuten, welche theologischen bzw. biblischen Codes darin zum Ausdruck kommen. Zugespitzt: Liturgische Zeichensetzung und deren biblisch-theologische Bedeutung stehen in der Schule auf dem Stundenplan, bei der kirchlichen Unterweisung dagegen eher die existenzielle Bedeutung des Taufsakraments für den je eigenen Lebensweg. Dies schließt natürlich das Wissen um die biblisch-theologische Bedeutung keineswegs aus, verschiebt aber doch deutlich den didaktischen Akzent.

Das Tauf-Lernen im Konfirmandenunterricht ist also umfassender und bedarf auch und gerade im Hinblick auf den wachsenden Anteil von (noch) nicht getauften Jugendlichen in den Lerngruppen sorgfältiger didaktischer Überlegungen. Es ist zudem anspruchsvoller, da der Lernort ja auch und gerade als *Tauf*gemeinschaft definiert ist. Das Tauf-Lernen im Konfirmandenunterricht setzt also didaktisch das (tatsächliche bzw. potenzielle) Hineingenommensein bzw. Hineingenommenwerden in Szene. Der Konfirmandenunterricht verfehlte geradezu seinen Gegenstand, spräche er nicht jeden Einzelnen explizit auf das je eigene Getauft-Sein bzw. -Werden an.

In der Schule müssen dagegen aufgrund ihrer öffentlich-rechtlichen Verfasstheit auch nicht-getaufte Schülerinnen und Schüler die Bedeutung der Taufe für die christliche Religion erschließen können, ohne im Unterricht Gefahr zu laufen, auf diesen Ritus verpflichtet zu werden oder gar den eigenen Status preisgeben zu müssen. Taufe ist hier Thema und nicht Resonanzraum. Im Extremfall muss sogar im Religionsunterricht ein bekennender Atheist den besten Aufsatz zum Thema Taufe schreiben können.

Hier wie dort gilt: Biographisch ist die Taufe nicht gerade ein Thema, an das die Jugendlichen ohne weiteres erfahrungsmäßig anknüpfen können. Taufe gilt – aus Schülersicht – eher als eine Sache für Säuglinge und deren Eltern. Von beiden Gruppen ist man jedoch als 13- bis 15-Jährige/r biographisch in etwa gleich weit entfernt. An die eigene Taufe hat man in der Regel keine Erinnerungen, und die Frage, ob man ggf. seine eigenen Kinder taufen lassen würde, ist lange noch nicht im Blick.

Damit ist die Taufe als Thema im Religionsunterricht zwar noch nicht didaktisch obsolet, aber in *liturgie*didaktischer Perspektive verschieben sich die Erschließungsmöglichkeiten von der Erfahrungs- auf die Deutungsebene, pointiert ausgedrückt: von der Bekenntnisfrage bzw. von der Frage nach Identität und Zugehörigkeit auf den Zeichencharakter der liturgischen Formen und deren Angemessenheit. In welchem Verhältnis stehen bspw. die verschiedenen Zeichenhandlungen in der Taufliturgie zu ihren biblischen und theologischen Begründungen? Welche Zeichenhandlungen sind kulturell kompatibel, welche alltagsweltlich eher schwer vermittelbar? Wo treten in anderen, nicht-liturgischen Zusammenhängen taufanaloge Vollzüge in Erscheinung und welche Funktionen erfüllen sie dort?

■ Anliegen

Die Taufe ist, wie Werbeanzeigen belegen, mehr als nur ein kirchlicher Ritus. „Taufe" ist in vielen Bereichen zu einer Metapher für Einweihung bzw. Indienstnahme geworden („Schiffstaufe"), aber auch zu einem Sinnbild für spielerisch hochstilisierte Passagen („Äquator-"/„Neptun-Taufe"). Vollbringt man eine besonders schwierige Leistung, dann hat man seine „Feuertaufe" bestanden. Nicht selten kann auch ganz alltäglichen Verrichtungen, bei denen der veränderte Zustand z. B. nur im Durststillen besteht (durch ein Erfrischungsgetränk) oder durch eine Körperreinigung eintritt (Duschbad) in der Konsumgüterwerbung die Qualität einer „Taufe" zugeschrieben werden.

Ein Religions- und Konfirmandenunterricht, der gegenwartskulturell auf Augenhöhe bleiben und die Jugendlichen mitsamt den sie umgebenden Warenwelten ernst nehmen will, wird also beim Thema Taufe in der Werbung auf interessante Entdeckungen stoßen. Vor allem die Bildtexte der Mineralwasser-Reklame („Wasser ist Leben") und die Werbung für Wasch-/Duschlotionen („wie neu geboren") bieten reichlich Anschauungsmaterial für die gegenwärtig wahrnehmbare Transformation religiöser Motive.

■ Verlauf

Der Unterricht beginnt sinnvollerweise mit der gemeinsamen Betrachtung ausgewählter „Tauf"-Motive aus der Werbung. Dadurch wird die Lerngruppe nicht nur für das Thema sensibilisiert, sondern es können zugleich für die Taufe charakteristische Sinnzeichen identifiziert werden, wie z.B. der Reinigungsakt (Übergießen mit Wasser), der kritische Übergang (durchs Wasser hindurch), der neue Status (Kind des Lichts). Die verschiedenen symbolischen Handlungen (s.o.) werden zuvor auf einem Arbeitsblatt zusammengefasst.

Erst danach werden Gruppen gebildet und pro Gruppe 3 – 5 Werbeanzeigen verteilt. Methodisch ist es ratsam, bei den zu bearbeitenden Werbeanzeigen eine gewisse Vorauswahl zu treffen, um durch das Blättern in den Zeitschriften nicht zuviel Unterrichtszeit zu vergeuden.

Mögliche Impulse:

- Schaut euch die Werbeanzeigen genau an! Wo entdeckt ihr Motive, die in einem Zusammenhang mit der christlichen Taufe stehen könnten? Achtet dabei vor allem auf den *Umgang* mit Wasser und auf die *Bedeutung,* die das Wasser in dieser Anzeige bekommt.
- Welche Personen/Gegenstände werden hier „getauft"?
- In welchem Verhältnis steht das Bild zum Werbetext? Bringt die Anzeigen in eine Reihenfolge, bei der jeweilige Nähe zur christlichen Taufe zum Ausdruck kommt (von: erinnert nur ganz entfernt an Taufe, bis: ziemlich deutliche Anspielungen auf Taufe)!

■ Anliegen

Im Gegensatz zu einer rituell reich ausgestalteten Taufliturgie sieht der Ablauf einer so genannten Nottaufe aufgrund der äußeren Umstände nur die unbedingt notwendigen Zeichen und Worte vor. An ihr kann demzufolge gut nachvollzogen werden, was theologisch für unverzichtbar angesehen wird. Der Ablauf der Nottaufe elementarisiert das Tauflernen.

Liturgisch gilt, dass eine Nottaufe nur dann vollzogen werden soll, wenn – etwa für ein neugeborenes Kind – Lebensgefahr besteht. In einem solchen Fall hat jeder getaufte Christenmensch das Recht zu taufen. Die Taufe kann durchgeführt werden, wenn die für den Täufling Verantwortlichen (bei einem Säugling die Mutter bzw. die Eltern) zustimmen. Nach Möglichkeit sollen hierbei christliche Zeugen dabei sein.

Die einzelnen Elemente sind: die Bitte um Annahme des Täuflings durch Gott mit Bekreuzigung, der Taufritus mit dreimaligem Übergießen und das Vaterunser (Taufbuch S. 81). Diese drei Handlungen bilden den liturgischen Kernbestand für den rechtmäßigen Vollzug einer Taufe. Didaktisch sind sie also gewissermaßen die Kriterien dafür, was als entbehrlich bzw. unverzichtbar gilt. Fehlt eines dieser Elemente, ist die Taufe nicht vollständig.

■ Verlauf

Zu Beginn der Unterrichtssequenz legt die Lehrperson diverse Gegenstände aus, die in einem mehr oder weniger engen Zusammenhang mit der christlichen Taufe stehen, wie z.B. eine Kerze, die Bibel, ein Taufkleid, ein Fotoapparat, Babyschuhe, ein Fotoalbum, eine Kanne mit Wasser, einen Tauchsieder, ein Patenschein, eine Karte mit den 10 Geboten, eine Karte mit dem Vaterunser, das Gesangbuch, einen Talar (oder ein Beffchen), ein Familienbild, eine Speisekarte usw.

Möglicher Impuls:

– Wählt von den Dingen, die ihr hier seht, diejenigen aus, die eurer Meinung nach *unbedingt* zu einer Taufe dazu gehören!

Nach dem Auswählen sollen sich die Schülerinnen und Schüler in Partnerarbeit kurz über die von ihnen getroffene Wahl verständigen und diese dann im Plenum begründen.

Im Anschluss daran bringt die Lehrperson den liturgisch vorgesehenen Ablauf der Nottaufe ein. Dies kann in Form eines Arbeitsblattes geschehen oder aber auch einfach mündlich vorgetragen werden (alternativ: Tafelanschrieb).

Das Formular zur Nottaufe soll im nachfolgenden Unterrichtsgespräch als Ausschluss-Kriterium in Anschlag gebracht werden, um die nicht notwendigen Gegenstände, Zeichen und Texte identifizieren zu können.

Es sollte an geeigneter Stelle im Unterrichtsverlauf auch darüber gesprochen werden, dass in evangelisch-reformierten Gemeinden die Nottaufe kein heilsnotwendiges Muss ist, weil „der Herr die Seinen kennt" (EG 358).

▓ Anliegen

In der Alten Kirche ist der Taufritus als eine liturgisch äußerst reich ausgestaltete Handlungsfolge. An ihr kann abgelesen werden, dass der Eintritt ins Christenleben als ein herausragender und religiös schlechthin
entscheidender Akt angesehen wurde. Inhalt und Form stehen hier in
einem deutlichen Entsprechungsverhältnis – theologisch Bedeutsames
kommt in einem starken Ritus zur Geltung.

Der Weg der Täuflinge vom alten ins neue Leben war nicht nur ein
Weg „zum Wasser", sondern ein Weg, bei dem ganz unterschiedliche Stationen im Gottesdienst angesteuert werden mussten, an denen ganz
eigene Zeichenhandlungen zu vollziehen waren. Anders als in der protestantisch spiritualisierten Taufpraxis tritt hier jeder Deutungsvollzug
auch deutlich in Erscheinung.

▓ Verlauf

Die Veräußerlichung der Taufe in Form eines katechetisch-liturgischen
Weges lässt sich an der Taufordnung des Hippolyt gut nachvollziehen.

Zur Zeit des Hahnenschreis soll man zunächst über dem Wasser beten.
Es soll Wasser sein, das aus einer Quelle fließt oder von oben herab fließt. [...]
Die Täuflinge sollen ihre Kleider ablegen, und zuerst soll man die Kinder taufen.
[...]
Danach soll man die Männer taufen anschließend die Frauen, nachdem sie ihr
Haar aufgelöst und ihren Gold- und Silberschmuck abgelegt haben.
Niemand soll einen fremden Gegenstand mit ins Wasser nehmen.
Zum festgesetzten Zeitpunkt der Taufe soll der Bischof das Danksagungsgebet
über das Öl sprechen [...] das Öl der Danksagung.
Er soll auch anderes Öl nehmen und darüber den Exorzismus sprechen. Es ist
dies das Öl des Exorzismus. [...]
Ein Presbyter nimmt jeden Täufling in Empfang und fordert ihn auf, mit folgen-
den Worten zu widersagen: Ich sage dir ab, Satan, deinem Dienst und all dei-
nen Werken.
Danach salbt ihn der Presbyter mit dem Öl des Exorzismus unter folgenden
Worten: Möge jeder böse Geist sich von dir entfernen.
Daraufhin übergibt er ihn unbekleidet dem Bischof [...], der in der Nähe des
Taufwassers steht.
Ein Diakon soll danach mit ihm hinabsteigen.
Sobald der Täufling ins Wasser hinab gestiegen ist, legt der Täufer ihm die
Hand auf und fragt: Glaubst du an Gott, den allmächtigen Vater?
Und der Täufling soll antworten: Ich glaube.
Und sogleich, während die Hand auf sein Haupt liegt, tauft er ihn zum ersten Mal.
Darauf fragt er: Glaubst du an Christus Jesus, den Sohn Gottes [...]?

Und wenn jener gesagt hat: Ich glaube, soll er ein zweites Mal getauft werden.
Erneut fragt der Bischof: Glaubst du an den Heiligen Geist [...]?
Der Täufling soll sagen: Ich glaube.
Und so soll er ein drittes Mal getauft werden.
Wenn er wieder heraufgestiegen ist, soll er vom Presbyter [...] mit dem Öl der Danksagung gesalbt werden. [...]
Danach beten sie zusammen mit der ganzen Gemeinde. [...]
Nach dem Gebet sollen sie einander den Friedenskuss geben.
[Es folgt das erste Abendmahl der Täuflinge zusammen mit der Gemeinde.]

Impulse:

– Wie wirkt diese Zeremonie auf dich? Womit hätten heutige Christen vermutlich ihre Probleme? Und warum?
– Stelle die in diesem liturgischen Ablauf vorgesehenen Zeichenhandlungen zusammen und gib deren Bedeutung an!
– Welche dieser Zeichenhandlungen sind heute noch in Gebrauch? Nenne Gründe dafür, warum im 3. Jh. n. Chr. sehr viel mehr (und auch andere) Zeichenhandlungen vollzogen wurden als im 21. Jh.!
– Was sagt diese Taufliturgie aus über die Ängste und Hoffnungen der frühen Christen?
– Stell dir einen Täufling im 3. Jh. vor und beschreibe diese Taufhandlung aus dessen Sicht.

■ Anliegen

Das Wasser als liturgisches Zeichen kann in unterschiedlicher Weise gedeutet werden: Es steht für Reinigung („Abwaschen" der Sünden), aber auch für den Tod durch Ertrinken (Ersäufen des „alten" Adams). In der volkskirchlichen Taufpraxis wird diese zweite Bedeutung in der Regel durch die erste Bedeutung überlagert. Der Akzent auf der Reinigungsfunktion des Wassers kann von einer durchschnittlichen Taufgemeinde eher realisiert werden als die theologisch sperrigere, weil „härtere" Lesart eines Durchgangs durch den „nassen Tod".

■ Verlauf

Wir betrachten ein Gebet, das diese zweite Bedeutung liturgisch präsent hält (Taufbuch S. 52):

Das Wasser, mit dem wir jetzt taufen, erinnert an die Wasserfluten, von denen die Bibel erzählt:
an die Sintflut, Gericht Gottes über die Bosheit der Welt, und doch die Rettung in der Arche Noah;
an das Schilfmeer, das die Verfolger verschlang, aber Israel ziehen ließ in die Freiheit;
an den Jordan, in den Johannes die Bußfertigen tauchte, auch Jesus von Nazareth, den Einzigen und Reinen, der sich zu den Sündern stellte.
So hat Gott geführt: durch das Todeswasser zum neu geschenkten Leben. Und so führt Gott noch immer: durch die Taufe zum neuen Anfang unter dem geöffneten Himmel.

– Lies die in diesem Gebet angedeuteten Geschichten in der Bibel nach und überlege, inwiefern man sie für die christliche Taufe in Anspruch nehmen kann: 1. Mose 6-9; 2. Mose 13,17 – 14,31; Mk 1,1-11.
– Nenne Gründe für und gegen einen gottesdienstlichen Gebrauch dieses Gebetes!

■ Anliegen

Der amerikanische Popstar Lenny Kravitz legte im Mai 2004 eine CD mit dem Titel „Baptism" (dt. Taufe; Virgin) vor. Auf ihr findet sich neben vielen anderen christlich inspirierten Songs auch ein Lied, das Kravitz mit „Baptized"/„Getauft" überschreibt; übersetzt heißt die erste Strophe:

Ich will mich nicht umschauen und zu Stein werden / All meiner schwärzesten Tage bewusst / Suche ich nach einem neuen Weg / Ich schaff's nicht aus eigener Kraft / Führe mich auf weiten Raum.

Gleich in der ersten Strophe klingt der Zusammenhang von Buße und Umkehr in der Raummetapher der Lebenswende an. Die mit Scham besetzte Rückschau (vgl. 1. Mose 19,26) auf das alte Leben weicht dem Blick nach vorn, einem Lebensweg, der zwar gangbar ist und sich durch Offenheit und Weite bestimmt ist, aber den man nicht selbst herstellen kann (vgl. Ps 31,9).

Der Refrain

I need a love that takes me higher / so high that I'm never coming down

identifiziert diese Offenheit als eine Liebe, die den Sänger „erhebt", „so hoch", dass das Erhabenheitsgefühl anhält, unwiderruflich ist. In der zweiten Strophe wird dann direkt auf die Taufe angespielt:

Ich will nicht die Leere sehen / Führe mich zum Wasser / Will in deiner Liebe getauft sein / Weit entfernt von der Einsamkeit / Nimm mein Herz und wasch ab die Angst / Lass mich in deiner Liebe getauft sein.

Der weite Raum, in den das lyrische Ich hineinstrebt, ist der Raum „deiner Liebe", ein Raum der Taufe, in dem die alte Angst abgewaschen wird. Dieser Tauf-Raum ist personal bestimmt. Jemand, der nicht namhaft gemacht wird, bietet die Gewissheit an für die angestrebte Wiedergeburt, die der inneren Zerrissenheit ein Ende setzt und Herz und Seele beieinander hält.

■ Verlauf

Macht man einen Popsong zum Unterrichtsgegenstand, dann reduziert sich dieses Medium nicht auf seine Textgestalt. Ein Lied ist zunächst einmal ein Klangereignis, das auch als solches wahrgenommen werden sollte. Darum sollte am Anfang der Bearbeitung die Frage nach Form und Inhalt stehen. Das Stück wird zu Beginn in der Lerngruppe vorgespielt. Da Kravitz ein relativ leicht verständliches Englisch bietet und die Lerngruppe vermutlich schon beim ersten Hören weite Teile des Textes ver-

143

steht, wird man die Frage nach dem Inhalt zwar nicht vollständig aus-
blenden können, aber auf ihr sollte in einer ersten Verständigungsrunde
nicht das Gewicht liegen.

Impulse

- Lenny Kravitz hat dieses Lied „baptized"/„getauft" genannt. Klingt
  dieser Song für dich nach Taufe? Welcher Klang bzw. welcher Rhyth-
  mus wären deiner Meinung nach angemessen für so ein Thema?
- Nenne die Textstellen, in denen auf die Taufe angespielt wird!
- In dem Song wird eine Art Lebensweg beschrieben. Stelle diesen Weg
  graphisch dar (z.B. Ausgangs- und Zielpunkt, Höhen und Tiefen,
  Empfindungen).
- Kannst du dir vorstellen, dass dieses Lied bei der Taufe eines engen
  Freundes bzw. einer engen Freundin in der Kirche gespielt wird?
  Warum bzw. warum nicht?

Literatur

Kristian Fechtner: Kirche von Fall zu Fall. Kasualpraxis in der Gegenwart – eine Orientierung, Gütersloh 2003, 81-98.
Taufbuch. Agende für die Evangelische Kirche der Union. Bd. 2, Berlin/Bielefeld
2000.
Gerd Buschmann; Manfred Pirner u.a.: Werbung, Religion, Bildung, Kulturherme-
neutische, theologische, medienpädagogische Perspektiven. Frankfurt 2003.

B. Beichte

Die Beichte ist nahezu flächendeckend aus dem „normalen" Leben verschwunden. Sie fehlt sowohl in der kirchlichen Praxis – dies gilt zunehmend
auch für den katholischen Bereich, bei dem das Vorhandensein von Beichtstühlen als Bestandteil sakraler Räume eher von einer vergangenen Praxis
zeugt als von einer lebendigen Ingebrauchnahme – als auch im allgemeinen
Bewusstsein.
So spiegelt der Sprachgebrauch von „beichten" in aller Regel wider, dass
hier zwischenmenschliche Geständnisse gemeint sind, nicht aber die Beichte
als kirchlich-formalisierter Ritus (katholisch: als Sakrament) der Versöhnung.
Insbesondere Schülerinnen und Schüler können diesem Ritus nichts abge-
winnen, weil sie zwar ein Gespür dafür haben, dass man in Schuld geraten
kann, dann aber die eigene Ent-Schuldigung für die angemessene Reaktion

144

Beichtraum der katholischen Kirche Juist

halten. Das gestörte zwischenmenschliche Verhältnis kann wieder entstört werden. Dieser Ausgleich erscheint ihnen wesentlich, eine Beichte dagegen, bei der ihnen die Schuld vor Gott vergeben wird, empfinden sie als unwesentlich.

Vor diesem Hintergrund ist es religionsdidaktisch kaum nachzuvollziehen, dass evangelische Religionsbücher – anders als katholische, die etwas widerständiger mit der kirchlichen Praxis und dem allgemeinen Bewusstsein umgehen – ebenso flächendeckend die Beichte aussparen. Dadurch wird zum einen suggeriert, Evangelisches bestimme sich hauptsächlich durch das *Fehlen* bestimmter Riten/Sakramente/Verhaltensweisen etc. Zum anderen spiegelt sich darin ein vorauseilendes Bei-sich-selbst-Bleiben.

Geschichte. Beichte und Buße stehen in einem wechselseitigen Verhältnis, dessen Gewichtungen sich im Verlauf der Jahrhunderte verändert haben. Ursprünglich ist Buße der umfassendere Begriff. Bis ins 8. Jh. hinein war sie das Instrument, Menschen in die Kirchen- und Abendmahlsgemeinschaft wieder aufzunehmen (Rekonziliation), die nach ihrer Taufe zur Vergebung der (früheren) Sünden erneut – und sichtbar – in Sünde fielen. Vor dem Hintergrund der Einmaligkeit der Taufe sowie der Verbindung von Taufe und Aufnahme in die Kirche/Gemeinde war analog die Kirchenbuße ebenso ein öffentlicher Akt und ebenso ein *ein*maliger Akt. Entscheidend war die – sichtbare – Umkehr des Büßers, nicht sein Bußbekenntnis. In Marion Zimmer Bradleys Buch *Die Nebel von Avalon* ist in der Gestalt des Königs Artus ein

145

solcher öffentlicher Bußakt eindrücklich – und nicht ohne poetisch-triviale Übertreibung – beschrieben. Er lässt verstehen, dass dieses Verfahren sich in zwei Richtungen hin auflöste: dem Büßer als Lebensmodell (Mönchtum) und der Verschiebung der Buße auf das Sterbebett.

Mit dem Aufkommen der Beichte als sakramentaler Form der Buße ab etwa dem 9. Jh. waren gegenüber dem alten Modell Rigorismen vermieden: die Rekonziliation wurde zur Absolution (ab 1439 mit der verbindlichen Formel „Ego te absolvo"); *Bekenntnis* (confessio) und *Absolution* (absolutio) wurden Vorbedingung für die Kommunion – worin der alte Gedanke der Exkommunikation, das Außerhalb-der-communio-Sein aufgehoben ist. Allerdings ist er hier seines Öffentlichkeitscharakters gänzlich enthoben, weil nicht mehr die Kirche/die Gemeinde das Gegenüber des Büßers ist, sondern der Priester das Gegenüber des/der Beichtenden. Die Bußwerke werden zeitlich nachgeordnet. Damit verschiebt sich endgültig der Akzent von der Buße auf die Beichte.

Der enge Zusammenhang von Beichte und Abendmahl/Kommunion blieb als regelrechter „Beichtzwang" auch im evangelischen Bereich bis ins 19. Jh. hinein bestehen. Umso bemerkenswerter ist es, dass die Beichte heute als ausschließlich katholisches Konfessionsmerkmal gilt.

Luther und Calvin haben beide die Beichte hoch geschätzt: „Die heimliche Beichte will ich von niemandem nehmen lassen und wollte sie nicht um der ganzen Welt Schätze geben, denn ich weiß, welche Stärke und Trost sie mir gegeben hat. Ich wäre längst vom Teufel überwunden und abgewürgt worden, wenn mich diese Beichte nicht erhalten hätte", schreibt Luther in seiner Predigt vor Reminiscere 1522 (WA 10, III, 63,23ff.). Und Calvin: „Es kommt nämlich nicht selten vor, daß ein Mensch, der die allgemeinen Verheißungen vernimmt, die sich an die ganze Versammlung der Gläubigen richten, trotzdem einigermaßen im Zweifel bleibt und immer noch ein unruhiges Herz hat, als hätte er noch gar keine Vergebung erlangt. Wenn nun ein solcher Mensch seinem Pastor die verborgene Wunde seines Herzens offenlegt und wenn er dann hört, daß das Wort des Evangeliums: *Sei getrost ... dir sind deine Sünden vergeben* (Mt. 9,2) ihm ganz persönlich zugesprochen ist, so wird er sein Herz stärken, damit es Gewißheit findet, und er wird von dem ungewissen Zagen, das ihn zuvor quälte, frei werden." (Calvin, Institutio III, 4,14)

Deutlich allerdings ist, dass beide Reformatoren die Beichte seelsorgerlich begründen. Das Luther-Zitat spricht darüber hinaus von einer sehr persönlichen Erfahrung. Beichtzwang und das vollständige Aufzählen der Sünden war beiden ein Gräuel.

Kontexte. Auch wenn die Beichte ein historisches Relikt zu sein scheint: Im kirchlichen und öffentlichen Bereich sind (Rest-)Formen von Beichte und Buße zu entdecken. Die evangelischen Kirchen und die katholische Kirche haben in ihren jeweiligen Abendmahlsliturgien kleine Sentenzen, die daran erinnern, dass Abendmahlsgemeinschaft und Versöhnung in Beziehung zueinander stehen. In der katholischen Messe ist es das von der Gemeinde gesprochene „Non sum dignus" („Ich bin nicht würdig, dass Du eingehst unter mein Dach, aber sprich nur ein Wort, so wird meine Seele gesund"), im evangelischen Bereich ist es das Vaterunser vor dem Abendmahl („Vergib uns unsere Schuld wie auch wir vergeben unsern Schuldigern"). Auch im lutherischen Rüstgebet bzw. dem reformierten Adjutorium, das den Gottesdienst einleiten kann, noch deutlicher: beim Bekenntnis der Offenen Schuld im Eingangsgebet, ist bewahrt, dass eine Gemeinde lediglich sich selbst feiert, wenn sie vergisst, dass sie immer wieder der Versöhnung bedarf.

Neben diesen marginalisierten Formen gibt es – ebenfalls in beiden Konfessionen – die Beichte, auf katholischer Seite sichtbar durch die Beichtstühle in den Kirchenräumen, als Beicht- bzw. Kommunionvorbereitung im Vorfeld der Erstkommunion sowie als (allgemeiner) Beichtgottesdienst. Auf evangelischer Seite gibt es gelebte Beicht-Praxis in Form von Gottesdiensten zu besonderen Anlässen (vor der Konfirmation oder am Buß- und Bettag), die als wesentlichen Teil eine gemeinsame Beichte mit ausgesprochener Absolution enthalten. Die meisten evangelischen Kirchen haben diese gemeinsame Beichte auch agendarisch geregelt (zum Beispiel Agende III, Teil 3, Die Beichte, hg. von der Kirchenleitung der VELKD 1993). Dass es daneben auch agendarische Regelungen für die Einzelbeichte gibt, wissen nur noch kirchlich „Eingeweihte". Konstitutiv für beide Formen der Beichte sind die zwei traditionellen Elemente: das Sündenbekenntnis und der Zuspruch der Vergebung, die Absolution. Das Sündenbekenntnis hat in der Gemeinsamen Beichte eine allgemeine Form, ist jedoch gekoppelt mit einer nachfolgenden Zeit der Stille, eingeleitet durch „Lasst uns in der Stille vor Gott unsere Schuld bedenken", die dem individuellen Charakter der Beichte Rechnung trägt. Für die Absolution sieht die Agende der VELKD in der gemeinsamen Beichte drei Möglichkeiten vor, die einem jeweils unterschiedlichen Grad an Individualität Gestalt verleihen: „A. Die Absolution und das Segenswort werden allen gemeinsam zugesprochen. B. Die Absolution wird allen gemeinsam erteilt, das Segenswort wird den einzelnen unter Handauflegung zugesprochen. C. Die Absolution wird allen gemeinsam angekündigt, dann jedem Beichtenden einzeln unter Handauflegung erteilt; das Segenswort wird der ganzen Gemeinde zugesprochen." (Agende III, Teil 3, S. 29). Immer und in jeder Form werden die traditionellen Worte für die Absolution gesprochen: *In der Vollmacht, die der Herr seiner Kirche gegeben hat, spreche ich euch/dich los* [latein. ego te absolvo]: *Euch/dir sind eure Sünden vergeben. Im Namen +* [Kreuzzeichen] *des Vaters und des Sohnes und des Heiligen Geistes.* Das Ich des oder der Lossprechenden ist deutlich kein privates Ich, sondern gebunden an die kirchliche Beauftragung (Ordination); deutlich ist ebenso der performative Charakter der Lossprechung. Die Sprechhandlung der kirchlichen Amtsperson bewirkt die Vergebung: Das Wort setzt, was es sagt.

Neben den beiden konstitutiven Elementen Sündenbekenntnis und Absolution enthält die Agende für die Beichte die Stiftungsworte (Mt 16,19 und Joh 20,22b-23), Vorschläge für Eingangsvoten und Gebetstexte sowie – bei der gemeinsamen Beichte – einen Verkündigungsteil.

Im Bereich des öffentlichen und privaten Lebens gibt es Rituale der Versöhnung, die ebenso wie die Beichte von den Elementen Bekenntnis und Absolution leben. Unvergessen ist in diesem Zusammenhang der Kniefall Willy Brandts 1970, der den Weg eröffnet hat für eine Aussöhnung zwischen Polen und Deutschen.

Nicht zufällig ist der Kniefall als genuin religiöse Geste privater Frömmigkeit *die* Geste gewesen, die das Bekenntnis des SPD-Politikers Brandt im katholischen Polen so glaubwürdig gemacht hat.

Aber auch die neuere Geschichte kennt im Bereich zwischen- und innerstaatlicher Versöhnung „Beichtrituale": Die Wahrheits- und Versöhnungskommission in Südafrika unter Vorsitz von Erzbischof Desmond Tutu hat in den Jahren 1996-1998 mit ihrer „Liturgie" von Enthüllung und Amnestie wesentlich zu einer Befriedung der zutiefst gespaltenen südafrikanischen Gesellschaft beigetragen.

Beide Beispiele stehen für die Erkenntnis, dass versöhntes Leben in einer Gemeinschaft nur möglich ist, wenn Schuld eingestanden, ausgesprochen und vergeben wird.

Im privaten Bereich ist, zumindest in den westlichen Industrieländern des Nordens, an die Stelle des Beichtrituals vielfach die Psychotherapie und -analyse getreten. Sie macht im kleinen Raum der Gemeinschaft zwischen Arzt/Ärztin und Patient/Patientin zunächst probeweise erfahrbar, was die Agende der VELKD so beschreibt: „Die Beichte gibt Raum für alles, was ein Menschenleben ausmacht, auch das Dunkel, das Versteckte, das Bedrohliche; und sie gibt Raum dafür, dass es überwunden und abgelegt wird" (S. 7f.). Viele Menschen erleben im Rahmen eines solchen Settings Annahme und „Lossprechung". Ebenso wie Priester und Pastorinnen unterliegen die im Rahmen einer psychoanalytischen Behandlung geäußerten „Sündenbekenntnisse" der Schweigepflicht. Während die beiden Beispiele aus dem politischen Bereich Bekenntnisse „echter" Schuld enthalten, gemessen an Grundsätzen des Völkerrechts und der allgemeinen Menschenrechte, geht es im therapeutischen Bereich oftmals um Schuld*gefühle*; nicht so klar ist hier, dass es sich um eine „echte Schuld" handelt. Was aber ist eine „echte Schuld"? Wenn das Recht verletzt wird? Welches Recht? Tilman Mosers *Gottesvergiftung* hat, 1976 erstmals erschienen, nachdrücklich aufgezeigt, wie schmal der Grat ist zwischen einem gesunden christlichen Selbstbewusstsein und auf der anderen Seite die krankhafte (christliche?) Selbstverleugnung, bei der immer nur das eigene Unvermögen im Zentrum steht. Die Passionslieder im EG sind voll von solchen Botschaften der Selbstbezichtigung. Ein Beispiel (EG 81, Strophe 3) mag dies illustrieren: „Was ist doch wohl die Ursach solcher Plagen? / Ach, meine Sünden haben dich geschlagen; / ich, mein Herr Jusu, habe dies verschuldet, / was du erduldet."

Gute Gründe gegen die Beichte. Dass Schülerinnen und Schüler (und nicht nur sie) sich diese Texte nicht mehr zu Eigen machen können, liegt nicht am verwerflichen Autonomiebestreben der Neuzeit, sondern ist der Einsicht geschuldet, dass die Verstrickung in überpersönliche Schuldzusammenhänge eine unausweichliche Konsequenz unseres modernen Lebens ist. Die Agende nennt als Beispiele „Bedrohung des Friedens, Hunger und Überfluss, Umweltzerstörung usw." (S. 14).

Mit der gesellschaftlichen Demokratisierung und Enthierarchisierung in der Neuzeit ist zudem das Bewusstsein für alle Formen des Missbrauchs von institutionalisierter „Absolutionsmacht" geschärft worden. Die Beichte kann vor diesem Hintergrund als „gegen die Menschenwürde gerichtetes kirchen-autokratisches Dunkelmännerinstitut" (Lins, S. 329f.) verstanden werden.

Das Hauptargument ist jedoch ein theologisches: Wenn die reformatorische Erkenntnis Geltung hat, dass der Mensch als Sünder und Gerechter zugleich (*simul iustus et peccator*) in seiner Existenz beschrieben werden kann, wenn gilt, dass Sünde gerade nicht dadurch beschrieben wird, wie es etwa der Spruch ausdrückt „Kleine Sünden bestraft der liebe Gott sofort", also nicht in moralischen einzelnen Verfehlungen aufgeht, sondern eine grundsätzliche Trennung von Gott bezeichnet, die wir von uns aus nicht überwinden können (vgl. Agende, S. 11), dann ist nicht recht einsichtig, weshalb es daneben dann doch einzelne Sünden zu beichten geben soll. Wären nicht sie aufgehoben in der großen Klammer, dass wir unsere Sünde als Getrenntsein von Gott begreifen müssen, als Leben außerhalb des Paradieses? Sünde wäre dann gerade nicht die einzelne Verfehlung, wäre auch gerade nicht das (bloße) Gefühl der Schuld des Einzelnen. Die Verwendung des Wortes *Sünde* in dieser *zweiten* Bedeutung, die einzelne Verfehlungen meint und nicht die Sünde als Getrenntsein von Gott, verwischt eben diese erste und theologisch wesentliche Bedeutung. Sie ist ein Rückfall auch in ein Gottesbild, das Gott als berechenbare Größe vorstellt, bei der „Sündenschuld" und „Bußwerke" in einem aufrechenbaren Verhältnis zueinander stehen. Ein solches Denken verletzt alle reformatorische Erkenntnis von der Rechtfertigung des Sünders allein aus Gnade (sola gratia) und allein aus Glauben (sola fide) „ohne des Gesetzes Werke" (Röm 3,28).

Gute Gründe für die Beichte. Die Beispiele für Versöhnungsrituale außerhalb des kirchlichen Kontextes lassen unabhängig von solchen theologischen Erwägungen deutlich werden, dass von ihnen eine heilsame Wirkung ausgehen kann. Luthers eigene Haltung zur Beichte benennt denn auch ihre heilsame Wirkung auf ihn und seine guten Erfahrungen mit ihr. Auch die VELKD-Agende benennt vor allem seelsorgerliche Gründe: „So gründet sich die neu bearbeitete Agende der Beichte vor allem auf das, was in der eigenen Tradition an Schätzen es Evangeliums vorhanden ist. Sie hat zugleich die vielen Menschen in den unterschiedlichsten Situationen unserer Zeit im Blick. Wenn Menschen in Schuld geraten – bewusst oder unbewusst, gefragt oder ungefragt, nach ihrem Willen oder gegen ihn –, sollen sie die Einladung zu einem befreiten Leben erfahren. Wenn Menschen ihre Nöte erkennen und ihre Ohnmacht empfinden, wenn Druck oder Flucht sie einsam machen, sollen sie den Ausweg sehen, den Gott anbietet und durch den Zuspruch der Vergebung eröffnet. Wenn sich von einem Menschen alle abgewendet haben, sind seine Hinwendung zu Gott und das Hören auf sein befreiendes Wort ein erster Anfang zu neuer Gemeinschaft." (S. 7)

Wenn Menschen in Schuld geraten, wenn sie ihre Nöte erkennen, wenn sie ihre Ohnmacht empfinden, wenn sie einsam sind, sind das evangelischerseits die Vorbedingungen, die Konditionen für die Beichte. Sie lassen sich durchaus mit dem Wort „Gefühl" (für die eigene Unzulänglichkeit, für die eigene Schuld, für das „Verquersein" des ganzen Lebens) zutreffend beschreiben. Die Beichte ist vor diesem Hintergrund ein Versöhnungsritual um der Menschen willen – und damit in gut jesuanischer Tradition. Mit diesem Ritual wird der Tatsache Rechnung getragen, dass der Mensch in manchen Zeiten seines Lebens der Vergewisserung bedarf, einer Vergewisserung, die sich nicht allein aus dem Hören theologischer Richtigkeiten ergibt, sondern eines performativen Sprechaktes bedarf, bei dem sich die (Wieder-)Versöhnung „ereignet", indem sie zugesprochen wird, weil ich sie mir selber nicht zusprechen kann. So bedarf auch die Liebe zwischen zwei Menschen immer wieder neu der Vergewisserung und Bestätigung, auch wenn „eigentlich alles klar" sein müsste. Beichte und Konfirmation können vor diesem Hintergrund als ritualisierte Erneuerungen der Taufe verstanden werden: bei der Konfirmation steht das eigene Bestätigen im Vordergrund, bei der Beichte das Bestätigt-Werden. Ein rein sakramentales Verständnis der Beichte würde den einmaligen Charakter der Taufe schmälern. Dem seelsorgerlichen Verständnis der Beichte entsprechend ist es dagegen angemessen, dass sich die evangelische Kirche von Beichtstühlen zugunsten von face-to-face-Kommunikation verabschiedet hat. Auch in neueren katholischen Kirchengebäuden wird auf die Installation von Beichtstühlen zugunsten von Beichträumen mehr und mehr verzichtet (s. Abbildung).

Zum Unterricht

Anknüpfungspunkte für die Schülerinnen und Schüler könnten die heilsamen Wirkungen sein, die mit Ritualen der Versöhnung verbunden sind, oder mindestens: die sich aus dem Aussprechen von Nichtgelungenem (dem Beichten im umgangssprachlichen Sinn) in einem Kontext, der von Vertrauen geprägt ist, ergeben. Gerade dieser letzte Punkt unterscheidet seelsorgerliche Gesprächssituationen in Beichte und Therapie von Talkshows. Zwar entsteht auch hier (aus der Sicht der Betroffenen) zuweilen eine Atmosphäre von Vertrautheit, diese beruht jedoch auf dem Phänomen, dass der Talkshowgast über den vorausgegangenen Bildschirmkontakt eine Beziehung zur Talkmasterin aufgebaut hat. Er kennt ihre Stimme, ihre Sprache, ihre Mimik und ihre Gestik. In der Medienforschung wird dies als „parasoziale Interaktion" beschrieben. Das Verhältnis von „Beichtendem" und „Beichtiger" ist dabei gerade nicht dialogisch, weil das Fernsehen kommerzielle Interessen der Werbeindustrie bedient. Von daher ist das Gegenüber der Talkmasterin immer auch das Interesse der Fernsehöffentlichkeit, das mit dem Instrument der Einschaltquote über eine nicht unerhebliche Macht verfügt.

Deutlich zu machen wäre auch, dass es bei der Beichte im kirchlichen Raum um eine Versöhnung mit Gott im Sinne einer Vergewisserung geht und dies nicht als Alternative zu einer Versöhnung mit meinen Mitmenschen zu verstehen ist, sondern ergänzend dazu, vielleicht sogar als Voraussetzung dafür. Dazu gehört, dass der Pfarrer, die Pfarrerin nicht als Privatperson die Absolution erteilt, sondern als kirchliche(r) Beauftragte(r), dessen oder deren Recht sich aus den Stiftungsworten ableitet und dessen Pflicht das Beichtgeheimnis ist. Es ist von daher (nicht nur im Sprachstil) ein Unterschied, ob der Pfarrer/die Pfarrerin die traditionellen Absolutionsworte spricht oder ob meine Freundin sagt: „....ist schon o.k.".

Die Erfahrungen, die die Schülerinnen und Schüler mit Unterricht zum Thema „Gebet" oder auch zum Thema Rechtfertigung gemacht haben, lassen sich hier wieder aufgreifen, indem sie die Gebete für einen Bußtagsgottesdienst schreiben und sich im Rahmen dieser Gottesdienstvorbereitung für oder gegen die Integration einer Gemeinsamen Beichte entscheiden. Die Vorschläge der Agende können dabei einer kritischen Sichtung unterzogen werden.

■ Verlauf

Als Einstieg in das Thema bietet es sich an, verschiedene Formen der Entschuldigung aus der Lebenswelt der Schülerinnen und Schüler auf ihren „Sitz im Leben" hin zu prüfen, um ein Gespür für den Zusammenhang zwischen Form und Inhalt zu bekommen. Dazu werden die folgenden Worte auf Karteikarten geschrieben:

- Tschuldigung
- Es tut mir wirklich Leid
- Sorry
- Vergib uns unsere Schuld
- Verzeih mir
- Entschuldige bitte
- Hab ich nicht so gemeint

Die Schülerinnen und Schüler erhalten diese Karten mit der Arbeitsanweisung:

- Bringe in Partner- oder Einzelarbeit die auf der Karte stehende Formulierung in einen Kontext und schreibe einen kurzen Text mit etwa fünf bis sieben Sätzen dazu. Der Satz auf der Karte soll dabei etwa in der Mitte deines Textes stehen, so dass sowohl die Situation vorher als auch das, was dem Satz folgt, geschildert wird.

Es ist im Sinne einer Eröffnung von Kontexten hilfreich, wenn jede Formulierung nicht nur von *einer* Schülerin oder *einer* Schülergruppe bearbeitet wird. Daran anschließend werden die Texte im Plenum vorgelesen, jedoch nicht diskutiert. Stattdessen sollen die Karten, die nun mit einer Situation verbunden werden, in eine Reihenfolge gebracht werden. Bei kleineren Lerngruppen kann dies im Plenum geschehen (Stuhlkreis und Mitte) bei größeren Lerngruppen muss dieser Schritt in Gruppenarbeit erfolgen. Dabei sollte auch hier das Setting eingehalten werden, bei der die Formulierungen im Zentrum sind. Ein Schüler oder eine Schülerin macht einen ersten Vorschlag und legt zwei oder Karten untereinander und kommentiert anschließend kurz, weshalb sie diese Karten so oder so gelegt hat. Ein zweiter fährt fort, indem er die Karten umgruppiert oder/und neue hinzufügt und kommentiert seinen Vorschlag ebenfalls. So geht es weiter, bis die Gruppe sich auf eine Reihenfolge geeinigt hat und alle Argumente für eine Höher- oder Tiefergruppierung einzelner Karten ausgetauscht sind. Es ist zu erwarten, dass in der Argumentation eine Rolle spielt, ob die Formulierung einen Imperativ enthält oder nicht, ob sie so etwas wie Reue erkennen lässt oder nicht, ob sie es sich um ein kollektives Bekenntnis handelt oder nicht, ob der Sprachstil floskelhaft oder ernsthaft erscheint usw.

In einem zweiten Schritt könnte dann die Auseinandersetzung mit Beispielen der Versöhnung im politischen Bereich stehen:

– Informiert euch im Internet, im Lexikon oder in eurem Geschichtsbuch über die Wahrheits- und Versöhnungskommission 1996-1998 in Südafrika und über den Kniefall des deutschen Bundeskanzlers Willy Brandts 1970 in Warschau. Fasst eure Informationen jeweils in einen kurzen Text von fünf bis sieben Sätzen zusammen, der das jeweilige Versöhnungsritual beschreibt sowie das, was ihm vorausgegangen und gefolgt ist. Gebt am Ende des Textes die von euch verwendete(n) Quelle(n) an.

Auch hier sollten einige Texte vorgelesen werden. Das anschließende Unterrichtsgespräch könnte durch die folgenden Impulse strukturiert werden:

– Worin gleichen und worin unterscheiden sich die beiden Beispiele?
– Worauf beruht jeweils ihre Wirkung?
– In welchem Verhältnis stehen Reue, Bekenntnis und Ent-Schuldigung?
– Wie beurteilt ihr das stellvertretende Handeln Willy Brandts im Hinblick auf die Nachhaltigkeit der Versöhnung?
– Wie beurteilt ihr den ritualisierten Umgang mit Tätern und Opfern bei der Wahrheits- und Versöhnungskommission im Hinblick auf die Nachhaltigkeit der Versöhnung?
– Was bedeutet Entschuldigung?
– Was bedeutet Versöhnung?

■ Anliegen

Im vorhergehenden Abschnitt lag der Schwerpunkt auf dem oder der schuldig Gewordenen. Deutlich ist, dass für eine Versöhnung das eigene Bekenntnis, die eigene Entschuldigung nicht ausreicht, sondern der Geschädigte die Entschuldigung annehmen muss. Es gibt Situationen, wo dies nicht der Fall ist, wo auch die Folgen des eigenen Fehlverhaltens nicht mehr einzuholen sind oder wo generell ein nicht konkretisierbares Bewusstsein, dass man immer Gott und den Mitmenschen etwas schuldig bleiben wird, als niederdrückend empfunden wird. Heilsnotwendig ist die Beichte nach evangelischem Verständnis nicht, weil sie die Versöhnung mit Gott nicht konstituiert, vielmehr ist bereits in der Taufe „der alte Adam ersäufet" und sind wir eine „neue Kreatur". Die Beichte ist ein Ritual der Versöhnung um der Menschen willen aus seelsorgerlicher Motivation heraus.

■ Verlauf

Grundlage der Erarbeitung sind die beiden folgenden Einleitungstexte zur Beichte:

1) Zu jeder Beichte gehören: Bekenntnis der Sünden und Zuspruch der Vergebung.

Der Zuspruch der Vergebung (Absolution) geschieht im Namen des Dreieinigen Gottes. Er kann auf verschiedene Weise erfolgen: im Zusammenhang des Rüstgebetes oder des Sündenbekenntnisses im Gottesdienst, durch Predigt und Abendmahl, im gemeinsamen Gebet und im seelsorgerlichen Gespräch. In der Taufe erhalten wir Anteil an der Vergebung, die Jesus Christus durch seinen Tod und seine Auferstehung erworben hat; die Absolution bringt uns dies in Erinnerung und sie macht uns erneut dieser Vergebung gewiss. Das lutherische Bekenntnis versteht deshalb die Beichte als „Rückkehr zur Taufe" (reditus ad baptismum). [...]

Entsprechend hat die Reformation geraten: Ein Mensch soll in der Beichte nicht auf sich selbst starren. Er soll seine Sünden nicht selbst vergrößern, sie auch nicht einfach aufzählen. Vielmehr soll er sie Gott vor die Füße legen und ihn um sein Erbarmen bitten.

Gewiss gehört die Reue zu einem aufrichtigen Sündenbekenntnis. Das Entscheidende in der Beichte ist sie jedoch nicht, sondern die uns zugesprochene Vergebung. So wird das Evangelium in der Beichte besonderes verkündigt. [...]

Die Vollmacht, im Namen des Herrn Sünden zu vergeben, ist der Kirche insgesamt verliehen. Die Kirche beruft (ordiniert) und bevollmächtigt einzelne Christen, die Beichte zu hören und die Absolution zu erteilen. Sie sollen besondere Haushalter der Beichte sein. Darüber hinaus aber haben alle Christen von ihrem Herrn den Auftrag, sich gegenseitig anzuhören und mit der Vergebung durch Christus einander zu trösten.

Agende für evangelisch-lutherische Kirchen und Gemeinden, Bd. III, Die Amtshandlungen, Teil 3, Die Beichte, hg. von der Kirchenleitung der VELKD, Hannover 1993

Das Sakrament der Buße

Jesus Christus hat uns die Liebe Gottes kundgetan und uns mit dem Vater versöhnt. Im Sakrament der Buße gibt er dem Sünder Anteil an seinem Leben. Wer dieses Sakrament empfängt, stellt sich unter das Gericht über die Sünde, das Gott im Kreuzestod seines Sohne gehalten hat, um uns vor dem ewigen Tod zu retten.

Das natürliche Verlangen des Menschen, die Schuld, die ihn bedrückt, zu bekennen und von ihr befreit zu werden, wird nicht enttäuscht. Christus hat uns Vergebung zugesagt, wenn wir vor der Kirche unsere Schuld eingestehen: „Alles, was ihr auf Erden binden werdet, das wird auch im Himmel gebunden sein; und alles, was ihr auf Erden lösen werdet, das wird auch im Himmel gelöst sein" (Mt 18,19). Diese frohe Botschaft darf der Christ im Bußsakrament durch die Lossprechung des Priesters vernehmen.

In der Kirche ist Christus, der uns mit dem Vater versöhnt hat, gegenwärtig. In seinem Namen gewährt sie dem Sünder Vergebung. Denn die Apostel haben vom Herrn die Vollmacht erhalten, in der Kraft seines Geistes Sünden nachzulassen: „Empfanget den Heiligen Geist. Allen, denen ihr die Sünden erlasst, sind sie erlassen; allen, denen ihr sie nicht erlasst, sind sie nicht erlassen" (Joh 20,22f).

Wo die Kirche durch die Priester von dieser Vollmacht Gebrauch macht und einen Sünder, der seine Schuld bereut, sie aufrichtig bekennt und zur Wiedergutmachung bereit ist, losspricht, besiegelt Gott die Versöhnung mit dem Sünder. Christus selbst ist es, der in diesem Sakrament wirkt: er führt den Sünder zur Umkehr, damit er seine Schuld bereut und eingesteht. Er wirkt im Priester, der in seinem Auftrag das wirksame Wort der Lossprechung sagt. So wird die Begegnung des Sünders mit dem Vertreter der Kirche zum Zeichen der siegreichen Gnade Gottes, die das Böse überwindet. Dieses Zeichen nennen wir Bußsakrament.

Die Sünden des einzelnen, auch die bloßen Gedankensünden, hemmen das Wirken des Heiligen Geistes nicht nur im einzelnen, sondern auch in der Gemeinschaft der Glieder der Kirche. Deshalb muss der Sünder auch vor der Kirche und durch sie Buße tun. Die Beichte ist auch ein Gericht der Kirche.

Man darf dieses Sakrament nicht von den übrigen Bußformen trennen. Die vielfältigen Arten der Buße im Alltag, das Schuldbekenntnis in der Eucharistiefeier und die Bußgottesdienste wecken, erhalten und vertiefen den Willen zur ständigen Erneuerung des Lebens der Gemeinde und der einzelnen Christen aus dem Geist des Evangeliums. Sie sind Vorstufen auf dem Weg zur sakramentalen Beichte und Lossprechung, die ohne sie verkümmern würde. Umgekehrt ist das Bußsakrament der Ziel- und Gipfelpunkt aller übrigen Bußformen, in dem diese sich vollenden. Darum ist die Hochschätzung dieses Sakramentes und sein regelmäßiger Empfang für alle Christen – und nicht etwa nur für jene, die schwer gesündigt haben – von so großer Bedeutung. Alle, die sich einer schweren Schuld bewusst sind, sind zum Empfang des Bußsakramentes verpflichtet. Darüber hinaus sind alle Gläubigen zur häufigen Beichte eingeladen. Denn sie empfangen durch das Bußsakrament reiche Gnade, wachsen im Geist der Buße, erkennen und überwinden besser ihre Fehler und Schwächen und werden fähiger zu einem freien, persönlichen Bekenntnis.

Gotteslob, Katholisches Gebet- und Gesangbuch, hg. von den Bischöfen Deutschlands und Österreichs und der Bistümer Bozen-Brixen, Lüttich und Luxemburg, Münster 2001

Mögliche Aufgabenstellung

Vergleiche die beiden Einleitungstexte zur Beichte im Hinblick auf
– die Gestaltungsmerkmale, die die Beichte jeweils ausmachen
– den Pflicht-/Freiwilligkeitscharakter
– die Rolle von Reue und Buße und Wahrhaftigkeit
– die Rolle desjenigen, der die Absolution erteilt
– die Absolution.

Vertiefend könnte das erworbene Wissen probeweise und geschützt in einer fiktiven Rolle angewendet und in gewisser Weise anverwandelt werden:
    Stell dir vor, dein bester Freund, der sich hat konfirmieren lassen und den Religionsunterricht besucht, der aber nicht aktiv am Leben einer Gemeinde teilnimmt, habe bei einem Autounfall den Tod eines Menschen verschuldet und sei selbst nur leicht verletzt worden. Er schreibt dir aus dem Krankenhaus und erzählt dir, dass der Krankenhauspfarrer ihm ein Beichtgespräch angeboten habe, die Sozialstation habe ihm einen Zettel mit Adressen von Therapeuten in die Hand gedrückt und in der Zeitung habe er gelesen, dass die Beerdigung des Opfers zwei Tage nach seiner Entlassung stattfindet. Er ist verzweifelt und weiß nicht, was er machen soll. Schreibe ihm einen Antwortbrief.

■ Anliegen

Die gemeinsame Beichte hat nach der Agende der VELKD ihren Platz in einem selbstständigen Beichtgottesdienst, als Feier vor einem Gottesdienst, in Verbindung mit einer Abendmahlsfeier oder im Hauptgottesdienst. Eigene Gestaltungsmöglichkeiten im Rahmen Schule haben Schülerinnen und Schüler nur in Schulgottesdiensten, die – wenn überhaupt – nur zu wenigen Anlässen eine Tradition haben: zum Ende der Schulzeit, zur Einschulung, manchmal auch zum Reformationstag oder zum Bußtag. Abendmahlsfeiern kommen in Schulgottesdiensten (außer an kirchlichen Schulen) nicht vor, weil sie konfessionelle Zusammensetzung der Schülerschaft heterogen ist.

Ihren liturgisch passendsten Ort hat die gemeinsame Beichte in einem Gottesdienst zum Buß- und Bettag.

Die gemeinsame Beichte

Übersicht

I.   Eröffnung und Anrufung
     Lied
     Gruß
     Stiftungsworte oder Eingangsvotum
     Psalmgebet oder Eingangsgebet

II. Verkündigung
     [Beichtansprache]
     [Lied]
     [Die Zehn Gebote]
     Das Doppelgebot der Liebe

III. Bekenntnis und Lossprechung
     Besinnung und Sündenbekenntnis
     Beichtfragen
     Absolution mit Segenswort

IV. Dank und Segen
     Lied,
     Dankgebet
     Vaterunser
     Segen

Agende für evangelisch-lutherische Kirchen und Gemeinden,
Bd. III, Die Amtshandlungen, Teil 3, Die Beichte,
hg. von der Kirchenleitung der VELKD, Hannover 1993

■ Verlauf

Auch hier ist wichtig, dass die Schülerinnen und Schüler nicht direkt für sich selbst Beichte und Absolution wählen, sondern im Schutz ihrer Rolle als Vorbereitungsteam eines Gottesdienstes agieren können.

Aufgabe für eine Gruppenarbeit:
Für die „Besinnung und Sündenbekenntnis" (Teil III) schlägt die Agende folgende Texte vor:

Pfarrerin/Pfarrer:
Der Apostel schreibt: Wenn wir sagen, wir haben keine Sünde, so betrügen wir uns selbst, und die Wahrheit ist nicht in uns. Wenn wir aber unsre Sünden bekennen, so ist er treu und gerecht, dass er uns die Sünden vergibt und reinigt uns von aller Ungerechtigkeit. 1. Johannes 1, 8-9

Die folgende Stille wird entweder durch ein [gemeinsames] Sündenbekenntnis abgeschlossen oder mit Anregungen zur Besinnung und zu kurzen Vergebungsbitten der Gemeinde verbunden .

Pfarrerin/Pfarrer: Lasst uns in der Stille vor Gott unsere Schuld bedenken:
Stille
Hier soll ausreichend Zeit zur Besinnung gegeben werden.

Pfarrerin/Pfarrer (gemeinsam mit der Gemeinde):
Lasst uns [gemeinsam] beten:

> Allmächtiger Gott, barmherziger Vater,
> ich armer, elender, sündiger Mensch bekenne dir
> alle meine Sünde und Missetat,
> die ich begangen in Gedanken, Worten und Werken,
> womit ich dich erzürnt
> und deine Strafe zeitlich und ewiglich verdient habe.
> Sie sind mir aber alle herzlich leid und reuen mich sehr,
> und ich bitte dich um deiner grundlosen Barmherzigkeit
> und um des unschuldigen, bitteren Leidens und Sterbens
> deines lieben Sohnes Jesus Christus willen,
> du wollest mir armen, sündhaften Menschen
> gnädig und barmherzig sein,
> mir alle meine Sünden vergeben
> und zu meiner Besserung deines Geistes Kraft verleihen.
> Amen.

oder:

> Herr, im Lichte deiner Wahrheit erkenne ich,
> dass ich gesündigt habe in Gedanken, Worten und Werken.
> Dich soll ich über alles lieben als meinen Gott und Heiland;
> aber ich habe mich selbst mehr geliebt als dich.

Du hast mich in deinen Dienst gerufen, aber ich habe die Zeit vertan,
die du mir anvertraut hast.
Du hast mir meinen Nächsten gegeben,
ihn zu lieben wie mich selbst;
aber ich erkenne, dass ich versagt habe
in Selbstsucht und Trägheit des Herzens.
Darum komme ich zu dir und bekenne meine Schuld.
Richte mich, mein Gott, aber verwirf mich nicht.
Ich weiß keine andere Zuflucht als dein unergründliches Erbarmen.
Amen.

oder:

Barmherziger Gott,
wir bekennen, dass wir in Sünde gefangen sind
und uns nicht selbst befreien können.
Wir haben gegen dich gesündigt in Gedanken, Worten und Werken,
durch das, was wir getan,
und durch das, was wir unterlassen haben.
Wir haben dich nicht von ganzem Herzen geliebt,
wir haben unseren Nächsten nicht geliebt wie uns selbst.
Um deines Sohnes Jesu Christi willen erbarme dich unser.
Vergib uns, erneuere uns und leite uns,
dass wir Freude haben an deinem Willen und auf deinen Wegen gehen
zur Ehre deines heiligen Namens.
Amen.

oder:

Herr, im Licht deiner Wahrheit erkenne ich, dass ich Böses getan und
Gutes unterlassen habe. Ich habe gesündigt in Gedanken, Worten und
Taten. Vergib mir alle meine Schuld.

Beichtfragen

Pfarrerin/Pfarrer: Vor dem heiligen Geist frage ich euch:
Bekennst du, dass du gesündigt hast, und bereust du deine Sünden,
so antworte: Ja.
Beichtende: Ja
Pfarrerin/Pfarrer: Bittest du um die Vergebung deiner Sünden im Namen Jesu
Christi, so antworte: Ja.
Beichtende: Ja.
[...]

Gemeinsame Absolution mit gemeinsamem Segenswort

Pfarrerin/Pfarrer (zur Gemeinde):
Was Gott euch in der Taufe gegeben hat, Vergebung der Sünden und Befreiung von der Macht des Bösen, das wird euch heute neu geschenkt.
Pfarrerin/Pfarrer:
In der Vollmacht, die der Herr seiner Kirche gegeben hat, spreche ich euch [frei, ledig und] los: Euch sind eure Sünden vergeben. Im Namen + des Vaters und des Sohnes und des Heiligen Geistes.
Beichtende: Amen. [...]

Agende für evangelisch-lutherische Kirchen und Gemeinden, Bd. III, Die Amtshandlungen, Teil 3, Die Beichte, hg. von der Kirchenleitung der VELKD, Hannover 1993, S. 23–30 in Auszügen

Mögliche Aufgaben:

– Diskutiert, inwiefern diese Texte dem lutherischen Verständnis von Beichte gerecht werden. Fasst das Ergebnis eurer Diskussion in maximal drei Sätzen zusammen.
– Entscheidet euch für oder gegen die Integration der Gemeinsamen Beichte in den nächsten Bußtagsgottesdienst eurer Schule und begründet eure Meinung.
– Sucht den eurer Meinung nach passendsten Textvorschlag aus (oder schreibt einen neuen). Falls ihr euch gegen die Integration der Gemeinsamen Beichte entschieden habt: Formuliert ein Eingangsgebet, das den Gedanken der Buße in allgemeinerer Form aufnimmt.

Literatur

Hermann Lübbe: Ich entschuldige mich. Das neue politische Bußritual, Berlin 2001.
Matthias Hirsch: Schuld und Schuldgefühl. Zur Psychoanalyse von Trauma und Introjekt, Göttingen ³2002.
Hermann Lins: Buße und Beichte – Sakrament der Versöhnung, in: Handbuch der Liturgik. Liturgiewissenschaft in Theologie und Praxis der Kirche, hg. von Hans-Christoph Schmidt-Lauber/Michael Meyer-Blanck/Karl-Heinrich Bieritz, Göttingen ³2003, 319–334.
Melanie Lücking: Talkshows – Psychotherapie oder Beichte? Religiöse Funktionen der Medien und ihre Kritik, in: Lernort Gemeinde 22 (1/2004), 12–16.

C. Abendmahl

„Geheimnis des Glaubens" – singt der katholische Priester und inzwischen auch manch evangelischer Pfarrer, manch evangelische Pfarrerin während des eucharistischen Hochgebets. Lässt sich dieses Geheimnis des Glaubens unterrichtlich lüften? Dürfen Geheimnisse überhaupt gelüftet werden oder ist es ihnen eigen, dass wer sie lüftet, sie verrät? Auf der anderen Seite gibt sich kaum jemand damit zufrieden, ein Geheimnis ein Geheimnis sein zu lassen. Zu gern möchte man wissen, was sich dahinter verbirgt. Geheimnisträger sind suspekte Leute, weil sie über Geheimwissen verfügen; zwar sollen sie ihre Geheimnisse nicht verraten und sich dadurch „gemein" machen, aber der Nimbus des Geheimnisses separiert sie auch von anderen Menschen.

Der Glaube ist *kein* Geheimnisträger, gleichwohl haftet ihm etwas Suspektes an, weil er den Gesetzen der strikten Logik nicht zugänglich ist. Der Glaube verrät sich selbst, wenn er das Geheimnis um das Abendmahl lüftet – weil dann Geheimnis und Geheimwissen gleichgesetzt würden. „Geheimnis des Glaubens" ist mehr als nur geheimes Wissen, deswegen kommen alle unterrichtlichen Versuche und kommt alle Theologie an ihr Ende, wenn sie es in Geheimwissen aufzulösen suchen. Dennoch gibt es beim Thema „Abendmahl" reichlich Stoff für Annäherungen an das „Geheimnis des Glaubens" – auch lehr- und lernbarer Art, handelt es sich doch nach evangelischem Bekenntnis bei Abendmahl und Taufe um die beiden einzigen Sakramente des Christentums. Während die Taufe ein einmaliger, unwiederholbarer Ritus ist, ist das Abendmahl *die* zentrale rituelle Handlung der gelebten christlichen Religion, auch wenn sie nicht von allen Gläubigen praktiziert wird.

Worte – mehr als Schall und Rauch. Im Sprachgebrauch schlagen sich sowohl konfessionelle Differenzen als auch Positionierungen innerhalb der protestantischen Liturgiewissenschaft nieder. So heißt der entsprechende Artikel im *Handbuch für Liturgik* (Göttingen ³2003) „Die Eucharistie" (wobei Hans-Christoph Schmidt-Lauber den Begriff für den gesamten Abendmahlsgottesdienst benutzt, nicht nur für das Abendmahl selbst), das Buch „Ein evangelisches Zeremoniale" (Gütersloh 2004), redet von „Sakramentsfeier (Heiliges Abendmahl)" und innerhalb dieses Abschnitts von „Die Kommunion". Die Begriffe „Kommunion" und „Eucharistie" in evangelischen Büchern – dieser Sprachgebrauch deutet eine Wende an: Je nachdem, wie man diese Wende bewertet, lässt sie sich mit „ökumenischer Öffnung", „Wiedergewinnung des Eucharistiegebetes" oder auch mit „Rekatholisierung" genauer beschreiben. Gemeint ist in jedem Fall eine intensivere Auseinandersetzung mit der liturgischen Ausgestaltung der evangelischen Abendmahlsfeier, die, bezogen auf den liturgischen Ablauf und den Stellenwert des Abendmahls im Gottesdienst, eine größere Nähe zum Katholizismus zur Folge hat. Zu fragen ist allerdings, ob dies mit einer größeren Durchlässigkeit der konfessionellen Grenzen gleichzusetzen ist (so Hans-Christoph Schmidt-Lauber, ebd., S. 242) oder ob sich hierin (vor allem) auf evangelischer Seite eine – keineswegs gering zu schätzende – Sehnsucht nach weiter reichender Ökumene widerspiegelt.

Im Folgenden werden die in der volkskirchlichen Realität gebräuchlichen Bezeichnungen verwendet: Eucharistie (griech. Danksagung), KOMMUNION (lat. Gemeinschaft) und Hostie (lat. Opfer) für den katholischen Ritus, entsprechend das Wort Messe für den katholischen Gottesdienst, sowie Abendmahl und Oblate (mhd., ahd. für noch nicht konsekrierte Hostie) für den evangelischen Ritus und entsprechend Abendmahlsgottesdienst für den evangelischen Gottesdienst.

Biblische Zeugnisse. Das letzte Mahl Jesu mit seinen Jüngern wird beschrieben in den drei synoptischen Evangelien (Mt 26,17–29; Mk 14,12–25; Lk 22,14–20) und bei Paulus (1Kor 11,23–26). Auf eine vorpaulinische Tradition greifen Paulus selbst und auch Lukas zurück. Paulus zitiert die Stiftung des Abendmahls im Zusammenhang mit Streitigkeiten in Korinth. Die Synoptiker, zuerst Markus, haben den Text in die Passionsgeschichte, genauer: in den Rahmen eines Passamahls gestellt. Ob Jesu letztes Mahl mit seinen Jüngern auch historisch ein Passamahl war oder „nur" ein festliches Mahl, kann nicht entschieden werden; es sprechen ernst zu nehmende Argumente sowohl für die eine als auch für die andere Sichtweise. Gesicherter ist die Auffassung, dass der Gedächtnisbefehl bzw. Wiederholungsauftrag (Anamnesebefehl), der nur bei Pls/Lk zu finden ist, später hinzugekommen ist. Er ist allerdings beeinflusst „von dem breiten und theologisch gewichtigen Wortfeld des ‚Gedenkens' im AT, wo die erinnerte Vergangenheit aktuell sich auswirken soll bei der Gestaltung der Gegenwart, [er] dürfte sich aber darüber hinaus anlehnen an fast gleichlautende Stiftungsaufträge in den hellenistischen Totengedächtnismählern." (Hans-Josef Klauck: 1. Korintherbrief, Würzburg [3]1992, 83)

Der genauere exegetische Befund ist für die unterrichtliche Behandlung des Abendmahls eher zweitrangig, weil die christliche Abendmahlspraxis von einem begründenden und den liturgischen Vollzug normierenden „Endtext" ausgeht. Entscheidend war dabei für Martin Luther als Übersetzer des Einsetzungstextes, der im evangelischen Gottesdienst verwendet wurde, allerdings nicht Texttreue im Sinne eines „literarkritisch abgesicherten ältesten" Textes, sondern die Überlieferung an sich. Deshalb bildete er einen Mischtext aus allen vier überlieferten Texten, der seither gebräuchlich ist. Daneben gibt es im reformierten Bereich auch eine Tradition der Verwendung des Textes nach 1Kor 11,23–26.

Evangelische Abendmahlsliturgien heute. Im Rahmen des evangelischen Gottesdienstes ist das Abendmahl heute in der Regel eingebettet zwischen der Predigt und dem den Gottesdienst beschließenden Segen. Als Beispiele für die (höchst unterschiedliche) liturgische Ausgestaltung mögen die folgenden vier Ablaufschemata dienen, die zugleich den Stand der gegenwärtigen Praxis in den konfessionell unterschiedlich geprägten Traditionen spiegeln – die Teile in eckigen Klammern sind fakultativ. Die ersten drei Spalten entsprechen den vorgeschlagenen Abläufen im Evangelischen Gottesdienstbuch, das 2000 als Agende für die EKU und für die VELKD erschienen ist. Die Grundform I bezieht sich auf den Abendmahlsgottesdienst als Regelfall (Messform), wobei die zweite Form vor allem in unierten Kirchen üblich ist. Die Grundform II bezieht sich auf den Predigtgottesdienst als Regelfall, der in den von der südwestdeutschen Reformation geprägten Kirchen üblich ist und in den das Abendmahl integriert werden kann. Die letzte Spalte bezieht sich auf die „Reformierte Liturgie", die 1999 vom Reformierten Bund herausgegeben wurde und den Gebrauch in den beiden reformierten Landeskirchen (Lippe und Nordwestdeutschland/Bayern) widerspiegelt, sowie den nicht einer Landeskirche angehörenden eigenständigen reformierten Gemeinden. Die Form A2 mit Sündenbekenntnis und Zuspruch entspricht der Form, wie das Abendmahl in der lippischen Landeskirche gefeiert wird. Gemeinsam ist allen vier Formen Einsetzungsworte, Vaterunser, Austeilung und abschließendes Dankgebet. Insgesamt sind die Grenzen zwischen lutherischen und reformierten Agenden fließend. Beide beschreiben eine an verschiedenen Formen und Möglichkeiten reiche Abendmahlspraxis.

Liturgie I Erste Form	Liturgie I Zweite Form	Liturgie II	Reformierte Liturgie Form A1 (A2)
Vorbereitung (Offertorium): Bereitstellung der Abendmahlsgaben	Vorbereitung (Offertorium): Bereitstellung der Abendmahlsgaben		Wort zum Abendmahl
Lobgebet (Präfation)	Lobgebet (Präfation)		(Gebet)
Dreimalheilig (Sanctus)	Dreimalheilig (Sanctus)		
	Vaterunser		
[Abendmahlsgebet I]		Abendmahlsbetrachtung	Abendmahlsbesinnung
			(Sündenbekenntnis)
			(Verheißung)
Einsetzungsworte	Einsetzungsworte	Einsetzungsworte	Einsetzungsworte
[Christuslob]			
[Abendmahlsgebet II]		Abendmahlsgebet	Abendmahlsgebet
Vaterunser		Vaterunser	Unser Vater
Friedensgruß			
Lamm Gottes (Agnus Dei)	Lamm Gottes (Agnus Dei)		
Austeilung	Austeilung	Einladung Friedensgruß Austeilung	Einladung und Austeilung
Dankgebet	Dankgebet	Dankgebet	Danksagung

Realpräsenz und Wandlung. Die reformierten Kirchen, Calvin und Zwingli folgend, verstehen die Einsetzungsworte so, dass Brot und Wein „Zeichen" sind, die Leib und Blut Christi „bedeuten", nicht aber „sind". Das Abendmahl wird als Gedächtnisfeier verstanden, bei der Christus gegenwärtig ist in der vergegenwärtigenden Erinnerung der am Abendmahl Teilnehmenden. Diese Auffassung vertreten auch die meisten Freikirchen.

Luther hat, anders als Calvin und Zwingli, an der Realpräsenz Christi in Brot und Wein festgehalten, zugleich aber die katholische Transsubstantiationslehre und das mit der Messe verbundene Opferverständnis scharf kritisiert und abgelehnt. Wie genau Christus real präsent sei, entzieht sich nach Luther genauerer Erklärung: Auf geheimnisvolle Weise sei er „in, mit und unter Brot und Wein" gegenwärtig. Auf keinen Fall aber vollziehe sich eine Wandlung von Brot und Wein (Transsubstantiation) durch das eucharistische Hochgebet des Priesters, vor allem nicht durch die darin enthaltene Anrufung des Heiligen Geistes (Epiklese) und die Konsekration, also die Rezitation der Einsetzungsworte mit Kreuzzeichen und Emporhebung der Abendmahlsgaben (Elevation). Die Transsubstantiationslehre war 1215 vom vierten Laterankonzil zum Dogma erhoben worden, nachdem sich die Vorstellung von einer Wandlung seit dem 4. Jahrhundert mehr und mehr durchgesetzt hatte. Damit einher ging ein sorgsamer Umgang mit den konsekrierten Hostien (Aufbewahrung im Tabernakel) und die Entwicklung von Andachtsformen, die ihrer Verehrung dienten: Die Präsentation in Monstranzen und Anbetung einer Hostie als Repräsentation Jesu Christi bis hin zu einem eigenen Fest, der Fronleichnamsprozession. Gleichzeitig verschob sich das Gewicht der Eucharistiefeier von einer Feier, bei der die Gemeinde kommuniziert, zu einer Feier, bei der die priesterliche Wandlung im Mittelpunkt steht und das demzufolge auch ohne Gemeinde stattfinden konnte und (ablesbar an den zahlreichen Seitenaltären, die in vielen mittelalterlichen Kirchen noch zu sehen sind) auch stattfand. Heutzutage ist angesichts zunehmenden Priestermangels vor allem von Bedeutung, dass ein katholischer Priester Hostien „auf Vorrat" konsekrieren kann, beispielsweise für die Krankenkommunion oder für die Austeilung durch „Laien".

Opfer. Eng mit dieser Vorstellung von einer Verwandlung des Wesens von Brot und Wein zu Leib und Blut Christi hängt die Vorstellung zusammen, dass die Messe ein Opfer sei, das der Priester Gott darbringe. Luthers Widerstand gegen das „Messopfer" führte zu einer völligen Neubewertung der priesterlichen Rolle: Er „handelt nicht mehr Gott gegenüber im Namen der Gemeinde opfernd, sondern er wird zum Mund Gottes und richtet dessen befreiende Zusage der Gemeinde aus" (Schmidt-Lauber, ebd., 222). Luther forderte, um die veränderte Rolle des Priesters vor Augen zu führen, dass dieser der Gemeinde zugewandt sein müsse. Die baulichen Gegebenheiten in manchen evangelischen Kirchen, bei denen es nur einen Hochaltar gibt, lassen diese Forderung immer noch unerfüllt, während das II. Vaticanum in den 1970er Jahren weltweit in katholischen Kirchen den MENSAALTAR eingeführt hat. Hieran ist abzulesen, dass auch im katholischen Bereich das Bemühen deutlich wird, die Messe nicht als Opfer missverstehen zu können. In reformierten Kirchen gibt es, um jeglichem Missverständnis von vornherein den Boden zu entziehen, statt eines Altars einen Abendmahlstisch, der oftmals auch äußerlich ein „normaler Tisch" ist. In diesem Zusammenhang ist die scharfe Polemik des Heidelberger Katechismus gegen das Verständnis der Abendmahlsfeier als Opfer zu sehen. Seit 1994 ist allerdings dessen Formulierung von 1563 (Frage 80), die „päpstliche Messe" sei eine „Leugnung des einmaligen Opfers und Leidens Jesu Christi" und eine „vermaledeite Abgötterei", mit einer Fußnote versehen, in der die beschriebene Verwerfung zurückgenommen wird.

Eucharistiegebet. Mit der harschen Ablehnung des Messopfers hat Luther die katholische Abendmahlsliturgie auf die Einsetzungsworte und die Austeilung reduziert und sämtliche Gebete ersatzlos gestrichen. Einzig das Vaterunser wird wegen der fünften Bitte (vergib uns unsere Schuld) als würdige Vorbereitung auf den Gang zum Tisch des Herrn angesehen und beibehalten.

Vielen Liturgikern ist dies zu karg. Sie führen außerdem das Argument an, dass das Rezitieren der Einsetzungsworte dem darin enthaltenen Befehl „Solches tut (sooft ihr's trinket) zu meinem Gedächtnis" insofern nicht gerecht werde als Jesu eigenes Dankgebet (griech. eucharistein) über den Gaben seines letzten Mahls mit den Jüngern konstitutiv zum Abendmahl dazugehöre. Die Handlungen Jesu lassen sich ablesen an den Verben, den „Tu-Wörtern", des Einsetzungstextes: Er *nahm* (das Brot), *dankte, brach* (es), *gab* (es seinen Jüngern) und *sprach*. Die reichhaltiger ausgestalteten Liturgien beinhalten daher vor allem eine Ausgestaltung des Dankens, deshalb hat das entsprechende Gebet in der wissenschaftlichen Literatur, aber auch in evangelischen Agenden – dort als eingeklammerte Variante zu „Abendmahlsgebet" – den Namen „Eucharistiegebet". Das Evangelische Gottesdienstbuch der VELKD und EKU enthält zwölf mögliche Abendmahlsgebete, die meisten von ihnen sind von ihrem Aufbau her *trinitarisch* formuliert, zum Beispiel:

[ABENDMAHLSGEBET I]

Sei gepriesen, du *Schöpfer* aller Dinge,
sei gepriesen für das Licht, das wir sehen,
das uns hinweist auf Christus, unser Licht.
Sei gepriesen für alles, was die Erde hervorbringt,
um uns Menschen zu ernähren.
Sei gepriesen für alles, was du uns zugute getan hast,
in *Jesus Christus,* deinem Sohn:
für seine Geburt in dieser Welt,
für sein Leiden und seinen Tod am Kreuz,
für seine Auferstehung am Morgen der neuen Schöpfung.

Unser Herr Jesus,
in der Nacht, da er verraten ward, nahm er das Brot,
dankte und brach's und gab's seinen Jüngern und sprach:
Nehmt hin und esset. Dies ist + mein Leib,
der für euch gegeben wird.
Solches tut zu meinem Gedächtnis.
Desgleichen nahm er auch den Kelch nach dem Abendmahl,
dankte und gab ihnen den und sprach:
Nehmet hin und trinket alle daraus,
dieser Kelch ist der neue Bund/das neue Testament in + meinem Blut,
das für euch vergossen wird zur Vergebung der Sünden.
Solches tut, sooft ihr's trinket, zu meinem Gedächtnis.

[CHRISTUSLOB]

[Kantor: Groß ist das Geheimnis des Glaubens.]

Gemeinde: Deinen Tod o Herr, verkünden wir und deine Auferstehung
preisen wir, bis du kommst in Herrlichkeit.

[ABENDMAHLSGEBET II]

Segne uns, Vater, diese Gaben,
dass wir Christi Leib und Blut zu unserem Heil empfangen.
Sende auf uns herab deinen *Heiligen Geist*,
den Atem, der Leben spendet,
den Tröster der Verzweifelten,
den Begleiter in alle Wahrheit;
der uns neu macht an Leib und Seele,
der uns das Leben schenkt, das nicht vergeht,
der uns Menschen versöhnt in der Kraft Jesu Christi.
Erhöre uns, wenn wir gemeinsam beten:

VATERUNSER

Gegen ein derart ausgeführtes Dankgebet werden verschiedene Argumente angeführt: Erstens entspricht es zwar der vorreformatorischen Tradition, nicht aber Luther selbst. Zweitens ist das Abendmahl kein „Nachspiel" des letzten Mahls Jesu mit seinen Jüngern, bei dem der Liturg die Rolle Jesu einnimmt, zumal der Anamnesebefehl, wie oben erläutert, nicht unbedingt als historisches Herrenwort anzusehen ist. Die Problematik eines ausgestalteten Dankgebetes vor der Austeilung, in das die Stiftungsworte integriert sind, liegt allerdings weniger darin, auf wessen Autorität man sich dabei berufen kann oder ob das Gebet die evangelisch-konfessionelle Identität verschleiert. Die Problematik liegt eher auf einer sprachlichen Ebene, ob nämlich zwei verschiedene Formen gottesdienstlichen Handelns, die unterschiedliche Adressaten haben, vermengt werden sollten. Die eine Form ist die Verkündigung (Rezitation der Einsetzungsworte), die sich an die Gemeinde richtet, die andere das Gebet, das sich an Gott richtet. Und ein letztes, eher formal-ästhetisches Argument gegen das „Eucharistiegebet": Ist weniger (an Worten) nicht auch manchmal mehr (an „Geheimnis des Glaubens")?

Zulassungsfragen. Die Zulassung zum Abendmahl wird in den christlichen Kirchen unterschiedlich gehandhabt: Während in der römisch-katholischen Kirche nur Katholiken zur Kommunion zugelassen sind, kennt auf der anderen Seite die evangelisch-methodistische Kirche keinerlei Einschränkungen: Jede und jeder, der am Abendmahl teilnehmen möchte, kann dies tun. In lutherischen und reformierten Kirchen sind alle getauften Christen zugelassen, oftmals allerdings erst nach der Konfirmation. Viele Gemeinden teilen das Abendmahl auch an Kinder aus und laden, insbesondere bei Konfirmationen, ausdrücklich auch katholische Christen ein. Letzteres führt immer wieder zu Ärger mit katholischen Nachbargemeinden, die darin eine Missachtung des guten ökumenischen Miteinanders sehen. Zwischen lutherischen und reformierten Kirchen besteht seit 1973 („Leuenberger Konkordie") Abendmahlsgemeinschaft: die bleibend unterschiedliche Auffassung über das Abendmahl soll sich nicht trennend auswirken. Abendmahlsgemeinschaft ist hingegen nicht möglich zwischen Katholiken und Protestanten. Wer als evangelischer Christ an der katholischen Kommunion teilnimmt, bringt den zelebrierenden Priester in eine schwierige Lage, weil er die Kommunion an Evangelische nicht austeilen darf – es sei denn, es besteht die absolute Ausnahmesituation eines „seelsorgerlichen Notfalls". Es ist derzeit nicht damit zu rechnen, dass das Modell versöhnter Verschiedenheit, das zwischen Lutheranern und Reformierten möglich ist (immerhin auch erst seit gut 30 Jahren!), für das gemeinsame Abendmahl von Katholiken und Protestanten Vorbild werden wird.

Zum Unterricht

Anknüpfungspunkte für die Schülerinnen und Schüler sind unter Umständen eigene Abendmahlserfahrungen; allerdings ist weitgehend nicht mit einer eigenen regelmäßigen Abendmahls*praxis* als Form des gelebten Glaubens zu rechnen. Gegebenenfalls trifft dies für katholische Schülerinnen und Schüler in ländlichen Gebieten zu. Möglicherweise ist einigen noch der Streit um das gemeinsame Abendmahl beim ersten ökumenischen Kirchentag in Berlin im Jahr 2003 in Erinnerung; dieser Streit wird vermutlich aber eher als Skurrilität abgespeichert sein, denn als ernsthaftes theologisches Problem.

Didaktisch ist es deshalb ratsam, einen Einstieg zu wählen, der eher mit der Lebenswelt der Schülerinnen und Schüler verbunden ist (der Werbung) und zugleich eine theologische Dimension des Abendmahls berührt, die fast gänzlich im Bereich des „Geheimnisses" liegt. Im „für dich gegeben" klingen die Deutung des Todes Jesu als Sühnetod an und damit auch die Sakramentalität der Abendmahlsfeier. Dass das Abendmahl ein Sakrament ist, also „zum Heil dient", hängt mit dem „Setting" des letzten Mahles Jesu in der Bibel zusammen: es ereignet sich an einem Wendepunkt der Geschichte, an dem es ganz elementar um Tod und Leben geht. Ähnlich wie die Exodus-Erfahrung einer Schar von Menschen, die an ebenso einem Wendepunkt der (jüdischen) Geschichte platziert ist, für den Glauben ganz Israels konstitutiv geworden ist und ihren Niederschlag im Passafest gefunden hat, ist das letzte Mahl Jesu mit einer relativ kleinen Gruppe von Jüngern konstitutiv geworden für die Glaubenspraxis der gesamten Christenheit. Beide Rituale, das Passamahl und das Abendmahl, haben für Judentum und Christentum jeweils die Funktion, Vergangenes nicht nur in einem geistigen Akt der Erinnerung zu vergegenwärtigen, sondern im gegenwärtigen Handeln und im gegenwärtigen Fest-Erleben verschmelzen Vergangenheit, Gegenwart und Zukunft. Der damit angesprochene eschatologische Aspekt unterscheidet die jüdisch-christliche Form des „Gedenkens" (hebr. zakar/ griech. anamnesis) vom schlichten „Erinnern" (lat. memoria): „So ist das *zakar*-Geschehen, die jüdische Anamnese, im Unterschied zum hellenistischen Gedächtnis ein überaus dynamisches Geschehen: Es vollzieht eine reale Repräsentation vergangener Ereignisse und Personen mit allen davon ausgehenden Wirkungen und ist zugleich der Antizipation fähig, der Hereinnahme noch ausstehender künftiger Ereignisse und Personen in die Gegenwart. Das Objekt überspringt gewissermaßen Raum und Zeit in beiden Richtungen. Wir sprechen deshalb von einer *aktiven Anamnese*" (Schmidt-Lauber, ebd., 228).

■ Anliegen

In den Jahren 1999/2000 hatte das Deutsche Rote Kreuz eine Werbekampagne mit großen Plakaten und Handzetteln gestartet, die ein Schwarz-Weiß-Foto eines Mannes oder einer Frau zeigen, der oder die direkt in die Kamera guckt. Er oder sie hat dabei einen eindringlichen und ernsthaften Gesichtsausdruck, bei dem mit Mund eigentümlich geschlossen ist, die im Gesicht (in rot!) gedruckten Worte „mein Blut" bleiben in der Schwebe: sie sind nicht sofort als wörtliche Rede identifizierbar. Ebenfalls in rot (etwas größer) steht unten rechts: „für dich". Die dritte Rotfärbung des Plakates ist das Logo des Roten Kreuzes.

Werbung für das Rote Kreuz:
„Mein Blut – für dich"

Der oder die Umworbene wird angesprochen: ernsthaft, eindringlich, ihm oder ihr zugute hat jemand gespendet. Der oder die Betrachtende gerät plötzlich in die Lage, ungeahnt und ungeplant sich in der Rolle des Opfers wiederzufinden, eines Verkehrsopfers vielleicht, das ohne Blutspende dem Tod anheim fällt. Erst der Blick nach rechts oben weist aus der Opferrolle wieder hinaus: „Spende Blut beim Roten Kreuz" lautet der Appell. Gott sei Dank, ich kann die Rolle umkehren, kann selbst zum Spender werden – so suggeriert die Werbung.

Die Spendeworte beim Abendmahl lauten: „Christi Blut für dich vergossen" – und wie bei der Werbung wird mein Geschick gewendet: Ich empfange den „Kelch des Heils" (eine andere Spendeformel) und werde durch den Empfang des Sakraments „geheiligt". Der Unterschied besteht allerdings darin, dass ich nicht selbst zum Spender werde, sondern dass ich gerade dadurch „gerettet" werde, indem ich in der Rolle des oder der Annehmenden bleibe. Kein Appell folgt den Abendmahlsgästen außer „Gehet hin in Frieden". Werbung muss dagegen mit einem Appell verbunden sein, sonst wäre sie keine Werbung. In diesem Fall ist das Blutspenden religiös aufgeladen. Der Blutspender, der Spender „neuen" Lebens bekommt einen „heiligen Schein". Die Werbung betreibt auf diese Weise eine Entrationalisierung eine „Wiederverzauberung der Welt", weil sie gerade nicht mit vernünftigen Argumenten für die Blutspende wirbt – wohlwissend darum, dass das Blut mit voraufklärerischen Konnotationen verknüpft ist, die sich auf Blut als „Sitz des Lebens" beziehen. (Vgl. zum Ganzen: Stephan Vasel: Werbung als Instrument religiöser Zeitdiagnostik. Kulturtheologische Betrachtungen zur Werbung mit theologisch schwierigem Inhalt, in: Thomas Klie (Hg.): Spiegelflächen. Phänomenologie – Religionspädagogik – Werbung, Münster 1999, 213–234).

■ Verlauf

Die Arbeit mit dem Werbeplakat entspricht den üblichen Grundschritten: Erster Eindruck – Beschreibung – Deutung – Verarbeitung. Nach der Projizierung des Plakates als Folie sollten die Schülerinnen und Schüler zunächst ihren ersten, spontanen Eindruck wiedergeben. Wenn der Lehrkraft daran gelegen ist, herauszufinden, ob auch die Schülerinnen und Schüler Assoziationen in Richtung Abendmahl entwickeln, so dürfte das Thema „Abendmahl" als Unterrichtsthema nicht vorher benannt werden.

Hilfsfragen zur Bewusstmachung des ersten Eindrucks könnten sein:

- Was fällt mir besonders ins Auge?
- Was finde ich seltsam und unverständlich?
- Was löst das Plakat in mir aus (Gefühle, Stimmungen, Erinnerungen, Assoziationen, Fragen, Ablehnung, ...)?
- Spricht mich die Werbung an?

Leitfragen für den zweiten Schritt der Bildbeschreibung könnten sein:

- Wie ist die Aufteilung zwischen Foto und Text?
- Wie ist der Gesichtsausdruck des Mannes/der Frau auf dem Foto?
- Wohin werden die Augen des Betrachters/der Betrachterin gelenkt?
- Wo ist die werbewirksame Botschaft platziert?
- Wie ist die farbliche Gestaltung?
- Was bildet das Zentrum?

Leitfragen für den dritten Schritt der Bilddeutung könnten sein:

- Welches Assoziationsfeld werden durch die roten Gestaltungselemente und durch das Wort „Blut" eröffnet?
- Welches Assoziationsfeld wird durch „für dich" eröffnet?
- Was bewirkt der direkte, eindringliche Blick?
- Worin besteht der Unterschied *dieser* Bild-Text-Botschaft zu einem Plakat mit dem Slogan „Blutspenden rettet Leben"?
- Was ist die implizite Botschaft des Werbeplakats (im Unterschied zum expliziten Appell)?

Nicht initiiert werden sollte an dieser Stelle eine Diskussion zur Frage, ob das Spendewort beim Abendmahl, also im intimsten Bereich des Gottesdienstes, möglicherweise auch im intimsten Bereich der religiösen Erfahrung Einzelner, für Werbezwecke ge- bzw. missbraucht werden dürfen. Eine solche Diskussion führt in der Regel nur zu unfruchtbarer Moralisierung und zur Wiederholung des Klischees, Kirche sei humorlos und nicht alltagstauglich.

Eine Möglichkeit der produktiven Verarbeitung könnte dagegen die Gestaltung einer Werbung für einen Abendmahlsgottesdienst sein. Das fiktive Setting einer solchen Werbung wäre zum Beispiel der Rückgang der Teilnehmenden am Abendmahl und die Überlegungen eines Kirchenvorstandes, den nächsten Abendmahlsgottesdienst nicht nur in den Abkündigungen und im Gemeindebrief anzukündigen, sondern werbend und einladend eine Seite im Gemeindebrief zu gestalten.

Je nach Vorwissen und Leistungsvermögen der Schülerinnen und Schüler müssten zuvor die Grundfragen des Abendmahls besprochen werden, zum Beispiel:

- Was bedeutet es, dass das Abendmahl ein Sakrament ist?
- Worauf gründet sich das Abendmahl?
- Was sind die Grundelemente der evangelischen Abendmahlsliturgie?
- Warum feiern evangelische Christen nicht Fronleichnam und weshalb gibt es in evangelischen Kirchen keinen Tabernakel?
- Wer darf am Abendmahl teilnehmen?

Es ist sinnvoll, zuvor das letzte Mahl Jesu (s.u.) zu erarbeiten.
Der Auftrag an die Schülerinnen und Schüler könnte lauten:

– Gestaltet (in Partner- oder Gruppenarbeit) eine Seite im Gemeindebrief eurer Kirchengemeinde, auf der werbend und einladend auf den
  nächsten Abendmahlsgottesdienst hingewiesen wird. Verständigt
  euch zunächst darüber, welche implizite Botschaft eure Werbeseite
  haben soll und schreibt diese auf. Die implizite Botschaft sollte möglichst nicht identisch sein mit einem expliziten Appell, also nicht als
  Satz auf der Seite auftauchen.

Die Besprechung der Gestaltungen sollte dann im Prinzip nach demselben
Muster wie die Besprechung des Werbeplakates des Roten Kreuzes ablau-
fen. Hier allerdings sollte am Ende die Frage, ob Kirche für ihre eigenen
„Veranstaltungen" werben „darf", thematisiert werden. Ist das Abendmahl
eine „Veranstaltung"? Hat Werbung nicht immer etwas mit Verkaufen zu
tun? Was „verkauft" dann die Kirche? Weshalb, meint ihr, gibt es solche
Werbung für einen Abendmahlsgottesdienst nicht? Sollte es sie geben?
Warum?

▨ Anliegen

Statt die Schülerinnen und Schüler in Diskussionen über die konfessionellen Differenzen in der Abendmahlslehre zu verwickeln (woran vermutlich nur wenige ihre Freude hätten), ist eine Auseinandersetzung mit der biblischen Tradition des letzten Mahls sinnvoller, weil dadurch am ehesten ein Gespür dafür entwickelt werden kann, weshalb gerade das Abendmahl zu einer zentralen Feier der Christus-Anamnese geworden ist. Dafür eignet sich besonders der Lukas-Text (Lk 22,7–39), es ist sinnvoll ihn von Anfang bis Ende des Mahls als Gesamtheit zu präsentieren, damit die Schülerinnen und Schüler eine Vorstellung von Stimmung und Szenerie erhalten. Sie sollen den Text lesen und ihn danach in einem figurativen Bild darstellen. Für die Standbildarbeit haben sich folgende Regeln als sinnvoll erwiesen:

– Die Schülerinnen und Schüler bestimmen die Zahl der Figuren, die „verbaut" werden sollen (diese Zahl kann sich dann im Verlauf ändern).
– Sie bestimmen, wer das „plastische Material" darstellt und wer „gestaltet". Diese beiden Gruppen sind in der folgenden Arbeit strikt getrennt zu halten.
– Die Gestaltenden (im Idealfall *eine* mutige Schülerin oder *ein* mutiger Schüler!) bauen nun mit dem „plastischen Material" ein Standbild auf. Sie behandeln dabei das „plastische Material" wie Schaufensterfiguren, die sich bewegen und drapieren lassen, aber nicht hören können. Das Gestalten muss unbedingt im direkten Körperkontakt geschehen und nicht auf verbale Weise, weil sich sonst die Vorstellungen von Gestaltenden und Darstellenden vermischen. Die Regel entlastet außerdem die Darsteller, die sonst ihrer Unsicherheit des Auf-der-Bühne-Stehens dadurch begegnen, dass sie theatralisch agieren. Dies aber behindert die Arbeit der Gestaltenden.
– Nach und nach treten nun die Schülerinnen und Schüler, die nicht die Vorlage geliefert haben, an das Standbild heran, betrachtet es kurz und verändert den Aufbau. Die Veränderung kann vom Gestalter kommentiert werden, muss aber nicht. Die anderen Schülerinnen und Schüler beobachten. Jede und jeder kann seinen oder ihren Lösungsvorschlag zeigen.

Im Idealfall lassen sich die einzelnen Vorschläge mit einer Digitalkamera festhalten. Auf jeden Fall aber entsteht auf diese Weise ein eindringliches (äußeres) Bild davon, welches (innere) Bild die Schülerinnen und Schüler von der lukanischen Szene haben. (Vgl. zum Verfahren: Holger Hartmann: Theatrale Verfahren zur Erschließung von Kunstwerken, in: Bärbel Husmann (Hg.): Kunst und Religion – ein Dialog, Arbeitshilfen Gymnasium Bd. 10, Loccum 2003, 37–48).

Am Ende könnten in *einer* „eingefrorenen" Version die Darstellenden jeweils einen Satz sagen, der ihnen in ihrer Rolle als Jünger oder Jesus durch den Kopf geht. Das figurative Bild wird aufgelöst, indem die Lehrkraft sich bei Gestaltenden und Darstellenden bedankt und letztere ermuntert, sich „auszuschütteln" und ihre Rolle „abzuschütteln".

Die noch in der Rolle als Darstellende gesprochenen Sätze könnten dann zu Ausgangspunkten eines Unterrichtsgesprächs werden, das die Erfahrungen aller Beteiligten noch einmal reflektiert und der Frage nachgeht, welche Bedeutungszuschreibungen wohl für die Jünger mit diesem letzten Mahl verbunden waren. Hier ist auch Gelegenheit, eventuell auftretende Fragen zu klären, etwa die nach der Bedeutung des Passafestes, und dem Aussprechen des Rätselhaften an der ganzen Szenerie Raum zu geben.

Literatur

Guy de Maupassant: Boule de Suif, in: Fünfzig Novellen, Zürich 1993, 5–70 (Erstausgabe 1880).
Michael Meyer-Blanck: Inszenierung des Evangeliums. Ein kurzer Gang durch den Sonntagsgottesdienst nach der Erneuerten Agende, Göttingen 1997, 95–116.
Michael Welker: Was geht vor beim Abendmahl?, Gütersloh 1999.
Anselm Grün/Reinhard Deichgräber (Hg.): Freude an der Eucharistie. Meditative Zugänge zur Feier des Herrenmahles, Göttingen 2003.
Bärbel Husmann: Evangelisches Abendmahl – Anregungen zur liturgischen Bedachtsamkeit, in: Pastoraltheologie 93 (3/2004), 371–378.

3. Kasualien

A. Trauung

Die kirchliche Trauung ist der Anlass, bei dem die meisten Jugendlichen nach ihrer Konfirmation wieder den Kontakt mit der Kirche pflegen werden. Vornehmlich für pubertierende Mädchen ist die kirchliche Trauung darüber hinaus der Kulminationspunkt von Sehnsüchten nach immerwährender Liebe und dem Wunsch „den Mann fürs Leben" zu finden. Diese Sehnsüchte werden selten ausgesprochen, weil man um die Fragilität von Beziehungen und auch um die lebensgeschichtliche Anachronie solcher Wünsche weiß. Gleichwohl bilden sie den Horizont, vor dem erste Verliebtheiten sich anbahnen und erste Küsse ausgetauscht werden.

Vornehmlich in ländlichen Gebieten wird man damit rechnen können, dass Schülerinnen und Schüler kirchliche Trauungen aus eigener Anschauung kennen. Gottesdienste anlässlich einer Eheschließung werden jedoch in der Regel weder im Religions-, noch im Konfirmandenunterricht thematisiert. Dieses Missverhältnis könnte auf dem Hintergrund zu verstehen sein, dass die Trauung evangelischerseits kein Sakrament darstellt. Wo Trauungen in (katholischen) Religionsbüchern auftauchen, sind sie eingebunden in die Thematik „moderne Säkularität versus traditionelle Werte" (so zum Beispiel in „Zeichen der Hoffnung" 9/10, S. 186f.). Der ihnen innewohnende moralische Impetus ist für eine sachgerechte Erschließung des Themas allerdings eher hinderlich.

Das Wissen von Schülerinnen und Schülern über den Ablauf von Trauungen stammt häufig aus medial vermittelten Trauzeremonien: den im Fernsehen übertragenen Hochzeiten von Mitgliedern des europäischen Hochadels, der Sendung „Traumhochzeit" von Linda de Mol oder von Kinofilmen wie „My Big Fat Greek Wedding" (2002).

Beides, die eigenen Sehnsüchte und das medial vermittelte Wissen, bietet gute Anknüpfungspunkte, um zur Sprache zu bringen, was das „weltliche Geschäft" Hochzeit und Ehe, wie Luther sich in seiner Schrift „Traubüchlein für die einfältigen Pfarrherrn" von 1528 ausdrückt, mit Religion und Glaube zu tun hat. Die Kirche, vornehmlich die katholische Kirche, wird in der Wahrnehmung der Schülerinnen und Schüler dabei vor allem mit antiquierten Vorstellungen im Hinblick auf ihren Umgang mit den in der Ehe Gescheiterten in Verbindung gebracht werden. Hier findet eine auch auf anderen Gebieten feststellbare Verallgemeinerung eines traditionell-katholischen Eheverständnisses statt – auch ein Zeichen für mangelndes liturgisches Wissen. Der evangelische Religionsunterricht sollte an dieser Stelle nicht um eine vermeintliche ökumenische Harmonie bemüht sein, sondern betonen, dass sich die lutherische Auffassung von der Ehe als einer weltlichen Angelegenheit auch im Handeln der Kirche niederschlägt: Sie nimmt Ehe und lebenslanges Treueversprechen ernst, sie ermöglicht aber gerade deswegen auch denen einen zweiten Anfang, die daran gescheitert sind.

Geschichte. Die Trauung in ihrer heutigen Gestalt ist ein Ergebnis verschiedener Traditionslinien. Zum einen ist sie als kirchliche Trauung ein religiös gestalteter Übergangsritus. Dies gilt, auch wenn der Übergang nicht mehr verschiedene Lebensformen (allein oder als Paar lebend) betrifft, sondern den Übergang von einer impliziten Gewohnheitsform des Zusammenlebens in der Gegenwart zu einem explizit öffentlichen Bekenntnisakt, der die Zukunft des Zusammenlebens markiert. Zum anderen ist die Trauung als standesamtliche Trauung ein Rechtsakt. Bis 1938, als staatlicherseits ein Interesse daran bestand, zivile Rechtsakte an biografisch bedeutsamen Lebenspunkten religiös aufzuladen, wurde dies auch sprachlich deutlich: Die staatliche „Eheschließung" wurde von der kirchlichen „Trauung" unterschieden. Umgekehrt ist im katholischen Bereich auch die kirchliche Trauung ein Rechtsakt, da das römisch-katholische Kirchenrecht mit seinem Festhalten an der Unauflöslichkeit der Ehe zum staatlichen Recht hinzutritt: Ein geschiedener katholischer Christ kann demzufolge kein zweites Mal kirchlich heiraten, da kirchenrechtlich gesehen die erste Ehe weiterhin Gültigkeit hat, solange der erste Ehepartner nicht gestorben ist oder solange die erste Ehe nicht kirchenrechtlich annuliert (also für nicht existierend erklärt) wurde.

Nach evangelischem Verständnis setzt die kirchliche Trauung die zivile Trauung nicht nur voraus, sondern ist von ihr nach ihrem Charakter unterschieden. Während die zivile Trauung den Rechtscharakter der Ehe begründet, so handelt es sich bei der kirchlichen Trauung um einen „Gottesdienst anlässlich einer Eheschließung", bei dem vor allem der Segen eine herausragende Rolle spielt:

> Denn wer von dem pfarher odder bischoff gebet und segen begert, der zeigt damit wol an (ob ers gleich mit dem munde nicht redet), ynn was far und not er sich begibt, und wie hoch er des Göttlichen segens und gemeinen gebets bedarff zu dem stande den er anfeehet; wie sichs denn wol teglich findet, was unglücks der teuffel anricht yn dem ehestande mit ehebruch, untrew, unreinigkeit und allerley iammer.
>
> Martin Luther, WA 30/III, 7

Gerade das Wissen um „allerlei Jammer", den der Ehestand bedeuten kann, das Wissen darum, dass romantische Verliebtheit keine ausreichende Tragkraft besitzt für ein lebenslanges Miteinander, macht das Bedürfnis nach Gottes Segen, nach Zuspruch und fürbittender Begleitung nachvollziehbar. Das Trauversprechen ist vor diesem Hintergrund gerade nicht die theologische Mitte der kirchlichen Trauung, auch wenn es vom Ablauf her im Zentrum steht.

Historisch gesehen ist die Tradition der Eheschließung als Rechtsakt die ältere. Sowohl im Alten Testament als auch im römischen und germanischen Recht gibt es keine Überlieferungen, die auf eine priesterliche Trauzeremonie rückschließen lassen. Die Ehe ist ein Rechtsgeschäft, das zwischen Brautvater und Schwiegersohn abgeschlossen wird und das in der Übergabe der Braut an den Ehemann seinen Ausdruck findet. In dem zuweilen auch heute noch – vermutlich ein liturgischer Hollywood-Import – praktizierten Einzug der Braut am Arm ihres Vaters in die Kirche spiegelt sich ein Relikt jener patriarchalen Rechtsverhältnisse wieder. Nach römischem Recht galt zwar der Grundsatz, dass die Ehe durch die Willenserklärung des Paares begründet wird („consensus facit nuptias"); diese im Bereich des Rechts sich darstellende Emanzipation der Frau vom Willen ihres Vaters sollte jedoch für die praktischen Auswirkungen nicht zu hoch veranschlagt werden.

In der Alten Kirche wurde das Ehepaar dann eingeladen – „es ziemt sich", schreibt Ignatius – die Zustimmung des Bischofs einzuholen und gemeinsam die Eucharistie zu feiern. In dieser Verknüpfung von Eheschließung und Messfeier liegen die Wurzeln der Sakramentalisierung der Ehe. Zugleich fließt in diese Sakramentalisierung der Ehe etwas ein, das aus dem Bereich des germanischen Rechts stammt: Dort gibt es den Zeugen, vor dem der die Ehe begründende Konsens öffentlich erklärt wird, später erwächst daraus eine regelrechte Formhandlung, bei der ein Dritter (ein Priester) die Ehepartner „zusammenführt" (copulatio). Sowohl in der Trauagende der VELKD als auch der der EKU als auch im römisch-katholischen Ritus sind Überreste dieses Verständnisses bewahrt: Die evangelischen Agenden sehen zwar kein „Zusammensprechen" der Eheleute mehr vor, beide Agenden kennen jedoch als obligatorischen Bestandteil den Ritus, dass die Eheleute sich die Hände reichen, der Pfarrer oder die Pfarrerin seine bzw. ihre Hand darüber legt und sagt: Was Gott zusammengefügt hat, soll der Mensch nicht scheiden (Mt 19,6). Nur die „Reformierte Liturgie" verzichtet (theologisch konsequent und im Sinne Luthers) auf die Behauptung einer göttlichen Zusammenfügung. Dort heißt es stattdessen: „Der Dreieinige Gott segne eure Ehe. Er behüte euren Ausgang und Eingang von nun an bis in Ewigkeit. Amen". Im katholischen Ritus spenden sich die Eheleute das Sakrament der Ehe gegenseitig im Beisein eines Priesters; dennoch erlangt eine katholische Ehe nicht ohne diese „Formpflicht", also ohne „vor einem Priester" geschlossen worden zu sein, Rechtsgültigkeit.

Die mittelalterliche Kirche förderte die kirchliche Beteiligung am Zustandekommen einer Ehe, eher allerdings, weil Eheverständnis und Trauung ein Mittel im politischen Machtkampf waren, denn aus theologischen Gründen. Erst Ende des 18. Jh. ist dieser Kampf (in Preußen) zugunsten der Kirche endgültig ausgefochten: „Eine vollgültige Ehe wird durch die priesterliche Trauung vollzogen" heißt es im Preußischen Allgemeinen Landrecht. Fünfzig Jahre später wurde in Preußen eine fakultative *Zivilehe* eingeführt (vor allem für jüdische Eheleute), bis dann 1874 im Rahmen der preußischen Zivilstandsgesetzgebung die Zivilehe zur einzig gültigen Rechtsform wurde. Seither nimmt – wie zuvor schon mit weit längerer Tradition in anderen europäischen Ländern – ein Standesbeamter den Konsens der Eheleute entgegen und stellt die Rechtmäßigkeit der Ehe fest. Der Ausdruck „Ehepaar" statt „Brautpaar", der hier verwendet wird (und in Gottesdiensten anlässlich einer Trauung verwendet werden sollte) trägt dieser Entwicklung Rechnung.

Die Ehe – (k)eine Schöpfungsordnung Gottes. Biblisch gibt es keinerlei Anhaltspunkte für die Monopolisierung der lebenslangen monogamen Ehe. Dies spiegelt sich unter anderem auch darin, dass bis ins 10. Jahrhundert hinein – allerdings patriarchale Verhältnisse vorausgesetzt – Scheidungen und Mehrfachehen weder als moralisches, noch als soziales, noch als juristisches Problem galten. Biblisch lässt sich auch nicht die mit dem kirchlichen Eheverständnis einher gehende Abwertung einer „zweckfreien" Sexualität begründen. Die in Anschlag gebrachten Bibelstellen berichten von einer Segnung von Braut und Bräutigam durch die Eltern (Gen 24,60), von der Übergabe der Tochter durch einen Vater an den Bräutigam (Tob 7,10ff.), von negativen Bewertungen des menschlichen Alleinseins (Gen 2,18), von der Liebe als Grundhaltung christlichen Lebens (1Kor 13,1–8; Eph 4,2f.; Phil 2,2–4) usw. Aus ihnen und anderen hier nicht genannten Stellen geht keineswegs hervor, dass die (monogame) Ehe der „Schöpfungsordnung Gottes" entspricht. Dass die Schöpfungserzählungen des Alten Testament Mann und Frau als aufeinander bezogene und einander ergänzende Geschöpfe Gottes darstellen, bleibt davon unberührt. Der Rekurs Jesu auf die Schöpfung in der Perikope von der Frage nach der Ehescheidung begründet ebenso wenig das Rechtsinstitut der Ehe als Schöpfungsordnung Gottes, denn das Scheidungsverbot wird als Verbot um der Herzenshärte der Menschen willen bezeichnet, mit anderen Worten: Auch die Texte des Neuen Testaments gehen davon aus, dass der Mensch außerhalb des Paradieses sein Leben in der Welt leben muss und dazu gehört die Möglichkeit, dem anderen nicht gerecht werden zu können, die eigenen Fähigkeiten falsch einzuschätzen, dem „schwachen Fleische" nach zu leben und nicht dem „willigen Geist".

Barmherziger Umgang mit den Mitmenschen erweist sich von Seiten der Kirche dann auch gerade darin, dass Gescheiterte neu anfangen dürfen (und ihnen auch ein zweites Mal der Segen nicht verwehrt wird).

Seelsorgerliche Aspekte spielen ebenso eine entscheidende Rolle bei der Frage der kirchlichen Trauung von Ehepaaren, bei denen nur ein Teil der evangelischen Kirche angehört. Diese Frage wird bejaht, sofern der nicht-evangelische Partner verspricht, den anderen in der Ausübung seines Glaubens nicht zu behindern und den Wunsch nach einer kirchlichen Handlung ausdrücklich billigt. Auch dürfen keine Absprachen über eine nicht-christliche Kindererziehung getroffen sein und die Ehe muss von beiden als lebenslange Einehe gewollt sein. Ist der nicht-evangelische Partner katholisch, so ist eine „Trauung unter Mitwirkung eines Bevollmächtigten der jeweils anderen Konfession" möglich. Die Bezeichnung „Ökumenische Trauung" ist jedoch falsch, weil es sich kirchenrechtlich um eine evangelische oder katholische Trauung handelt, je nachdem, ob der den Konsens entgegen Nehmende ein katholischer Priester oder eine evangelische Pfarrerin ist. Die Trauung konfessionsverschiedener Ehepaare erfolgt nach der Ordnung, für die sich die Eheleute entschieden haben, in der Regel ist sie identisch mit dem Gotteshaus, das sie wählen. Ein katholischer Christ, der in einer evangelischen Kirche nach evangelischer Ordnung unter Mitwirkung eines Priesters heiratet, braucht einen „Dispens" (von der „Formpflicht" – s.o.), wenn er möchte, dass seine Eheschließung nach römisch-katholischem Kirchenrecht anerkannt wird.

Problematischer wird die Trauung gleichgeschlechtlicher Paare gesehen. In einzelnen Landeskirchen sind *Segnungsgottesdienste* möglich, eine kirchliche Trauung, die sich agendarisch an die Trauung eines gemischtgeschlechtlichen Ehepaares anlehnt, ist (noch) nicht möglich. Sieht man in der Trauung in erster Linie einen Gottesdienst anlässlich einer Eheschließung, bei dem der Segen für das Paar im Zentrum steht, so müsste dies entsprechend auch für homosexuelle Paare gelten können. Dass Mann und Frau aufeinander bezogene Geschöpfe Gottes sind, schließt nicht aus, dass auch zwei Männer oder zwei Frauen eine verantwortliche Partnerschaft leben können und wollen. Ob diese Frage mit den Schülerinnen und Schülern thematisiert werden kann oder sollte, muss der Einschätzung der jeweiligen Lehrkraft überlassen bleiben.

„…bis der Tod euch scheidet" – ein Drittel aller Ehen wird durch das Amtsgericht geschieden. Eher als mit homosexuellen Beziehungen werden die Schülerinnen und Schüler Erfahrungen mit gescheiterten Beziehungen haben, insbesondere wenn es ihre eigenen Eltern betrifft. Nahezu sämtliche Literatur zu diesem Thema beklagt diese Entwicklung – bis hin zu Äußerungen, dass wir uns „skandinavischen Verhältnissen" (45 % Scheidungsrate) nähern. Ebenso haftet dem Ausdruck „Scheidungskinder" eine defizitäre Konnotation an. Eine solche kulturpessimistische und die „gute alte Zeit" verklärende Sicht und Sprache stigmatisiert die von Scheidung Betroffenen. Sie verhindert einen sachgerechten Blick auf den Zu- bzw. Neugewinn an Aufrichtigkeit, Lebensfreude und Unabhängigkeit, der mit einer Scheidung für alle Beteiligten verbunden sein kann (natürlich nicht immer verbunden ist!). Ob Kinder stabile und warmherzige Beziehungen zu ihren Vätern haben, hängt keineswegs daran, ob diese mit ihren Müttern zusammenleben oder nicht. Dass durch Scheidung und Wiederheirat die Zahl der (Halb-) Geschwister, Eltern, Tanten und Großeltern steigt, stellt angesichts der vielen Stieffamilien aufgrund hoher Kindbettsterblichkeit in früheren Zeiten nur ein anderes Problem dar, nicht aber ein größeres. Aushalten und durchhalten mussten die Frauen früherer Generationen (denn Frauen waren es, die, weil sie wirtschaftlich abhängig waren, keine Alternative hatten). Aushalten und durchhalten (in einer unglücklichen Ehe) darf jedoch nicht das Modell sein, das Jugendliche heute mit einem christlichen Eheverständnis in Ver-

bindung bringen sollten. Zu sehr erinnert es an eine unchristliche Mysti-
fizierung von Leiden statt einer sich selbst und dem Mitmenschen gegenüber
wahrgenommen verantwortlichen Lebens- und Ehegestaltung.

Die Formel „bis der Tod euch scheidet" (im Traubekenntnis Form A –
„Fragen" – in der Agende der VELKD), bedarf in Anbetracht der lebensweltlichen Relevanz besonderer Beachtung. Gleiches gilt für das Zitieren von
Mt 19,6 („Was Gott zusammengefügt hat, soll der Mensch nicht scheiden") in
unierten und lutherischen Agenden. In der unterrichtlichen Praxis wird es
dabei darauf ankommen, dass Scheidungen nicht nur in ihrer leidvollen,
sondern mit ihren positiven Seiten zur Sprache kommen. Theologisch gesehen ist die Formel weder aus seelsorgerlichen noch aus liturgischen noch aus
sachlichen Gründen zwingend; auch die Form B – „Erklärung" – der VELKD-
Agende (siehe unten „Anregungen für den Unterricht" unter B.) sieht alternative Formulierungen vor. Ob „bis der Tod euch scheidet" noch zeitgemäß
ist oder ob eine solche Formel gerade deswegen als über die vorfindliche
Wirklichkeit hinausweisend gesprochen werden sollte, könnte Gegenstand
des Diskurses mit den Schülerinnen und Schülern sein.

Der Pfarrer oder die Pfarrerin als Zeremonienmeister? Die Bezeichnungen
„Kerngemeinde" und „Kasualchristen", die sich in der praktisch-theologi-
schen Literatur finden, weisen auf ein Problemfeld hin: Volkskirchliche
Strukturen bedeuten zwangsläufig, dass die große Mehrheit der Menschen,
die sich kirchlich trauen lassen möchten, in Westdeutschland nicht zur Kerngemeinde gehört. Sie sind zumeist weder in den normalen Sonntagsgottes-
diensten zu finden sind, noch im Bibelkreis, im Posaunenchor, in der Krab-
belgruppe oder beim Frauenfrühstück. Manchmal sind sie nicht einmal
Kirchenmitglieder, sind ausgetreten wegen der Kirchensteuer, haben ein
mehr oder weniger latent schlechtes Gewissen und vertrauen dennoch darauf, dass ihr Glaube an „irgendwie eine höhere Macht" schon reichen werde,
dass ihr Wunsch nach geistlicher Begleitung für den Beginn ihrer Ehe nicht
abschlägig beschieden wird. Ein „Ave Maria" möchten sie gesungen haben in
einem evangelischen Gottesdienst, die Freundin soll ein Gedicht von Kalil
Gibran verlesen, vielleicht könne man ja dazu auch „etwas ganz Persönliches" predigen, die Zeremonie soll natürlich gefilmt werden, weil so wichtige
Momente im Leben festgehalten werden müssen. Der Pfarrer, die Pfarrerin
ahnt, dass Vaterunser und selbst gängige Kirchenlieder nicht mehr zum
Repertoire gehören, das dem Paar aktiv zur Verfügung steht. Dieses Szenario
deutet das Spannungsfeld an, in dem die kirchliche Trauung in den meisten
Fällen stattfindet. Ob tatsächlich eine möglichst große Beteiligung des Paares
und seiner Angehörigen am Gottesdienst diesem Dilemma abhilft oder ob es
nicht wichtiger wäre, dass die Gestaltung in möglichst professionellen Händen bleibt, ist eine liturgiedidaktisch offene Frage.

Im Religionsunterricht kann es nicht um die Frage gehen, wie Kasualien
von Seiten der Pfarrerinnen und Pfarrer „als Möglichkeit zum Kirchen-Marketing" (so der Untertitel eines Aufsatzes von Ralf Hoburg in: Lernort

Gemeinde 18 (2/2000)) oder/und seelsorgerlich genutzt werden könnten, sondern viel mehr darum, auf Seiten der Schülerinnen und Schüler durch ein besseres Verständnis der eigenen gelebten Religion (hier: der kirchlichen Trauung) den Horizont zu erweitern, vor dem eigene Wünsche und Positionen entwickelt werden. Im Hinblick auf die damit intendierte Erweiterung ihrer Handlungskompetenzen könnte es auch darum gehen, beispielsweise Gebete und Lesungen gut vortragen zu können: nicht die Altarstufen hinaufzuhüpfen, den richtigen Abstand zum Mikrofon einzuhalten, langsam, betont und deutlich zu sprechen, einen unprätentiösen Tonfall zu finden, die Hände aus den Hosentaschen zu nehmen, ohne Hast den exponierten Platz am Lesepult oder Altar wieder zu verlassen, kurz: Qualitätskriterien liturgischen Agierens kennen zu lernen und ein Stück liturgische Präsenz zu erlernen.

Elemente des Gottesdienstes anlässlich einer Eheschließung. Die Grundform des Gottesdienstes ist in allen Agenden ähnlich:

I.   Eröffnung und Eingangsgebet
II. Verkündigung, Traubekenntnis und Segnung des Ehepaares
III. Fürbitte, Vaterunser und Segen

Eine Abendmahlsfeier kann zwischen dem zweiten und dritten Teil eingefügt werden. Ebenso ist es – analog zur Taufe – möglich, die Trauzeremonie in einen normalen Sonntagsgottesdienst zu integrieren.

Der Gottesdienst beginnt üblicherweise mit dem Einzug des Paares (und des Pfarrers oder der Pfarrerin) – historisch an die von Luther praktizierte Zweiteilung der Zeremonie *vor* und *in* der Kirche erinnernd (vor der Kirche Traufragen, Ringwechsel, *copulatio;* in der Kirche Schriftlesungen, Gebet und Segen). Der Einzug des Paares in die Kirche, fast könnte man sagen: die Prozession, ließe sich gut deuten als Sinnbild für den Weg des Ehepaares. Auch deshalb ist ein Einzug von Frau und Vater liturgisch fragwürdig. An die Begrüßung schließen sich das erste Lied und das Eingangsgebet an.

Zur Verkündigung gehören (fakultative) Lesungen sowie die Trauansprache oder Predigt, der in der Regel der Trauspruch zugrunde liegt. Das Traubekenntnis kann in fast allen Agenden in zwei Formen erfolgen, von denen es jeweils leicht unterschiedliche Varianten gibt: die Traufragen, die von den Eheleuten mit Ja beantwortet werden oder die Erklärung, die von den Eheleuten selbstständig gesprochen wird. Hieran kann sich der Ringwechsel anschließen oder/und das Reichen der Hände, zu dem der Pfarrer oder die Pfarrerin ihre Hand gibt und Mt 19,6 zitiert. Der Kuss, der viele Filmsequenzen ziert, ist kein Bestandteil einer kirchlichen Trauung und bleibt dem Temperament des Paares bzw. der Sitte der örtlichen Gegebenheiten geschuldet. Der Mittelteil des Gottesdienstes wird abgeschlossen mit der Segnung des Ehepaares, vielerorts ist es üblich, dass das Paar dazu kniet.

Der dritte Teil des Gottesdienstes beinhaltet die Fürbitten, die sowohl die Situation des Paares, als auch die anderer Menschen in den Blick nehmen sollen, deren Lebenssituation vielleicht nicht von Freude, Glück und Liebe gekennzeichnet ist, sondern eher von Scheitern oder Einsamkeit. An die Fürbitten schließt sich das von allen gesprochene Vaterunser an. Der Gottesdienst wird mit dem allgemeinen Segen beschlossen.

Zum Unterricht

Anknüpfungspunkte für die Schülerinnen und Schüler sind ihr Vorwissen aus Filmen sowie ihre lebensgeschichtliche Situation erster Verliebtheiten zwischen Sehnsüchten nach ewiger Liebe und dem Wissen um die Irrealität solcher Sehnsüchte. Letzteres kann eigenständig thematisiert werden, es könnte aber auch implizit in die Bearbeitung der Frage eingehen, ob es für sie selbst vorstellbar ist, irgendwann einmal in ihrem Leben selbst kirchlich zu heiraten und die Traufragen zu bejahen oder ein Traubekenntnis abzulegen.

Elemente der hier vorgestellten Unterrichtsideen sind entnommen aus Dietmar Adler: Der Traugottesdienst als Thema im (Konfirmanden-)Unterricht, in: Bernhard Dressler (Hg.): Religion zeigen. Zeichendidaktische Entwürfe, Loccum 2002, 166–180.

▨ Verlauf

Nach einer Verständigung über Vorerfahrungen wird das Video einer evangelischen Trauung gezeigt. Ein solches Video ist sicherlich unschwer über die Verwandtschaft der Schülerinnen und Schüler zu erhalten oder aber (mit etwas Vorlauf) durch Vermittlung eines Pfarrers oder einer Pfarrerin. Mit Hilfe eines Arbeitsblattes werden die Schülerinnen und Schüler angeregt, detailliert und differenziert zu beobachten. Dabei könnte es zwei Durchgänge geben: Im ersten Durchgang schaut man auf die Personen, beim zweiten auf den Ablauf und die liturgische Gestaltung. Folgende Fragen sind sinnvoll:

1. Welche Personen sind am Gottesdienst aktiv beteiligt?
   Was ist bei ihnen jeweils zu sehen und zu hören?
   Wie gehen sie?
   Was sagen sie?
   Was tun sie?
   Welche Haltungen nehmen sie ein?
   Wie sind Mimik und Gestik?
   Welche Kleidung tragen sie?
   Wie wirkt das Gesehene und Gehörte auf dich?

2. Wie würdest du die einzelnen Teile des Gottesdienstes benennen?
   Was könnte der jeweilige Teil für die Beteiligten bedeuten?

In der Auswertung kann, vor allem in Teil 2 auf die Funktion der einzelnen Teile im Hinblick auf Gemeinsamkeiten und Unterschied zu ihrer Funktion im Sonntagsgottesdienst eingegangen werden: der Gebete, des Einzugs, der Lieder, der Predigt (Trauansprache), der Segnung, dem Traubekenntnis usw.

■ Verlauf

Teile eines Traugottesdienstes werden in Kleingruppen erarbeitet, z.B.

- das Aussuchen eines Trauspruches und das Formulieren von Predigt-
  elementen (vgl. die Unterrichtsanregungen im Kapitel „Predigt");
- das Treffen einer Liedauswahl (Eingangslied, Lied vor der Predigt, Lied
  nach der Predigt, Schlusslied);
- das Formulieren von Fürbitten;
- das Aussuchen von Bibeltexten für die Lesung;
- ein Traubekenntnis aussuchen.

Alle Ergebnisse aus dieser Phase sollten nicht nur vorgestellt, sondern
auch vorgetragen werden.

Dies ist bei der Gruppe, die sich mit den Liedern beschäftigt, schwierig.
Diese Gruppe müsste sich überlegen, wie sie eins der von ihnen vorgeschlagenen Lieder mit der Klasse einüben könnte.

Für die anderen beiden Gruppen kann man vielleicht auf Schülerinnen oder Kollegen zurückgreifen, die, aus der Theaterarbeit kommend,
Qualitätskriterien für angemessenes Gehen und Sprechen eintragen können. Es ist aber auch durchaus möglich, dabei dem eigenen ästhetischen
Empfinden zu trauen und eigene Kriterien zu entwickeln, gegebenenfalls
durch Ausprobieren verschiedener Varianten.

Ein Traubekenntnis probeweise zu sprechen ist – anders als bei Fürbitten und Lesungen – schwieriger, weil man selbst nicht „nur" Sprecher
oder Sprecherin ist, bei der es (auch) um Gestaltungsfragen geht, sondern
weil das Bekenntnis durch die Veränderung der Kommunikationspartner
stärker an die eigenen Überzeugungen gebunden ist. Es muss bei diesem
Schritt für alle Schülerinnen und Schüler ganz klar sein, dass es sich um
eine experimentelle Situation handelt, bei der sie selbst als Schauspieler,
d.h. in einer liturgischen Rolle und nicht als Person agieren.

Die anschließende Reflexion des Vorgetragenen darf sich dann allerdings
nicht auf ein Feedback für die schauspielerischen Qualitäten (war das
eine gute/schlechte Inszenierung und warum?) beschränken, sondern
muss auch die Erfahrungen der Schülerinnen und Schüler mit der jeweiligen Rolle zur Sprache bringen: Wie ist es dir beim Sprechen des Textes
ergangen? Wie ist es den Zuhörenden beim Hören des Textes ergangen?
Gab es Widerstände gegen den Text? Gefiel dir der Text? Konntest du
dich gut in die Rolle einfinden? Kannst du dir vorstellen, diesen Text „in
echt" zu sprechen? Wenn ja, warum? Wenn nein, warum nicht? Kann
man sich ein Versprechen auf Lebenszeit geben? Kannst du dir das für
dich vorstellen?

Das Traubekenntnis in Form A (Traufragen) lautet:

(Der Pfarrer oder die Pfarrerin fragt zuerst den Mann, dann die Frau): N.N. willst du N.N., die Gott dir anvertraut, als deine Ehefrau/deinen Ehemann lieben und ehren und die Ehe mit ihr/ihm nach Gottes Gebot und Verheißung führen – in guten und in bösen Tagen – , bis der Tod euch scheidet, so antworte: Ja, mit Gottes Hilfe.
Antwort: Ja, mit Gottes Hilfe.

Das Traubekenntnis in Form B (Erklärung) lautet:

(Der Pfarrer oder die Pfarrerin spricht den Text abschnittweise vor und die Eheleute sprechen ihn einzeln nacheinander nach oder beide wenden sich einander zu, und reichen sich zu den folgenden Worten die Hände): N., ich nehme dich als meine Ehefrau/meinen Ehemann aus Gottes Hand. Ich will dich lieben und achten, dir vertrauen und treu sein. Ich will dir helfen und für dich sorgen, will dir vergeben, wie Gott uns vergibt. Ich will zusammen mit dir Gott und den Menschen dienen. Solange wir leben. Dazu helfe mir Gott. Amen.
Oder (gemeinsam oder in Sätzen abwechselnd): Wir wollen in unserer Ehe nach Gottes Willen leben und auf seine Güte vertrauen. Wir wollen in Freud und Leid zusammenhalten unser Leben lang. Wir wollen gemeinsam für andere da sein und tun, was dem Frieden dient. Dazu helfe uns Gott. Amen.

Aus: Agende der VELKD

Weitere Textideen finden sich in der Agende für evangelisch-lutherische Kirchen und Gemeinden der VELKD III/2 (oder einer anderen zugänglichen Agende) sowie in dem Buch aus katholischer Tradition von Pierre Stutz und Thomas Metz-Abt: Trauung feiern. Ehe-Werkbuch mit Gottesdienstmodellen, Luzern 1999. Auch in etlichen Gesangbuchausgaben sind die entsprechenden Texte abgedruckt.

■ Anliegen

Vor dem Hintergrund der bis hierhin gesammelten Erfahrungen kann eine Filmsequenz aus Linda de Mols Traumhochzeit oder aus einer der unzähligen Hollywood-Hochzeiten den Abschluss bilden.

■ Verlauf

Gemeinsamkeiten und Unterschiede wären zu erarbeiten und es stünden Kriterien zur Verfügung, um sich eine eigene Meinung bilden zu können. Sinnvolle Gesprächsimpulse könnten nach der Erarbeitung von Gemeinsamkeiten und Unterschieden sein (Adler, 173):

- Wie findet ihr die gesehene Traumhochzeit? Ist alles nur Show?
- Wovon ist in der Traumhochzeit nicht die Rede? Fehlt etwas?
- Warum führt der Vater die Braut zum Altar?
- Welches Verständnis von Partnerschaft, welches Frauenbild steckt hinter diesem Brauch?
- Gibt es Momente, in denen ihr denkt, in der Traumhochzeit wird ein Gottesdienst gezeigt?

Steht kein Film zur Verfügung, so könnte auch die Analyse einschlägiger Zeitschriften zum Thema Hochzeit (z.B. „Braut und Bräutigam") oder die Darstellung von Adelshochzeiten in der Regenbogenpresse ergiebig sein.

Die Spannbreite zwischen Agende und Massenmedien könnte letztlich auch dazu anregen, eine eigene Position zum Thema „Heiraten" niederzuschreiben:

„Wenn ich einmal glaube, die Frau meines Lebens/den Mann meines Lebens gefunden zu haben ..."

Eine solche Positionsbestimmung enthielte eine Zusammenfassung der für den jeweiligen Schüler und die jeweilige Schülerin bedeutsamen Lernergebnisse. Die Vorgabe sollte nur eine Vorgabe für die Mindesttextlänge machen (zum Beispiel zehn Sätze) und genügend Zeit zum Verfassen eines solchen Textes geben, nicht aber die Schülerinnen und Schüler nötigen, zu bestimmten Einzelheiten Stellung zu nehmen. Es versteht sich von selbst, dass eine solche Aufgabe nicht zensiert werden kann, wohl aber können die Ergebnisse in anonymisierter Form (d.h. von der Lehrerin und ohne Namensnennung) vorgelesen werden.

Dies Verfahren muss vor dem Schreiben den Schülerinnen und Schülern bekannt sein.

Literatur

Rosemarie Nave-Herz: Die Hochzeit. Ihre heutige Sinnzuschreibung seitens der Ehe-schließenden: eine empirisch-soziologische Studie, Würzburg 1997.

„Traumhochzeit – Kasualien in der Mediengesellschaft". Themenheft der Zeitschrift *Pastoraltheologie* 88 (1/1999) – darin: Jo Reichertz: „Traumhochzeit – Magie und Religion im Fernsehen oder: Die Wiederentdeckung des Religiösen, 2–15; Michael Schibilsky: Kasualien in der Mediengesellschaft. Anmerkungen zu den Beobachtungen von Jo Reichertz zu „Traumhochzeit", 16–23; Martin Dutzmann: Das Fernsehen ist nicht die Kirche. „Traumhochzeit" und kirchliche Trauung. Kritische Bemerkungen zum Aufsatz von Jo Reichertz, 24–28; Eberhard Hauschildt: Kirch-liche Trauungen zwischen Magiebedürfnis und Interpretationschance. Zu den Beiträgen von Jo Reichertz und Martin Dutzmann, 29–33.

„Kasualien". Themenheft der Zeitschrift *Lernort Gemeinde. Zeitschrift für die theologische Praxis* 18 (2/2000) – darin Godwin Lämmermann: Ohne himmlischen Segen. Die kirchliche Trauung im Spiegel der Geschichte, 24–28; Ralf Hoburg: Nur Unterhaltung mit Glockengeläut? Kasualien als Möglichkeit zum Kirchen-Marketing, 10–16; Rainer Mischke: Nie waren sie so wertvoll wie heute: die Kasualien. Nicht der Hauptgottesdienst, die Kasualien sind heutzutage das wichtigste Angebot der Kirche, 55–59.

Michael Klessmann: [XVI.] Trauung, in: Christian Grethlein und Günter Ruddat (Hg.): Liturgisches Kompendium, Göttingen 2003, 348–370.

B. Beerdigung

Die Trauerfeier mit anschließender Beisetzung ist eine der ganz wenigen An-lässe, bei der evangelische Religion in liturgischer Form öffentlich in Er-scheinung tritt. Bei einer Bestattung zeigt sich im wahrsten Sinne des Wortes, wie die Kirche das Zeitliche segnet und deutet. Und an dem Wie lässt sich ablesen, warum sie das tut.

Die Kirche inszeniert Beerdigungen als *Begängnis*. Zusammen mit den Angehörigen begleitet der Liturg/die Liturgin den Leichnam auf seinem letz-ten Weg. Bei einem solchen Begängnis müssen bestimmte Stationen zurück-gelegt werden, wobei nicht alle Stationen öffentlich zugänglich sind (z.B. das Krematorium) oder religiös beansprucht werden (z.B. die Abholung des Toten aus dem Trauerhaus). Mit den Schauplätzen wechseln zudem die Berufsgrup-pen, die dort präsent sind und die die Wegstrecken zwischen den einzelnen Stationen wahrnehmen: die Ärzte und Pfleger im Krankenhaus, der Bestatter bei der Überführung und Einsargung, der Gärtner und die Friedhofsarbeiter auf dem Gottesacker. Mancherorts sind Geistliche bei der Aussegnung und bei der Abholung anwesend, in der Regel gestalten sie die Trauerfeier in der Friedhofskapelle und sind dann auch für die Bestattungshandlung am Grab verantwortlich.

Dort wo die Kirche beteiligt ist, setzt sie mit ihren Liturgien religiöse Zeichen, die an der Grenze des Menschenmöglichen begrenztes Leben als geschenktes Leben rechtfertigen. In ihnen kommt in verdichteter Form die Unumkehrbarkeit von Lebenswegen zum Ausdruck. Um jedoch das Totenbegängnis nicht in der Trostlosigkeit enden zu lassen, setzt die Kirche hier vor allem österliche Zeichen. Anders als im ORDINARIUM der traditionell vom Kirchenjahr vorgesehenen Anlässe (Passion und Ostern, Ewigkeitssonntag) wird hier die thematisch gebundene Gottesfeier durch einen individuellen KASUS, eben durch einen Trauer*fall*, veranlasst und bestimmt.

Der kulturelle Kontext der Beerdigungsliturgie zeichnet sich durch hochgradige Verunsicherungen aus, denn beim Umgang mit dem Tod setzen sich alle Beteiligten einer für sie bedrohlichen Erfahrung aus. In der Beerdigung nimmt die moderngesellschaftlich wahrnehmbare, gleichwohl angstvoll ignorierte Gewissheit Gestalt an, dass Lebenszeit endlich ist. In ihrem Handlungsablauf verdichtet sich exemplarisch die Erfahrung der Unzulänglichkeit aller sozialen Sicherungssysteme. Mit der kirchlichen Bestattung erfährt nun diese dem Leben geschuldete Unsicherheit eine christliche Deutung. Damit tritt sie öffentlich in einen Gegensatz zum allgemeinen Prinzip funktionaler Austauschbarkeit. Denn im Beerdigungshandeln der Kirche kommt die Einzigartigkeit und Individualität des Verstorbenen zur Darstellung, zielt es doch auf die *Integration* gelebten Lebens in die Lebenswelt. Die desintegrierenden Folgen des Todes sollen die Lebensumstände der Überlebenden nicht länger als unbedingt notwendig bestimmen. Das Leben soll gewissermaßen über sich selbst aufgeklärt werden: in diesem Fall über seinen Geschenkcharakter, über seine Endlichkeit und über seinen Trost, der „höher ist als alle unsere Vernunft" (Phil 4,7).

Das gelebte Leben wird dadurch nicht etwa postum überhöht, sondern der liturgische Verlauf vergegenwärtigt es mahnend und tröstend aus christlicher Sicht – im Angesicht Christi. Tod und Auferstehung Jesu Christi geben die Folie ab, auf die das Ableben und dessen Aufgehobensein projiziert werden. Indem die individuelle Lebensgeschichte ins Zentrum der biblischen Heilsgeschichte einrückt, wird sie gleichsam liturgisch gerechtfertigt.

Kulturell bedingt treffen heute kirchliche Bestattungen jedoch vielfach auf familienreligiöse Sinngebungen, die nicht immer anschlussfähig sind an die liturgische Semantik. Zwar ist die Kasualie selbst – im Unterschied etwa zu Taufe und Abendmahl – für die Trauergemeinde in hohem Maße nachvollziehbar und plausibel, aber das christliche Verständnis des Todes ist nur noch bedingt konsensfähig. Dies bezieht sich nicht so sehr auf die Predigt („Leichenrede"), als auf die agendarischen Formen. Solche Deutungsdifferenzen bestimmen die Wahrnehmung der kirchlichen Bestattung schon seit geraumer Zeit. Bereits am Anfang des vorigen Jahrhunderts beobachtet der Theologe Friedrich Niebergall (1860–1932) einen signifikanten Bedeutungswandel. So beklagt er z.B. die nur noch dekorative Bedeutung pastoralen Handelns, das für die meisten oftmals ebenso viel Sinn mache wie der „Palmkübel" in der Leichenhalle (Die Kasualrede. Leipzig 1905, 30). Derzeit lässt sich dieser Bedeutungswandel ablesen etwa am Verhalten bei der Trauerfeier in der Kapelle (viele Menschen haben z.B. Mühe damit, ihre Anteilnahme durch gemeinsames Singen zum Ausdruck zu bringen) oder auch beim Abschiednehmen am Grab (der dreifache Erdwurf wird oft nur noch vom Pfarrer vollzogen, während die meisten Blumen o.ä. auf den Sarg werfen). Auch die Gestaltung der Traueranzeigen in den Zeitungen und die Inschriften auf den Grabsteinen geben darüber Aufschluss, wie stark sich das Todesverständnis ausdifferenziert hat.

Zum Unterricht

In dieses Bild fügt sich auch die religionspädagogische Beschäftigung mit dem Thema Tod. Während in den weitaus meisten Unterrichtswerken den Sterbe- und Trauerprozessen ein breiter Raum gewährt wird, lassen sich kaum Religionsbücher finden, die das Geschehen *zwischen* Sterben und Trauern ausdrücklich zum Unterrichtsgegenstand machen. Gudrun Braeker bestätigt in ihrer breit angelegten Untersuchung über „Das Phänomen *Sterben/Tod* in Religionsbüchern" (Dortmund 1992) diesen Befund: Beerdigungen kommen unterrichtlich kaum vor. Zugespitzt formuliert bedeutet dies, dass im Wahrnehmungshorizont des Religionsunterrichts Sterbende für die Schülerinnen und Schüler formlos von der Bildfläche verschwinden. Mit Ausnahme eines vielleicht liturgisch sensiblen Konfirmandenunterrichts erfahren Kinder und Jugendliche kaum etwas über den Ablauf und den Sinn einer evangelischen Bestattung. Die Didaktisierung der Trauerfeier gleicht einem Trauerspiel.

Wenn aber – wie in vielen Schulbüchern üblich – die Erzeugung existenzieller Betroffenheit kurzgeschlossen wird mit biblisch-theologischen Versatzstücken, dann bleibt der Religionsunterricht den Lernenden etwas schuldig: die Relevanz aktuell verlautender Bibelworte an der Grenze zwischen Leben und Tod. Bei der Beerdigung tritt ja nicht nur ein fassbares Stück evangelischer Religion in Erscheinung – dies allein wäre pädagogischer Mühe wert –, es werden hierbei auch durchaus zentrale theologische Sinngebungen in Anspruch genommen. Immerhin glauben Christenmenschen gegen alle gesellschaftlichen Realitäten an, dass nichts auf der Welt sie von ihrem Herrn im Himmel trennen kann (Rö 8, 38f.). Durch die religionsdidaktische Reduktion auf der Todesthematik auf Sterbe- und Trauerphasen werden *Deutungsspielräume* preisgegeben, die durch Textbearbeitung und Bildbetrachtungen kaum kompensiert werden können.

Aus der Fülle denkbarer Zugänge werden hier drei exemplarische Erschließungsmöglichkeiten vorgestellt. Sie unterscheiden sich durch den thematischen Schwerpunkt und die Lernwege, die sich daraus ergeben.

▪ Anliegen

In der Geschichte der Kirche war das Begräbnis von Beginn an nie nur
eine Privatangelegenheit der Trauerfamilie. Man verstand es vielmehr als
eine Handlung der ganzen Christengemeinde. Man sah in ihm einen *der*
Akte, in denen die gemeinsam geteilte Auferstehungshoffnung rituell und
zeichenhaft Gestalt annimmt. Der Todesumgang war also immer schon
eingebettet in die Glaubensgemeinschaft der Lebenden. Die Toten verstar-
ben als Glieder einer Glaubensgemeinschaft. Ihn gemeinsam beizusetzen,
galt zunächst einmal als ein Gebot der Menschlichkeit – auch Heiden
beerdigten ihre Toten. Das unterscheidend Christliche war, dass sich der
Ritus mit einem tatkräftigen Zeugnis des Auferstehungsglaubens ver-
band. Immerhin sah man den Leib zu Lebzeiten als ein Werkzeug und
Gefäß des Heiligen Geistes (1Kor 3,16; 2Kor 4,7ff.).
Die Reformation verschob mit der theologischen Umcodierung des
Bußsakraments indirekt auch das Verständnis des christlichen Begräbnisses. Damit änderte sich auch die Ausrichtung des liturgischen Formulars.
Gelten die EXEQUIEN der römischen Kirche dem Toten selbst, so hat die
evangelische Trauerfeier in erster Linie die (Über-)Lebenden im Blick.
Evangelischerseits gibt keine so genannten „Sterbesakramente", auch
müssen Verstorbene nicht etwa postum von ihren Sünden los gesprochen
werden. Die Absolution können nur Lebende empfangen (vgl. die
berühmte 1. These Luthers, wonach „das ganze *Leben* der Gläubigen Buße
sein sollte"). Aus der Totenmesse wurde also bei den Evangelischen ein
Gottesdienst *für* die und *mit* den Hinterbliebenen. Bei einer Bestattung
handelt es sich in dieser Lesart um eine besondere Form der Darstellung
des Evangeliums aus Anlass eines Todes *im Hinblick auf* bzw. *durch* eine
anwesende Trauergemeinde. In den Schmalkaldischen Artikeln (1537)
heißt es, dass „Christus das Sakrament allein für die Lebendigen gestiftet"
hat (AS II, 2). Liturgisch rückt nun die Predigt bzw. die „kurze Vermah-
nung", wie sie in vielen Kirchenordnungen bezeichnet wird, in eine
Schlüsselstellung. Die liturgischen Stücke rückten mehr und mehr in den
Hintergrund.

Erst in letzter Zeit wurde ihnen in der protestantischen Beerdigungspraxis
wieder mehr Aufmerksamkeit zuteil. Vor allem über die ritualtheoretische
Sichtweise wurde es wieder möglich, die reformatorische Ausrichtung auf
die Leidtragenden, die vor allem in der Predigt Gestalt annahm, nicht
gegen den symbolischen Teil der Bestattung auszuspielen. Wenn der Trost
des Evangeliums für die Trauergemeinde darin besteht, den Menschen im
Leben wie im Sterben als „des Herrn" (Rö 14, 8) zu betrachten, dann kann
und soll dies auch in den liturgischen Elementen zum Ausdruck kommen.
In der Abfolge von Gebet, Lesungen, Gesang und Vaterunser tritt ins

Bewusstsein, dass man sich rituell einem von Gott ins Leben Gerufenen, durch Christus Erlösten und zur Auferstehung des Fleisches Bestimmten zuwendet. Der Gottesdienst stellt also das wahre Sein der Verstorbenen als Person im Wort Gottes ruhend dar. Er zeigt damit in einer kasuellen Situation, die oft genug dahin tendiert, den „Wert" des Menschen aus seinem Lebenswerk abzuleiten, dass Tote wie Lebende von außerhalb ihrer selbst konstituiert sind.

Liturgisch spitzt sich die Frage nach dem Subjekt der Beerdigung zu am so genannten Valetsegen (wörtl. „Lebewohl-Segen"). Er kann traditionell bei der Aussegnung im Trauerhaus gesprochen werden.

Es segne dich Gott, der Vater,
der dich nach seinem Ebenbild geschaffen hat. /
Es segne dich Gott der Sohn,
der dich durch sein Leiden und Sterben erlöst hat. /
Es segne dich Gott, der Heilige Geist,
der dich zu seinem Tempel bereitet und geheiligt hat. /
Der Dreieinige Gott sei dir gnädig im Gericht
und schenke dir das ewige Leben.

Agende für Ev.-Luth. Kirchen und Gemeinden.
Bd. III, Teil 5: Die Bestattung. Hannover

Ursprünglich als eine trinitarische Segnung von Sterbenden gedacht, wurde der Valetsegen seit dem 19. Jh. auch dann gesprochen, wenn der Tod bereits eingetreten war. Die neu bearbeitete Agende der VELKD von 1996 rät dazu, dass die Aussegnung mit dem (fakultativen) Valetsegen dort „sorgfältig bewahrt" werden soll, wo sie noch „ungebrochenes Brauchtum" ist. Die liturgische Besonderheit einer Aussegnung ist jedoch theologisch überaus brisant. Sie kann nämlich unter Umständen den Eindruck erwecken, als wirke der Liturg bzw. die Liturgin segnend auf einen leblosen Leib ein und unterliefe somit auf rituellem Wege die reformatorische Ausrichtung der Beerdigungshandlung auf die Hinterbliebenen. Denn immerhin sieht die Agende vor, dass der Segen „zur/zum Toten gewandt" gesprochen wird.

Der Tod als „das Ereignis der die Lebensverhältnisse total abbrechenden *Verhältnislosigkeit*", so die klassische Formulierung Eberhard Jüngels, lässt den Toten zurück in der „Weise des Gewesenseins". Die Personidentität bleibt von Gott aus gewahrt, während der Leib „verweslich gesät" wird (1Kor 15,42). Die vollkommene geschöpfliche Gemeinschaft mit Gott, zu der der Verstorbene als Gottes unverwechselbares (Jes 43,1) und kreatürliches (Ps 139) Gegenüber berufen ist, wird sich erst bei „Auferstehung der Toten" einstellen, wie es im Glaubensbekenntnis heißt.

Dieser weite theologische Bogen kommt im Valetsegen in sprachlich gedrängter Form zum Ausdruck, verstärkt noch durch die liturgische Haltung und das Kreuzschlagen (signatio crucis). Er zeigt an, dass auch das gelebte Leben des Toten teil hat an der Geschichte Gottes mit den Menschen, also als endliches verewigt ist.

Formal korrespondiert der Valetsegen mit der trinitarischen Bestattungsformel mit dem dreimaligen Erdwurf (*„Erde zu Erde, Asche zu Asche, Staub zu Staub"*). Eine Analogie zeigt sich auch zur Taufformel mit dem dreimaligen Übergießen von Wasser (*„Ich taufe Dich im Namen des Vaters und des Sohnes und des Heiligen Geistes."*). Diese strukturelle Ähnlichkeit sollte unterrichtlich nicht unerwähnt bleiben. Der Valetsegen ist jedoch – ungeachtet seiner regionalen Verbreitung – religionsdidaktisch vor allem deshalb interessant, weil er direkt die Frage nach der postmortalen Existenzform von Toten aufwirft. Ist eine Leiche noch ein Mensch? Welche Verbindung besteht zwischen einem leblosen Leib und den ehedem Lebenden? Stirbt mit dem Menschen auch seine Würde? Wird ein Mensch nach seinem Ableben zu einem toten Gegenstand? Viele Schülerinnen und Schüler haben sich diese Fragen möglicherweise im Zusammenhang mit der ebenso populären wie umstrittenen Ausstellung plastinierter Leichen („Körperwelten") gestellt. Praktisch-theologisch ist damit zugleich auch das Problem des Segens angeschnitten: Wer (oder was) kann wie gesegnet werden?

■ Verlauf

1. In einem ersten Lernschritt sollte der Lerngruppe Gelegenheit gegeben werden, vorhandene Erfahrungen im Zusammenhang mit Beerdigungen zu verbalisieren (Besuch des Pfarrers, Trauerfeier, Beisetzung, Leichenschmaus etc.). Wohl nur wenige werden dabei von einer Aussegnung berichten können. Hier könnte dann der Unterrichtende eigene Erfahrungen eintragen. Alternativ kann an dieser Stelle auch die agendarisch vorgeschlagene Ordnung der Aussegnung eingebracht werden (Arbeitsblatt, OH-Folie etc.):

   Friedensgruß – biblisches Votum – Gebet – fakultativ: Valetsegen – Schriftlesung – fakultativ: Abschied – Segen (VELKD-Agende S. 32-39).

2. Daran schließt sich organisch die Frage nach dem Segen ein. Hier sollten auf jeden Fall einschlägige Texte aus der Bibel bearbeitet werden (z.B. Gen 49; Lev 9, 22; Num 6, 23f. etc.).

Impulse:
- Wer segnet hier wen (oder was)?
- In welchen Worten und durch welche Gesten kommt der Segen zum Ausdruck?

3. Ein dritter Schritt hat dann den Valetsegen selbst zum Gegenstand. Bearbeitet werden sollen hier neben den wichtigen Form-Inhaltsfragen (Trinität; Schöpfung – Erlösung – Heiligung; Analogie zur Bestattungs- und Taufformel) vor allem, ob es sich bei diesem Text um einen Segen im biblischen Sinne handelt, bzw. wer hier wen aus welchem Anlass und wodurch segnet. (Laut Agende kann diese Formel – außer vom Pastor bzw. von der Pastorin – auch von einem Kirchenvorsteher/Presbyter, einem Gemeindeglied oder von einem Angehörigen gesprochen werden; Priestertum aller Gläubigen!) Die Lerngruppe wird gebeten, Kriterien zu benennen, die dann an der Tafel gesammelt und geordnet werden.

4. Die Lehrperson fordert die Lerngruppe durch einen neuen Impuls auf (*Lasst uns das jetzt mal ausprobieren ...*), den Text in verschiedener Weise spielerisch darzustellen: *Welche Gesten könnten diesen Segensspruch begleiten? In welche Position muss sich die segnende Person begeben?* – Hier sollten alle denkbaren Verhaltens- und Stellungscodes durchgespielt und auf ihre Angemessenheit und Stimmigkeit befragt werden: z.B. zum Toten gewandt, frontal oder mit dem Rücken zur Trauerfamilie, seitlich vom Toten, mit/ohne Berührung, leise/laut gesprochen. Wichtig: Die Agende sieht vor, nach den Worten „Der dreieinige Gott" ein Kreuz zu schlagen. Sollte das Kreuz auch geschlagen werden, wenn der/die Verstorbene – aus welchen Gründen auch immer – aus der Kirche ausgetreten ist?

5. Diese Lernsequenz könnte ein Gespräch darüber abschließen, welche Chancen und Grenzen bestehen, weit gehend in Vergessenheit geratene Riten wieder zu beleben und liturgisch mit Bedeutung zu belehnen.

Insgesamt findet eine an liturgischen Formen interessierte Religionspädagogik mit dem Valetsegen ein Medium vor, das nicht nur durch seine Kompaktheit besticht, sondern auch in Wortlaut und Vollzugsgestalt den Grundton christlichen Todesumgangs zu erhellen vermag. Durch ihn lässt sich eine produktive Spannung aufbauen zu den weit verbreiteten alltagsreligiösen Leib-Seele-Dualismen. Dies um so mehr, als auch die zumindest missverständliche Bestattungsformel (... *legen wir ihren/seinen Leib in Gottes Acker*) entsprechende Vorstellungen provoziert. Im Rahmen einer Lernsequenz sollte in jedem Fall die in der Ordnung der Aussegnung vorgesehene enge Verknüpfung von Fürbitte (für die Hinterbliebenen), Valetsegen und anschließender Schriftlesung vermittelt werden. Damit kann deutlich gemacht werden, dass der Ritus der Aussegnung *als ganzer* eine Trostfunktion gegenüber den Trauernden erfüllt.

■ Anliegen

Das kirchliche Handeln an Verstorbenen ist wie alle liturgischen Vollzüge ein zeichenhaftes Handeln. In ihm kommt zum Ausdruck, dass auch die Toten und ihre Angehörigen mit in den Geschehenszusammenhang hinein genommen sind, der durch Kreuz und Auferstehung Jesu Christi angezeigt ist: „Jesus, er mein Heiland lebt, ich werd auch das Leben schauen" (EG 526, 2). Alle liturgischen Zeichen sind Bestandteil dieses einen theologischen Codes: angefangen mit dem Friedensgruß, der allen Anwesenden die Gnade Gottes zuspricht, bis hin zur Einsenkung des Sarges, die nach altkirchlicher Tradition – als Zeichen der Hoffnung auf die Wiederkunft des Herrn – mit dem Gesicht nach Osten geschehen sollte. Der kulturelle Wandel, der sich durch die Zunahme der Urnenbestattungen und die selbst auf kirchlichen Friedhöfen mittlerweile übliche Neuausrichtung der Gräberfelder hat diesen sinnenfälligen Brauch jedoch fast dem Vergessen preisgegeben.

Zu den Charakteristika von Beerdigungshandlungen gehört, dass sie in eine enge Beziehung treten zu der jeweils vorherrschenden Deutungskultur. Die für jede Liturgie konstitutive Spannung zwischen spontaner Angemessenheit und bestehender Ordnung haben im Kontext von Bestattungen immer auch eine hermeneutische Rückseite. Denn über die Art und Weise, wie eine Gesellschaft das Verhältnis von Tradition und Situation austariert, lässt sich die sie begründende Kultur gut beschreiben. Auch dies macht die Beschäftigung mit agendarischen Formen religionspädagogisch reizvoll.

Der Wandel bzw. die Konstanz kultureller Umgangsformen zeigt sich auch und gerade in der musikalischen Ausgestaltung der Beerdigung. Schon in der Alten Kirche war das Singen und Beten der Psalmen (Ps 116; 65; 51) üblich. Es trat an die Stelle der in der antiken Kultur weit verbreiteten Totenklage. Nach Jak 5, 13 ist der Psalmgesang ein Ausdruck der Freude. Der Ersatz des zügellosen Wehgeschreis durch gefasste Gebetsäußerungen setzte nicht nur theologisch einen anderen Akzent – Gotteslob statt Leichenklage –, sondern er bildete auch eine frühe Form der Zivilisierung des Totenbegängnisses. Der würdevolle Umgang mit ihren Toten wurde im römischen Reich schon früh als eine Besonderheit der ersten Christengemeinden gewertet.

In der Reformationszeit stellte sich das Problem des liturgischen Wandels mit besonderem Nachdruck. Im Unterschied zu Trauung und Taufe war im lutherischen Bereich die christliche Bestattung lange nicht einheitlich geregelt. Die einzelnen regionalen Besonderheiten waren offenbar tief im Volksglauben verwurzelt. Stark normierenden Charakter hatte jedoch Luthers kurze programmatische „Vorrede zu der Sammlung der Begräbnislieder" von 1542 (WA 35, 478-483). Hier richtet er die Beerdigung gottesdienstlich klar auf die Auferstehungsbotschaft aus, „dem fröhlichen Artikel unseres Glaubens", wie er sie immer wieder nennt.

Dies machte das Begräbnis zwar nicht gerade zu einem fröhlichen Kasus, wohl aber zu einem Gottesdienst, der von Trost und Glaubensgewissheit geprägt war. Entsprechend formuliert Luther in der dritten Strophe seines Credo-Liedes, das seinen Sitz im Leben lange Zeit am Grabe hatte: *Wir glauben an den Heilgen Geist, [...] der aller Schwachen Tröster heißt [...]; hier all Sünd vergeben werden, das Fleisch soll auch wieder leben. Nach diesem Elend ist bereit' uns ein Leben in Ewigkeit. Amen.* (EG 183).

Als ungemein wirkmächtig erwies sich aber eine eher formale und unspektakuläre Wendung in genannter Vorrede: Es ist „billig und recht [...], dass man das Begräbnis ehrlich halte und vollbringe". Diese Bestimmung zieht sich wie ein Cantus firmus durch die verschiedenen Kirchenordnungen des 16. Jahrhunderts. Evangelische Beerdigungen sollten sich durch ihre Schlichtheit auszeichnen und dadurch, dass sie sittlichen Maßstäben *und* religiösen Angemessenheitskriterien genügen.

Diesbezüglich lag Luther viel daran, das altkirchliche Verständnis des Begräbnisses wieder freizulegen, den liturgischen Raum also nicht länger als „Klagehaus und Leidestätte", sondern wieder als „Schlafhaus" und „Ruhestätte" zu begreifen. Die Christenmenschen sollen sich „üben und gewöhnen im Glauben" – so fordert er weiter – „(d)en Tod zu verachten und als einen tiefen, starken, süßen Schlaf anzusehen. Den Sarg nicht anders denn als unseres Herrn Christi Schoß oder Paradies, das Grab nicht anders, denn als ein sanft Faul" – die Weimarer Ausgabe schlägt hier die Lesart „Liegestuhl" vor – „oder Ruhebett zu halten."

In religionspädagogischer Hinsicht sind an dieser Definition v. a. zwei Dinge bemerkenswert. Zum einen nimmt Luther hier eine semantische Verschiebung vor, die theologisch motiviert ist und die es zu „üben" gilt, um sie zu realisieren. Der neue Glaube ist für ihn eben auch ein Sprach- und Lernereignis. Gebräuchliche religiöse Codierungen verlieren ihren Sinn und werden gezielt im Sinne evangelischer Lehre umfunktioniert.

Dieses Verlernen und Neulernen geschieht, zweitens, im Modus der Liturgie, genauer: durch „die schöne Musica oder Gesänge". So enthält die Sammlung evangelischer Lieder zwar „etliche" katholische Gesänge „zum guten Exempel", doch erscheinen sie mit „andere(m) Text drunter gesetzt, (um) damit unsern Artikel der Auferstehung zu schmücken". „Der Gesang und die Noten sind köstlich, schade wäre es, wenn sie sollten untergehen; aber unchristlich und ungereimt sind die Texte oder Worte – die sollten untergehen."

Luther greift hier zur Beschreibung auf die schöne Metapher des Umkleidens zurück. Er hat die „abgöttisch-toten und tollen Texte entkleidet und jenen die schöne Musica abgestreift und (diese dann) dem lebendigen heiligen Gotteswort angezogen". Ziel der vorgenommenen Umcodierung ist also eine zeit- und lehrgemäße Relation von Form und

Inhalt. Der evangelisch gebotene Inhalt soll sich durch stetiges Üben einstellen, gewissermaßen im kirchenmusikalischen Vollzug. Konsequenterweise ist in fast allen Kirchenordnungen des 16. Jahrhunderts vorgesehen, dass die Schulkinder des Ortes, ihnen voran der Schulmeister, als Choral-Schola durch gemeinsamen Gesang lutherischer Begräbnislieder die Abholung des Leichnams aus dem Trauerhaus gestalten. Damit ist 1. die religionspädagogisch zentrale Verbindung hergestellt zwischen Unterrichtsintention und Medium. Und zugleich beschreibt diese Verbindung 2. einen dem Medium durchaus angemessenen Lernweg. Man lernt neue Bedeutungen durch neuen Umgang, durch Gestaltung bzw. Umgestaltung.

■ Verlauf

Will man diesen liturgiedidaktischen Impuls re-inszenieren, dann bieten sich mehrere Methoden an.

1. Klassiker aktualisieren: Als Spielmaterial dienen klassische Beerdigungschoräle, wie z.B. „Ach wie flüchtig, ach wie nichtig" (EG 528), „So nimm denn meine Hände" (EG 376) oder „Befiehl du deine Wege" (EG 361). Die Lerngruppe wird aufgefordert, den Text – behutsam und unter Beibehaltung der in ihm anklingenden Motive – sprachlich zu aktualisieren.

2. Melodien-Recycling: Die Dichter von Kirchenliedern haben oft die künstlerischen Möglichkeiten genutzt, die ihnen altvertraute Melodien boten. Sie schrieben neue Texte zu bereits bekannten Liedern. So können heute bspw. nach der Melodie des Beerdigungsliedes EG 516 („Christus, der ist mein Leben") auch das Bittlied EG 347 („Ach bleib mit deiner Gnade") und das Tauflied EG 207 („Nun schreib ins Buch des Lebens") gesungen werden. Verschiedene gottesdienstliche Anlässe treten dadurch in ein und dieselbe Klanggestalt. Anhand des alphabetischen Verzeichnisses des Gesangbuches können die Schülerinnen und Schüler diese musikalische Mehrfachnutzung problemlos und im Prinzip auch ohne Notenkenntnis rekonstruieren. Welche Sinnverschiebungen (Neu- oder Umdeutungen) ergeben sich z.B. durch das „Recycling" der Melodie von EG 526 („Jesus, meine Zuversicht") in EG 115 („Jesus lebt, mit ihm auch ich")? Ganz analog etwa auch EG 85 (Thema: ewiges Leben) und EG 529 (Thema: Passion) usw. Welche kirchenjahreszeitlichen Anlässe werden hierdurch verbunden bzw. treten zueinander in Spannung?

3. Psalm-Anfänge vervollständigen: Viele Gesangbuchdichter haben sich direkt und indirekt von den biblischen Psalmen anregen lassen. Hier fanden sie eine religiös geprägte Sprache vor, die schon die Gebetsanliegen von Generationen gottgläubiger Beter in sich aufnehmen konnte. Die Wortbilder der Psalmen sind offen für individuelle Einträge und theologische Inanspruchnahmen. Das wohl bekannteste Beispiel dafür ist Luthers Nachdichtung des 46. Psalms in seinem Trutzlied „Ein feste Burg" (EG 362). Um diese Transformationsleistung ansatzweise auch für den Unterricht fruchtbar zu machen, bietet sich die Methode der individuellen Fortschreibung an. Die Lerngruppe erhält ein Arbeitsblatt, auf dem nur die Versanfänge eines (Klage-) Psalms notiert sind. Die Aufgabe besteht nun darin, einen Beerdigungspsalm zu schreiben, in dem man die Versanfänge sinngemäß komplettiert. Hierbei kommt es weniger auf biblische Korrektheit an, sondern eher auf Kreativität und Plausibilität. Ein Beispiel (Ps 31):

Herr, auf dich ...
Lass mich ...
Errette ...
Neige ...
Hilf ...
Sei mir ein ... usw.

■ Anliegen

Die christliche Bestattung ist leibliches und räumliches Geschehen. Da heute nur noch in Ausnahmefällen zuhause gestorben wird, ist die Beerdigung zwangsläufig der einzige Ort, an dem der tote Körper – in welcher Gestalt auch immer – noch in Erscheinung tritt. Kein anderer Anlass hebt die Erfahrung, dass ein lebendiger Mensch zur Leiche geworden ist, eindrucksvoller ins Bewusstsein.

Zwischen Sterbeort und Grabstelle führt der Weg des Leichnams über mehrere Stationen, von denen mindestens eine, in der Regel zwei oder drei rituell ausgestaltet sind. Die Beerdigung hat so gesehen ausgesprochenen Prozessionscharakter.

Das kirchliche Begängnis endet an der letzten irdischen Stätte des Toten, dort, wo er „bestattet" wird. Das Grab auf dem Gottesacker weist dem toten Körper einen identifizierbaren Ort zu – ein Umstand, der eine immense Bedeutung für den Trauerprozess hat. Das Gesamt aller Grabstätten konstituiert einen Raum mit eigener Ästhetik und eigenen Verhaltensnormen. Die Umfriedung markiert den Geltungsbereich dieser Normen – sie trennt gewissermaßen die Totenstätte von den Lebensräumen.

Bei einer Beerdigung müssen die Lebenden mit den Toten diesen besonderen Raum betreten und dort einen bestimmten Weg zurücklegen. Sieht man einmal ab vom feierlichen Einzug bei außerordentlichen Gottesdiensten, die allesamt notabene im Innern der Kirche stattfinden, dann ist der gemeinsame Weg von der Friedhofskapelle zum Grab die einzige im evangelischen Bereich noch praktizierte Form der *Prozession*.

Die Prozession beginnt, nachdem zuvor gelebtes Leben unter Wort und Gesang als an der Herrlichkeit Gottes teilhaftiges Leben vergegenwärtigt wurde. Sie mündet in eine Handlung, die das Ende des gegenwärtigen leiblichen Daseins hart und unmissverständlich anzeigt. Der Weg dazwischen verbindet zwei liturgische Sequenzen, von denen, verkürzt gesagt, die erste den Ewigkeitsbezug des Zeitlichen und die zweite den Zeitlichkeitsbezug des Ewigen ins Bewusstsein hebt. Die gemeinsame Klammer klingt leitmotivisch an im agendarischen Geleitwort (nach Ps 121,8): „Der Herr behüte deinen Ausgang und Eingang von nun an bis in Ewigkeit." Der Verstorbene *als Leib* wird also nicht in ein folgenloses Nichts entlassen, sondern in die Hand Gottes befohlen (Ps 31,6). Auf dem Weg zwischen beiden Stationen konstituiert sich die Trauergemeinde als wanderndes Gottesvolk (Hebr 13,14).

Die Agende sieht vor, dass die Prozession eingeleitet werden kann durch das „In paradisum" aus dem Requiem: *Zum Paradies mögen Engel dich geleiten, die heiligen Märtyrer dich begrüßen und dich führen in die hei-*

lige Stadt Jerusalem. – *Die Chöre der Engel mögen dich empfangen, und durch Christus, der für dich gestorben, soll ewiges Leben dich erfreuen.* Während der Prozession können Choräle gesungen werden. In manchen Gegenden bildet ein Kreuzträger mit Vortragekreuz den Anfang – am Grab stellt er es dann am Kopfende auf. Die Prozession ist leiblicher und räumlicher Ausdruck dessen, was bereits zuvor in Wort und Gesang dargestellt wurde: die gemeinsame Teilhabe und Teilgabe an der Auferstehungshoffnung. Schon die Abholung aus dem Trauerhaus kann in eine Prozession münden.

Durch den leiblichen Vollzug löst das gemeinsame Gehen die den Sterbefall begleitenden Artikulationshemmnisse auf; es gibt dem Abschiednehmen Anhalt und Richtung. Die Prozession hat für die unmittelbar in Mitleidenschaft gezogenen eine entlastende Darstellungsfunktion. Sie trägt mit dazu bei, den erlittenen Abbruch als einen erinnerungswürdigen Abschnitt der Lebensgeschichte annehmen zu können.

◼ Verlauf

Religionspädagogisch bieten Friedhöfe eine Fülle von Lernchancen: Er ist zunächst einmal direkt begehbar, d.h. man kann sich zwischen den einzelnen Totenorten bewegen, kann sich Grabsteine und -schmuck genauer ansehen und kann den Weg des Trauerzugs nachvollziehen.

1. Der Friedhof und seine Ordnungen: Friedhöfe bestehen nicht in einer kumulativen Anhäufung von Gräbern, sondern sie verdanken sich einer planvollen Anlage. In aller Regel sind sie nach außen abgegrenzt durch eine Hecke oder einen Zaun – sie bilden einen geschützten, umfriedeten Raum. Wege unterteilen die einzelnen Gräberfelder, deren Widmung und Ursprung unschwer zu erkennen ist. Kindergräber, Soldatengräber, Urnengräber, möglicherweise das anonyme Gräberfeld, die alten Grabmale etc. Der Tod begegnet hier wohlgeordnet. Eine ganz andere Ordnung findet sich am Eingang eines jeden Friedhofs: die „Friedhofsordnung". Hier geht es um Verhaltensnormen, um die Besonderheit des Ortes und um mahnende Worte zur Einkehr. Dies alles sollte die Lerngruppe anhand von strukturierenden Fragen erarbeiten – am besten natürlich an Ort und Stelle:

   – Wie gelangt man eigentlich auf einen Friedhof?
   – Notiere Dir Sätze aus der am Eingang aufgestellten Friedhofsordnung, die dir einleuchten und solche, die du für überflüssig/selbstverständlich hältst! Zeichne eine Lageskizze des Friedhofs und verzeichne darin die einzelnen Gräberfelder samt ihrer Bestimmung!
   – Wonach sortieren sich die einzelnen Gräberfelder?

2. Mein „Lieblingsgrabstein": Die Botschaften auf den Grabsteinen unterliegen ständigen Veränderungen, und zugleich finden sich auf ihnen standardisierte Zeichen, die ihre „Lektüre" erleichtern. Geht man von den älteren Gräbern zu denen aus der unmittelbaren Vergangenheit, stellt man fest, dass die Texte auf den Steinen kürzer werden (oftmals nur noch ein Nachname ohne Daten). Man kann aber auf einem solchen „geschichtlichen" Weg auch einen Trend zur Ikonisierung ausmachen: Grabsteine werden vermehrt mit Berufszeichen, Rosen, individuellen Gravuren etc. verziert. Die Schülerinnen und Schüler werden gebeten, ihren „Lieblingsgrabstein" zu finden, ihn abzuzeichnen und seine Zeichen zu deuten. Das gegenseitige Vorstellen der Skizzen kann auf dem Friedhof, aber auch nach der Exkursion im Klassenzimmer erfolgen.

3. Der/die Unterrichtende sollte an einer dafür geeigneten Grabstelle der Lerngruppe vorführen, wie eine Beisetzung erfolgt. Dass dies in angemessener Weise zu geschehen hat, versteht sich von selbst. Da in vielen Familien eine gewisse Scheu davor besteht, Kinder mit zu einer Beerdigung zu nehmen, kann diese kurze Demonstration helfen, mögliche Phantasien bezüglich der Bestattungshandlung(en) heilsam zu begrenzen. Zudem besteht hierbei die Möglichkeit, die agendarisch vorgesehenen Vollzüge (Einsenkung des Sarges, Erdwurf, Kreuzschlagen, Vaterunser, Segen, Beileidsbekundung) mit den jeweiligen theologischen Codes (s.o.) abzugleichen. Und drittens kann ein Gespräch stattfinden über Sinn (und Unsinn) üblicher „Grabbeigaben" (Blumen statt Erdwurf; letzte Briefe; persönliche Gegenstände etc.).

Literatur

Barbara Hanusa: „Lebendiges Lernen" bei den Toten. Religionsdidaktische Relevanz von Friedhofsbegehungen im Konfirmandenunterricht. In S. Leonhard/Th. Klie (Hg.): Schauplatz Religion. Grundzüge einer Performativen Religionspädagogik, Leipzig 2003, 252–273.

Hans-Martin Kätsch/Thomas Klie: Todeszeichen. Grabmale in semiotischer und religionspädagogischer Perspektive, Loccum 1998.

Thomas Klie: Todeszeichen. Topologie der Bestattung. Berliner Theologische Zeitschrift. 20. Jg. H.1 2003, 57–68.

Glossar

Absolution	latein. „Lossprechung"; Lossprechung von den Sünden in der Beichte
Adjutorium	latein. „Hilfe"; nach Ps 121,2: Unsere Hilfe steht im Namen ... Beginn des Stufengebets, Gottesdiensteingang des reformierten Predigtgottesdienstes
Agende	latein. „was zu tun ist"; 1. das kirchliche Buch, in dem der Ablauf des Gottesdienstes verzeichnet ist, 2. die Gottesdienstordnung
Albe	weißer Talar; Grundgewand für alle getauften Christen, die eine liturgische Funktion übernehmen
Anamnesebefehl	„Tut dies zu meinem Gedächtnis" (1 Korr 11,25 und Lk 22,19)
Aussegnung	kurze Feier anlässlich der Beerdigung im Trauerhaus
Baptisterium	Taufraum innerhalb der Kirche bzw. Taufkapelle außerhalb der Kirche
Beffchen	mittellatein. „Kragen"; zwei kurze weiße Batiststreifen am Halsausschnitt des Talars
Bekenntnisschriften	Sammlung von Schriften aus der Reformationszeit mit konfessionell bindendem Charakter
Beisetzung	Teil des Begräbnisses, bei der der Sarg bzw. die Urne auf dem Friedhof in die Erde gesenkt wird
Benedicamus	latein. „Lasst uns rühmen"; „Lasst uns benedeien den Herren..." am Ende des Stundengebets
Ektenie	Form des Fürbittengebets, bei der die Gemeinde auf das vom Vorbeter gesprochene bzw. gesungene Gebetsanliegen mit einem „Kyrie eleison"/„Herr, erbarme dich" antwortet
EKU	Evangelische Kirche der Union
Eucharistie	griech. „Danksagung"; Abendmahl
Exequien	(kathol. Kirche:) Begräbnisfeier
Firmung	(kathol. Kirche:) Sakrament der Handauflegung, Festigung im Glauben
Fürbittengebet	Bittgebet für jmd. anders
Gloria	latein. „Ruhm", „Ehre"; Lobgesang; Gloria patri (trinitarisch: „Ehre sei dem Vater") bzw. Gloria in excelsis („Ehre sei Gott in der Höhe"; Lk 2,14)

Halleluja	hebr. „lobet den Herrn"; aus den atl. Psalmen entnommener, ursprüngl. der österlichen Freudenzeit zugeordneter Freudenruf (z.B. Ps 104, 35).
Homilie	griech. „Unterhaltung", „Gespräch"; Predigtform, bei der Text Zug um Zug ausgelegt wird
Introitus	latein. „Einzug"; Eingangspsalm oder -lied; Chorgesang beim Einzug der Geistlichen
Kanzelgruß	„Gnade sei mit Euch und Frieden..."; Votum zu Beginn der Predigt
Kanzelsegen	„Und der Friede Gottes..."; Schlussvotum am Ende der Predigt
Kasus/Kasualie	latein. „Fall"; ein Gottesdienst aus einem bestimmten Anlass, wie z.B. Taufe, Trauung, Beerdigung
Katechumenat	Unterweisung von Taufanwärtern
Kollektengebet	latein. „Sammlung"; Gebet im Eingangsteil des Gottesdienstes
Kommunion	latein. „Gemeinschaft"; Empfang des Abendmahls
Konsekration	latein. „Weihe", „Heiligung"; kath.: Wandlung von Brot und Wein in Leib und Blut Christi bei der Eucharistie; luth.: (Einsetzungs-)Wort deutet beim Abendmahl Brot und Wein als Leib und Blut Christi
Lektionar	latein. „Lesebuch"; Buch für die gottesdienstlichen Lesungen
Mensaaltar	Tischaltar, der von allen Seiten her zugänglich ist
Offene Schuld	Form der Beichte in Abendmahlsgottesdiensten
Ordinarium	die gleich bleibenden Stücke des Gottesdienstes
Ordination	Einsegnung/Beauftragung von Geistlichen
Perikopenordnung	festgelegte Reihenfolge der gottesdienstlichen Lesungen
Präfamen	latein. „Vorspruch" (Pl. Präfamina)
Präfation	der erste Teil des großen Abendmahlsgebets
Pronaus	latein. praeconium: „Verkündigung", Wortteil des mittelalterlichen Predigtgottesdienstes
Proprium	je nach Kirchenjahreszeit wechselnde Stücke des Gottesdienstes
Prosphonese	griech. „Anrufung"; Form der Fürbitte, bei der der Vorbeter die Gebetsanliegen zusammenhängend vorträgt

Rekonziliation	latein. „Wiederherstellung"; Wiederaufnahme eines aus der kathol. Kirche Ausgeschlossenen
Responsorium	latein. „Antwort", Wechselgesang zwischen Vorsänger und Chor im Stundengebet
Rüstgebet	Vorbereitungsgebet vor dem Gottesdienst
Salutatio	der liturgische Gruß
Schlusskollekte	Dankgebet am Ende des Abendmahls
Segen	Gebetszuspruch
Sermon	latein. „Vortrag"; urspr. Predigt, Rede
signatio crucis	Bekreuzigung bzw. das Sich-Bekreuzigen
Submersion	Taufe durch vollständiges Untertauchen des Täuflings
Tagesgebet	Gebet im Laufe der Wochentage
Valetsegen	wörtl. „Lebewohl-Segen"
VELKD	Vereinigte Evangelisch-lutherische Kirche Deutschlands

TLL Thema – die Reihe für einen zeitgemäßen Religionsunterricht

Ruth Bottigheimer
Eva biss mit Frevel an
Rezeptionskritisches Arbeiten mit
Kinderbibeln in Schule und Gemeinde
Übersetzt und für den Religionsunterricht in
Deutschland bearbeitet von Martina Stein-
kühler. 2003. 181 Seiten mit 29 Abb., kart.
ISBN 3-525-61551-5

Die kritische Auseinandersetzung mit
Kinderbibeln hilft Kindern und Jugendlichen, eigene Positionen zu finden und Sinn zu entdecken.

Wolfgang Fenske
Ein Mensch hatte zwei Söhne
Das Gleichnis vom verlorenen Sohn in
Schule und Gemeinde
2003. 160 Seiten mit 1 Abb., kart.
ISBN 3-525-61552-3

Das Gleichnis vom verlorenen Sohn
bietet Zugänge zu den großen Fragen
des Lebens: Wer ist Gott? Was zählt
im Leben? Worauf kann ich bauen?

Dieter Schupp
Muss ich Jesus gut finden?
Neue Zugänge zu Jesus in Schule und
Gemeinde
2003. 125 Seiten mit Kopiervorlagen, kart.
ISBN 3-525-61553-1

Sich Jesus aus der Perspektive des
Kritikers und Zweiflers zu nähern,
erlaubt eine neue Offenheit der Auseinandersetzung, die den Unterricht
belebt und zu vielfältigen Identifika-
tionen einlädt.

Gerhard Jüngst / Ilka Kirchhoff /
Manfred Tiemann
Es ging ein Engel durch den Raum
Engelsbotschaften verstehen in Schule
und Gemeinde
Unter Mitarbeit von Marlies Funke, Thomas
Klie, Magdalene Pusch, Wolfgang Pusch,
Ulrike Scheiter und Evelyn Schneider.
2003. 190 Seiten mit zahlreichen Abb. und
Kopiervorlagen, kart.
ISBN 3-525-61554-X

Wo und wie begegnen Engel in der Bibel? Und wie kann man sie im Unterricht lebensrelevant zum Thema machen? Welches besondere didaktische
Potenzial steckt in Engel-Filmen?

Werner H. Ritter /
Margarete Pohlmann (Hg.)
Gut oder böse?
Urteilsbildung in Schule und Gemeinde
2004. 198 Seiten mit 7 Abb., 10 Grafiken und
zahlreichen Kopiervorlagen, kart.
ISBN 3-525-61555-8

Aus verschiedenen Perspektiven kon-
turiert das Buch die gängige Rede von
»Gut und Böse«. Auf theologisch fun-
diertem Hintergrund präsentiert es
Unterrichtsvorschläge für eine christliche Urteilsbildung in Schule und
Gemeinde.

Vandenhoeck
& Ruprecht